Guido Burkhardt

Die Brüdergemeine

Guido Burkhardt

Die Brüdergemeine

ISBN/EAN: 9783744720694

Hergestellt in Europa, USA, Kanada, Australien, Japan

Cover: Foto ©ninafisch / pixelio.de

Weitere Bücher finden Sie auf **www.hansebooks.com**

Die Brüdergemeine.

Erster Teil.

Entstehung und geschichtliche Entwickelung der Brüdergemeine.

Im Auftrag der Unitäts-Ältesten-Konferenz

bearbeitet von

G. Burkhardt.

Gnadau.
Verlag der Unitäts-Buchhandlung.
1893.

Vorrede.

Unter dem Titel „Kurzgefaßte Nachricht von der evangelischen Brüder-Unität" ist zuerst im Jahr 1774 und seitdem in wiederholten Auflagen von der Unitäts-Ältesten-Konferenz als der Direktion der Brüdergemeine ein Büchlein herausgegeben worden, welches über die Verfassung, die Einrichtungen, die Ausdehnung und den jedesmaligen Bestand der Brüdergemeine Auskunft gab und für solche Leser in erster Linie gemeint war, die, außerhalb der Brüdergemeine stehend, dieselbe aus Interesse für kirchliche Gemeinschaftsformen kennen lernen wollten. Im Jahr 1876 erschien dasselbe in siebenter Auflage. Damals wurde dem Büchlein zum ersten Mal ein geschichtlicher Teil vorangestellt in der richtigen Erwägung, daß nur wer Kenntnis von der geschichtlichen Entwickelung der Brüdergemeine habe, dieselbe in ihrer gegenwärtigen Erscheinung verstehen und richtig beurteilen könne. Diese siebente Auflage ist nun seit Jahr und Tag vergriffen. Die Unitäts-Ältesten-Konferenz wollte aber nicht einfach eine neue Auflage des Büchleins erscheinen lassen, in welcher nur dem geschichtlichen Teil die letzten anderthalb Jahrzehnte in kurzer Übersicht angefügt und die nötigen statistischen und sonstigen Änderungen, der Gegenwart entsprechend, nachgetragen würden, sondern sie beschloß erstlich, den geschichtlichen Teil einer völligen Umarbeitung zu unterwerfen, zweitens die übrigen Teile, zusammengefaßt als zweiten Teil, nicht jetzt erscheinen zu lassen, sondern damit zu warten, bis die gegenwärtig im Fluß begriffenen Verfassungsverhältnisse der deutschen Unitätsprovinz insoweit zum Abschluß gekommen wären, daß man darüber als von einem festen Punkt aus berichten und ferner stehenden Lesern ein klares Bild davon geben könne. Endlich beschloß sie, den bisherigen Titel des Buches fallen zu lassen und dasselbe einfach „Die Brüdergemeine" zu nennen.

Somit erscheint denn hier „Die Brüdergemeine" in ihrem ersten (geschichtlichen) Teil, dem ein zweiter, Verfassung und Einrichtungen, Ausdehnung und Bestand darlegend, sobald als möglich folgen soll. Und zwar giebt sich dieses Büchlein in seinen beiden Teilen der Sache nach, wenn auch formell in neuem Gewande, als die achte Auflage jener früheren „Kurzgefaßten Nachricht von der evangelischen Brüder-Unität."

Es sei noch mit einigen Worten auf den Charakter dieser neuen Bearbeitung des geschichtlichen Teiles hingewiesen. Die hier gegebene Darstellung will nicht in chronologischer Reihenfolge die hauptsächlichsten Begebenheiten aus der Geschichte der Brüdergemeine aufzählen, noch weniger überhaupt alle Geschehnisse erwähnen. Sie versucht vielmehr, ohne daß sie übrigens einen wissenschaftlichen Charakter für sich in Anspruch nimmt, zu zeigen, wie und aus welchen Ursachen die Brüdergemeine unter Gottes Leitung und nach Gottes Plan entstanden ist, und daß sie also ein Recht hat zu existieren. Weiter versucht sie zu zeigen, wie die Brüdergemeine sich auf diesem geschichtlich gegebenen Grunde und unter Festhaltung der ursprünglich ihr von Gott zugewiesenen Bestimmung weiter entwickelt hat bis in die Gegenwart hinein, und wie sie demnach noch heute eine Aufgabe im Reiche Gottes und somit eine Berechtigung des Daseins hat. Diese Darstellung ist aber zunächst auf deutsche Leser, auf Freunde der Brüdergemeine in Deutschland berechnet. Daher faßt sie vornehmlich die Entwickelung des deutschen Teils der Brüder-Unität ins Auge; und die Bildung einer englischen und einer nordamerikanischen Unitätsprovinz kommt nur insoweit in Betracht, als es sich einmal um die gemeinschaftstiftende Thätigkeit und damit um die Ausbreitung der Brüdergemeine im vorigen Jahrhundert, und dann wieder um die Einwirkung handelt, die im gegenwärtigen Jahrhundert von jenen anderen Provinzen aus auf den deutschen Zweig der Unität stattgefunden hat. Es wird also nicht eine vollständige Geschichte der gesamten Unität gegeben, sondern es wird nur gezeigt, wie aus dem gemeinsamen Boden der Entstehung der deutsche Zweig sich entwickelt hat.

Die Darstellung ist nicht das, was man eine offizielle nennt. Vielmehr ist der Auffassung des Verfassers eine gewisse Freiheit des Spielraums gelassen worden. Und nicht für alles und jedes, was hier gesagt worden, tritt die Unitäts=Ältesten=Konferenz als solche ein. Wohl aber hat sie die Arbeit vor dem Druck geprüft und im großen und ganzen, namentlich was Richtung und Ziel betrifft, dieselbe gebilligt.

Hinzugefügt sei noch ein Wort über die Schreibweise der böhmischen Namen in dem ersten Abschnitt. Bis auf einen gewissen Grad ist die Aussprache durch **deutsche** Buchstaben wiedergegeben. Das böhmische c, welches in der Aussprache unsrem deutschen z entspricht, ist auch durch z wiedergegeben worden (Rockyzana, Kraliz). Auch ist der Name Cheltschitz der Aussprache entsprechend geschrieben. Hingegen ist das böhmische Ž am Anfang der Namen, dessen Aussprache etwa dem französischen J entspricht, durch Z (also böhmisch) ausgedrückt worden (Zerotin, Zerawiz). Und das böhmische Č, ausgesprochen etwa wie Tsch, ist ebenfalls böhmisch durch ein C ausgedrückt worden (Cerny, Cerwenka). Dies zur Beachtung, damit die Namen auch von denen, welche des Böhmischen nicht kundig oder mit der Geschichte nicht vertraut sind, richtig gelesen werden.

So gehe denn das Büchlein aus unter Gottes Segen! Es wird vielleicht manchem innerhalb der Brüdergemeine diese selbst und ihre Geschichte aufs neue teuer und wert machen. Allen denen aber, welche die Brüdergemeine näher kennen lernen und verstehen möchten als eine berechtigte Erscheinung im Reiche Gottes, möge es ein Führer sein und eine Grundlage zu näherer Bekanntschaft.

Berthelsdorf, den 17. August 1893.

G. Burkhardt.

Übersicht des Inhalts.

Seite

Die alte Brüder-Unität in Böhmen und Mähren. 5—28

Die erneuerte Brüder-Unität.

I. Die Zeit der Entstehung.
1722—1775.

Erstes Kapitel.
Die Zeit Herrnhuts.
1722—1736. 31—53

Zweites Kapitel.
Die Zeit der Wetterau.
1736—1750. 54—76

Drittes Kapitel.
Die Zeit der werdenden Unität.
1750—1775. 77—99

II. Die Zeit des Bestandes.
1775 bis auf die Gegenwart.

Erstes Kapitel.
Spangenbergs letzte Zeit und das Ende des Jahrhunderts.
1775—1800. 10—125

Zweites Kapitel.
Die Zeit des Stillstandes.
1801—1818.   126—144

Drittes Kapitel.
Die Zeit der Wiederbelebung.
1818—1857.   145—175

Viertes Kapitel.
Der Kampf um die Verfassung.
1857 bis auf die Gegenwart.   176—198

Register . . . . 199—216

Berichtigungen.

S. 26, Zeile 12 von unten lies Rede.
S. 76, Zeile 9 von oben lies 1745.

Entstehung und geschichtliche Entwickelung

der

Brüdergemeine.

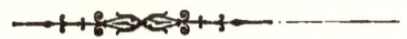

Im Auftrag der Unitäts-Ältesten-Konferenz

bearbeitet von

G. Burkhardt.

Die alte Brüder-Unität.

Entstehung und geschichtliche Entwickelung.
1457 bis 1627.

Die evangelische Brüder-Unität in Böhmen und Mähren.

Die Brüdergemeine, die im Jahr 1722 mit der Gründung Herrnhuts ihren Anfang genommen, und sich seitdem über Deutschland, England und Nordamerika ausgebreitet, ihre Missionsstationen aber auch in Afrika, Asien, Australien angelegt hat, wurzelt, geschichtlich angesehen, zu einem bedeutsamen Teil in Böhmen und Mähren und zwar in der schon vor der deutschen Reformation daselbst gegründeten evangelischen Brüder-Unität. Um die Brüdergemeine zu verstehen, müssen wir daher auf diese Wurzeln zurückgehen. Wir geben im folgenden einen kurzen Überblick über diese böhmisch-mährische Unität, die wir um ihrer vorbereitenden Stellung willen kurzweg die alte Brüder-Unität nennen. *Verhältnis der Brüdergemeine zur alten Brüder-Unität.*

Die alte Brüder-Unität hat einen sehr ausgeprägt nationalen Charakter, während die Brüdergemeine als erneuerte Brüder-Unität über die trennenden nationalen Schranken hinweg eine höhere Einheit vertritt und zur Wahrheit zu machen bestrebt ist. Diese höhere Einheit liegt ihr in der religiösen Gemeinschaft, in dem Einswerden derer, die in Christus ihren Heiland gefunden, obgleich die Formen dieser ihrer Gemeinschaft immerhin sehr bestimmte, geschichtlich gewordene sind. Auch die alte Brüder-Unität stellte diese innere Gemeinschaft hoch, und ein Zug zur Union mit Gleichgesinnten war ihr eigen. Dennoch ist sie über die Beschränkung durch Volk und Land nicht wesentlich hinausgekommen.

So liegen denn auch die geschichtlichen Wurzeln der alten Brüder-Unität ganz in dem nationalen Boden, in der geschichtlichen Entwickelung ihrer Heimatländer.

Die Anfänge des Christentums in Böhmen und Mähren.
Mähren und Böhmen sind seit der Völkerwanderung von Slaven bewohnt. Das Ringen und Kämpfen um ihre Selbständigkeit gegenüber den deutschen Königen bildet Jahrhunderte hindurch den charakteristischen Zug ihrer Geschichte. Und eine gleiche Abwehr wie auf politischem Gebiet gegen das Germanentum findet statt gegen die von Rom aus ihnen aufgedrängte Papstkirche. Im 9. Jahrhundert beginnt es licht zu werden über dem heidnischen Böhmen. Von den Bistümern Passau und Salzburg aus wird eine Art Missionsthätigkeit in Böhmen unternommen, und schon 824 wird Mähren zur Passauer Diöces gerechnet. Diese Missionierung bestand aber zumeist in äußerlicher Einordnung und in dem Aufdrängen fremder Formen, wie namentlich der lateinischen Kirchensprache.

Cyrill und Methodius und die Gegensätze gegen Rom.
Wohl um für diese Abwehr eine kräftigere Stütze zu haben, wandte sich ein mährischer Fürst, Rostislav, ums Jahr 860 an den griechischen Kaiser in Konstantinopel und bat um Glaubensboten aus seiner Kirche. Er erhielt zwei Männer, deren Einfluß von größter Bedeutung geworden ist, die berühmten Slaven-Apostel Cyrill und Methobius. Sie hatten bis dahin unter den Bulgaren lebenskräftig gewirkt und thaten nun das Gleiche in Mähren. Sie brachten die in die slavische Sprache übersetzte Bibel mit und hielten Predigt und Messe in der Landessprache. Es war ihnen nicht um äußere Machtentfaltung der Kirche, sondern um die Errettung der Seelen zu thun, und der von ihnen ausgestreute Same keimte mächtig in Mähren wie später in Böhmen. Rostislav, über diese Sendung hocherfreut, wollte dennoch den Anschluß an die abendländische Kirche nicht ganz aufgeben und schickte deshalb die beiden Mönche zu Papst Hadrian II. nach Rom. Dort wurde Methobius zum ersten „mährisch-pannonischen" Erzbischof geweiht (868) und nach Mähren zurückgesandt. Cyrill aber blieb in Rom und starb daselbst (869). Obgleich nun Methobius im

Auftrag Roms weiter arbeitete, blieb doch der Gegensatz bestehen. Mähren wollte durchaus den Ritus der slavonischen Kirche und namentlich die slavische Kirchensprache festhalten. Derselbe Gegensatz findet sich später in Böhmen, wo um das Jahr 967 das Christentum über das heidnische Wesen die Oberhand gewann. Bei Stiftung des Bistums Prag 973 wurde von Papst Johann XIII. der Gebrauch der lateinischen Sprache beim Gottesdienst zur Bedingung gemacht. Aber der slavonische Ritus und die nationale Sprache erhielt sich trotz vieler Anfeindungen in einzelnen Klöstern. Und der Wunsch einer unabhängigen nationalen Kirche wachte immer wieder auf. Je mehr der gewaltige Papst Gregor VII. diese nationalen Bestrebungen unterdrückte, um so glühender lebte die Sehnsucht danach in der Stille fort. Und als der deutsche Kaiser Karl IV. (1347—1378) aus dem Hause der Lützelburger und Sohn des böhmischen Königs Johann, sich Böhmens mit väterlicher Fürsorge annahm, gelangte dieses Streben zu neuer Kraft. Zwar wollte Karl in kirchlicher Beziehung durchaus die Herrschaft Roms. Aber innerhalb derselben sollte das böhmische Volk seine eigentümliche Kraft entfalten. Er erhob das Bistum Prag zum Erzbistum, unabhängig von Mainz, gründete die **Prager Universität** und das **Kloster Emmaus** zu Prag für slavischen Gottesdienst zur Erbauung des gemeinen Volkes. Da regte sich der alte Volksgeist mächtig, und eine Anzahl böhmischer Geistlicher traten mit feuriger Beredsamkeit gegen die Mißbräuche Roms auf. Und was der König von Böhmen begonnen, führte ein böhmischer Ritter, Johann von Mühlheim, in Prag weiter fort. Er stiftete 1391 die **Bethlehemskirche**, ausdrücklich für slavischen und deutschen Gottesdienst. Fortan sind die Prager Universität und die Bethlehemskirche die beiden Herde, auf denen das Feuer der böhmischen Reformation geschürt wird und mächtig auflodert.

Die eigentliche Reformation in Böhmen herbeizuführen, dazu war von Gott der Magister Joh. Hus berufen. Er trat 1398 als Lehrer an der Universität auf und wurde

Hus und die Hussiten.

1402 Prediger an der Bethlehemskirche. Durch die Schriften des Engländers John Wiclif angeregt trat er mit überzeugender Kraft und Klarheit für die Reinheit der Lehre nach der Schrift auf. Er will das Gesetz Christi von falschem Beiwerk befreit hinstellen und eine reine Kirche nach dem Vorbild Christi und der Apostel ins Leben rufen. Aber seinen Freimut mußte er, durch das Concil zu Kostnitz verdammt, auf dem Scheiterhaufen büßen, 6. Juli 1415. Nun hatte Rom damit freilich noch keinen Sieg über Böhmen errungen. In wildem Fanatismus, der durch die gewaltsame Unterdrückung der Anhänger Hussens im Lande namentlich seit 1419 geweckt wurde, erhob sich das böhmische Volk und griff zu den Waffen. Blutige Kriege verheerten Böhmen und die Nachbarländer, bis endlich das leidenschaftliche Feuer verrauchte und innere Uneinigkeit die Kraft lähmte. Zwei Parteien bildeten sich heraus. Die einen, echte Anhänger ihres großen Meisters Hus, wollten, auf Grund der heiligen Schrift eine reine Kirche nach apostolischem Muster herstellen, in völliger Unabhängigkeit von Rom. Nach einem im Krieg befestigten Lager, Tabor genannt, das sich später zur Stadt erweiterte, gaben sie sich selbst den Namen Taboriten. Die andere Partei war geneigt, auf billige Bedingungen hin ihren Frieden mit Rom zu machen. Wenn ihnen nur der Laienkelch im Abendmahl und der Gottesdienst in der Landessprache als die wesentlichsten ihrer Forderungen bewilligt würden (Calixtiner oder Utraquisten*), wollten sie sich im übrigen Rom unterwerfen. Das geschah denn auch schließlich bei Gelegenheit des Basler Concils. Die Partei der Utraquisten war jetzt die herrschende geworden, und mit ihr schloß Rom die sogenannten Basler Compaktaten 1433.

---

*) Der Name Calixtiner wird abgeleitet von dem lateinischen Wort calix, der Kelch. Der Name Utraquisten kommt her von der lateinischen Bezeichnung des Abendmahls unter beiderlei Gestalt — sub utraque forma. Beide Namen bedeuten also ein und dasselbe.

Auf Grund dieses Vertrags bestand fortan eine **böhmische Nationalkirche** mit einigen Sonderrechten, namentlich also dem Kelch im Abendmahl und dem Gottesdienst in der Landessprache, aber unter der **Oberherrschaft des Papstes**. Wer diesen Bestimmungen sich fügte, genoß Freiheit. Alle entgegenstehenden Verbindungen aber sollten nicht geduldet werden; und die jetzt zu Recht bestehende utraquistische Landeskirche übernahm die Aufgabe, solche Sekten auszurotten. Die Taboriten hatten somit ihren Boden verloren. Zwar erhoben sie sich nochmals mit bewaffneter Hand, wurden aber von dem Heer der böhmischen Stände geschlagen und damit politisch vernichtet. Überdies unter sich vielfach gespalten, lösten sie sich allmählich auf. Nur die berechtigten Ideen von einer Sammlung wahrhaft Gläubiger und von der alleinigen Geltung der heiligen Schrift lebten unter einzelnen und in kleineren Kreisen noch fort.

<small>Böhmische Nationalkirche.</small>

Das Haupt der utraquistischen Landeskirche war der Magister **Rockyzana**, Verweser des Prager Erzbistums. Er predigte gewaltig über den Verfall der Kirche. Zum Teil durch diese Predigten angeregt, schloß sich eine Gemeinschaft Gläubiger, denen es zunächst gar nicht auf die Gegensätze zwischen Taboriten und Utraquisten ankam, eng zusammen, erfüllt von dem sehnsüchtigen Verlangen, eine solche wahre und reine Kirche, wie Hus sie gewollt, wie Rockyzana sie forderte, in Wirklichkeit herstellen zu können. Sie wandten sich deshalb an Rockyzana. Aber obgleich er sie ermunterte und bestärkte, war er doch nicht geneigt, aus seinen Worten Ernst zu machen und ihnen thatsächlich die Hand zu bieten. Das Haupt dieser kleinen Gemeinschaft, um den die übrigen sich scharten, war **Gregor**, der Neffe Rockyzanas. Er erhielt von seinen Anhängern später den Beinamen der Patriarch. Ein schlichter Laie, aber fest im Glauben. Dieser Glaube war ihm von Gott geschenkt worden nach tiefgehenden inneren Kämpfen, in welchen er, dessen Wandel in den Augen aller, die ihn kannten, stets ein außerordentlich reiner und lauterer gewesen war, um

<small>Gregor und seine Freunde suchen christliche Gemeinschaft und eine reine Kirche im Sinn Hussens.</small>

den inneren Frieden mit Gott und um die Befreiung von der Last des Schuldgefühls gerungen hatte. Als Haupt und Führer seiner kleinen Gemeinschaft sah er sich, von Rockyzana verlassen, nach anderweitigen Stützen um. Und als Rockyzana das merkte, kam er ihm bereitwillig zu Hilfe, denn außerhalb der Hauptstadt, an irgend einem entlegenen Ort auf dem Lande, schien ihm ein solcher Zusammenschluß vor der Hand unbedenklich. Damals war ein hochangesehener böhmischer Abliger, Georg von Podiebrad, der seither in den politischen Kämpfen eine hervorragende Rolle gespielt, im Begriff, sich mit Hilfe der Stände die böhmische Königskrone anzueignen. In ihm sah Rockyzana auch den Schirmherrn der böhmischen Nationalkirche. Und wenn dieser mächtige Herr den Gregor und seine Freunde unter seinen Schutz nahm, dann war er, Rockyzana, sie mit guter Manier los. Der Plan gelang.

Erster Zusammenschluß der Brüder in Kunwald 1457.

Im Nordosten Böhmens hatte Podiebrad große Güter. Auf einem derselben, und zwar im Dorfe Kunwald, erhielt Gregor mit den Seinen Erlaubnis, sich anzusiedeln. In dortiger Gegend, nämlich in Senftenberg nahe bei Kunwald, lebte auch ein dem Gregor gleichgesinnter Priester, Michael, dessen frommer Wandel und eifriges Zeugnis auf Grund der Schrift allgemein bekannt war. Alles einte sich vortrefflich zur Erreichung des Ziels. Michael zog nach Kunwald, und mit Gregor gemeinsam leitete er, aber er als Priester, die kleine Gemeinschaft. Sie blieb indessen nicht klein. Aus den in die Stille zurückgedrängten nach Reinheit der Kirche sich sehnenden Kreisen schlossen sich viele an. Ihre Zahl wuchs rasch. So mächtig war rings im Lande der Zug nach religiöser Gemeinschaft, nach Herstellung einer auf das lautere Wort und Sakrament gegründeten reinen Kirche im Sinne Hussens, genährt insonderheit durch die Schriften eines Peter von Cheltschitz, eines durch den Ernst seiner Auffassung vom Christenwandel sehr einflußreichen Mannes, daß, wo nur einmal ein fester Kern sich bildete, sofort auch der Anschluß größerer Scharen erfolgte. Bald waren tausende bereit, eine festorganisierte

Gemeinschaft zu bilden. Ein solcher Zusammenschluß erfolgte denn in der That zu Kunwald im Jahr 1457. Man nannte sich **Brüder und Schwestern** oder **Brüdergemeinschaft** (Unitas Fratrum). Das ist der Anfang der alten Brüder-Unität. — Michael und Gregor blieben die Häupter. Um sie scharten sich Priester und Laien, Gelehrte und Ungelehrte, Adlige und Bauern.

Mit diesem so geschlossenen Verein meinte man im entferntesten nicht, eine eigene selbständige Kirche zu bilden. Man wollte nur, was Hus und andere als Forderung hingestellt, hier im kleinen Kreis versuchsweise zur Ausführung bringen. Es war eine freie Vereinigung Gleichgesinnter innerhalb der utraquistischen Landeskirche. Die Folgen erwog man zunächst noch nicht. Man freute sich der hergestellten Gemeinschaft.

Aber je mehr der Verein wuchs, um so verschiedenartiger waren die Elemente, die sich anschlossen. Gar manche kamen mit unlauteren Nebenabsichten politischer und anderer Art. Es war daher notwendig, gewisse Grundsätze in Bezug auf Lehre und Leben festzustellen und diejenigen auszuscheiden, die sich dem nicht fügen wollten. Ein Versuch der Art wurde gemacht im Jahr 1459 bei einer allgemeinen Versammlung in Kunwald. Streitigkeiten über das Abendmahl waren ausgebrochen und sollten geschlichtet werden. Man einigte sich unter Gregors Führung dahin, daß man eine bestimmte Lehre über das Abendmahl — nur die katholische Wandelungslehre ward ausgeschlossen — nicht aufstellen, sondern sich einfach und schlicht an die Worte der Schrift halten wollte. Nun hielt aber die utraquistische Kirche damals fest an der Wandelungslehre. Somit war der Keim zu einem Gegensatz gegen dieselbe gelegt, der sich rasch entwickelte. Denn die, welche die utraquistische Lehre höher stellten als die Gemeinschaft des Glaubens und der Liebe, wurden jetzt zu Feinden und Verrätern an der eigenen Sache. Durch sie erfuhr Rockyzana von dem Hergang, und fortan waren ihm die Brüder, die er bis dahin mit einem gewissen Wohlwollen angesehen, nichts als eine taboritische

Gegensatz gegen die utraquistische Landeskirche.

Verfolgungen.

Sekte, die mit Stumpf und Stiel ausgerottet werden mußte. Ähnlich dachte Georg Podiebrad, der seit 1458 König von Böhmen geworden war. Ein kleines Häuflein stiller Leute würde er auf seinen Gütern geschützt haben. Die rasche Ausbreitung des Vereins war ihm bedenklich. Er witterte taboritischen Geist, republikanische Ideen, und wie er in der utraquistischen Kirche die Stütze seines Königtums sah, so beschloß er, alle ihr entgegenstehenden Sekten und Verbindungen aller Art mit Gewalt zu vernichten. Seinem Beispiel folgten denn auch andere böhmische Herren auf ihren Gütern. Das waren die Ursachen der **ersten Verfolgungen**, die nun über die Brüder hereinbrachen. Michael ward ins Gefängnis gelegt. Gregor, der seine Freunde in Prag besuchte, ward dort mit ihnen gefangen genommen und der Folter unterworfen. Die weitere Folge war, daß in weiten Kreisen, in denen man den offiziellen Anschauungen folgte, die Brüder mit Mißgunst und Verachtung angesehen wurden. Da gaben die Brüder auch ihren Sitz in Kunwald auf und zogen sich weiter in die **Reichenauer Berge** zurück.

Erste Brüder-synode zu Lhota in den Reichenauer Bergen 1467. Wahl und Weihe eigener Geistlicher.

Mehr und mehr sahen die Brüder, des menschlichen Schutzes entbehrend, sich auf sich selbst gestellt und darum allein auf die Hilfe Gottes angewiesen. Und da auch die utraquistischen Priester sich von ihnen zurückzogen, in ihrer eigenen Mitte aber nur wenig geweihte Priester vorhanden waren, mußte sich ihnen der Gedanke nahe legen, eigene brüderische Geistliche zu ernennen und damit ihrem Bund zugleich eine festere Organisation zu geben. Gelegenheit, dieser Frage ernstlich näher zu treten, bot sich im Jahr 1467. Podiebrad war durch anders geartete Feinde seines jungen Königtums in Anspruch genommen und ließ den Brüdern Luft. Das benutzten sie, um eine Versammlung nach Lhota in den Reichenauer Bergen auszuschreiben. Wir können dieselbe als **Synode** bezeichnen, denn etwa 60 Männer, Abgeordnete aus verschiedenen von Brüdern bewohnten Orten, kamen da zusammen. Aus den Überlegungen heraus schritt man rasch zur That. Es wurden 9 Männer gewählt als würdig zu Trägern des geistlichen Amtes. Aber die würdigsten aus ihnen sollte Gott selbst bezeichnen. Darum warf man das Los über sie. Auf diese Weise wurden 3 erkoren, die nun thatsächlich das geistliche Amt tragen sollten. Es waren Männer, die schon vorher das allgemeine Vertrauen genossen hatten. Insonderheit galt dies von Matthias aus Kunwald, einem schlichten Mann aus dem Laienstande, damals erst 25 Jahre alt. Nur einer von ihnen, ein gewisser Thomas, war ein Mann von gelehrter Bildung. Es entstand nun aber weiter die Frage, in welcher Weise die so gewählten Geistlichen die Weihe empfangen sollten. Eine Weihe nämlich hielt man für unumgänglich, ja man glaubte über die herkömmliche Anschauung sich nicht hinwegsetzen zu dürfen, daß eine gültige Weihe nur durch einen Bischof vollzogen werden könne. Deshalb mußte erstlich ein Bischof gesucht werden, der die Weihe vollzöge, und dann wollten die Brüder selbst für künftig eigene Bischöfe haben. Verhandlungen in diesem Sinn waren wohl schon früher angeknüpft worden. Jetzt sandten die Brüder den Priester Michael zu einem Bischof Namens Stephan, der in Österreich lebte und den Kreisen der Waldenser angehörte. Von diesem empfing Michael als römisch geweihter Priester die Bischofsweihe. Zurückgekehrt weihte er **Matthias von Kunwald** zum Brüderbischof, die beiden anderen zu Brüderpriestern. Bald darauf trat Michael zurück und Matthias übernahm als Bischof zugleich die **Leitung der Unität**. Diese lag fortan in den Händen des Bischofs, dem aber ein Ältestenrat zur Seite stand.

<small>Matthias v. Kunwald, erster Bischof der Brüder-Unität.</small>

Durch die Wahl und Weihe eigener von Rom und Prag unabhängiger Geistlicher ist der Brüderverein (Unität) zur selbständigen Kirche geworden; ein Akt, der für die Weiterentwickelung von der größten, damals wohl noch nicht geahnten Bedeutung geworden ist. Übrigens ist der Hergang selbst im einzelnen nicht ganz sicher festzustellen. Die Nachrichten darüber gehen auseinander. Nur die Aufstellung eigener aus der Mitte der Brüder selbst gewählter

<small>Die Brüder-Unität eine selbständige Kirche.</small>

Geistlicher, eines Bischofs und einiger Priester, ist feststehende Thatsache.

Neue Verfolgungen bis 1471. Das Ereignis der Kirchentrennung trug den Brüdern neue Verfolgungen ein von kirchlicher wie von weltlicher Seite. Gefängnis und Tod war das Los mancher, und nur im geheimen, in Wäldern und schwer zugänglichen Schluchten, konnten sie ihre Zusammenkünfte halten. Zur Winterzeit mußten nachgeschleifte Zweige die Spuren im Schnee verwischen. Und an diesem Zustand änderten auch die Schriften nichts, die sie zu ihrer Rechtfertigung einreichten, ebensowenig wie die Briefe, die sie an Rockyzana schrieben. Erst der Tod ihrer persönlichen Feinde löste für einige Zeit den schweren Druck. Im Frühjahr 1471 starben Rockyzana und der König Georg Podiebrad. Unter dem schwachen Regiment des jungen Königs Wladislav blieb die Brüderkirche unbehelligt und konnte sich nach innen und außen bauen.

Die amostitsche Krisis. Herauswachsen aus gesetzlichem Werkdienst zu tieferem Schriftverständnis und evangelischer Freiheit. In diese Zeit fällt die heilsame Überwindung einer inneren Krisis. Die Brüderunität vertrat von Anfang an in Leben und Wandel eine strenge, vorherrschend gesetzliche Richtung. Die Ablegung des Eides, die Ausübung des Kriegsdienstes, der weltlichen Gewalt, der Adelsrechte, ja auch die Betreibung gewisser Erwerbszweige wie Gastwirtschaft und Handel, galten ihr als unbiblisch, unerlaubt und verwerflich. Unbill aller Art müsse ruhig geduldet werden ohne Geltendmachung des eigenen Rechtes. Man leitete diese Anschauung aus einem beschränkten, wörtlichen Verständnis der Bergpredigt her und stützte sich dabei hauptsächlich auf die Autorität des oben genannten Peter von Cheltschitz. Verkörpert war diese Richtung in Gregor, dem Patriarchen, der zwar seit 1467 nicht mehr an der Spitze stand, der aber einen mächtigen Einfluß durch seine Persönlichkeit ausübte und namentlich der geistliche Ratgeber des Bischofs Matthias war. Er starb 1473. Allmählich jedoch machte sich eine freiere, mehr evangelische Richtung geltend, gestützt auf ein gründliches Studium der heiligen Schrift. Sie wurde vertreten durch einige jüngere Theologen aus Prag, die sich der Brüderkirche anschlossen und unter denen Lucas, der nachmalige Oberbischof, sich schon jetzt auszeichnete. Einige dieser Theologen versuchten auch schon die Rechtfertigung durch den Glauben dem Verdienst der Werke nachdrücklich entgegenzustellen. Aber zunächst drangen sie nicht durch. Es gab heftige Kämpfe, die sich durch mehrere Synoden hindurch zogen. Erst die Synode von Reichenau 1494 führte den Sieg des evangelisch gesinnten Teils und damit den Abschluß der Krisis herbei. Diejenigen, welche sich der besseren Erkenntnis nicht fügen wollten, schieden aus, nach ihrem Führer, einem gewissen Amos, die Amositen genannt. Auch mit den Ausgeschiedenen wurden noch mehrfach Versuche zur Verständigung gemacht, jedoch vergeblich. Die Amositen zerspalteten sich wiederum untereinander in verbittertem Streit und sind dann allmählich verschollen. Für die junge Unität aber war diese Wandelung von den heilsamsten Folgen, denn nun erst war sie befähigt, mit Luther und der Kirche der Reformation in Gemeinschaft zu treten, ihr von ihren Erfahrungen mitzuteilen und von ihr zu lernen.

Der Vertreter dieser neuen Richtung ist Lucas von Prag, der nach des Matthias Tod (1500) in die Reihe der Bischöfe eintrat und bald Oberbischof wurde. Obgleich er für seine Person in Bezug auf die Lehre im allgemeinen über den Standpunkt der utraquistischen Kirche nicht hinauskam, so hielt er doch aufs entschiedenste fest an dem Kleinod der jungen Brüderkirche, der Handhabung einer auf biblischen Grundsätzen beruhenden Kirchenzucht. In stetem Andenken blieb nachmals bei den Brüdern sein Wort: „Nicht von feindlicher Verfolgung, wohl aber von Vernachlässigung der Disciplin hat die Brüderkirche Gefahr zu fürchten." Und in der That gegen Ende des 15. und zu Anfang des 16. Jahrhunderts treten die Verfolgungen wieder ernstlicher auf. Mehrere Landtagsbeschlüsse bezweckten die Unterdrückung der Brüder, und die Lage derselben war oft eine sehr gefährdete. Ihre öffentlichen Versammlungen waren eine zeitlang gänzlich verboten; nicht selten erfolgten

Lucas von Prag. Vorreformatorische Blüte der Unität im Anfang des 16. Jahrh.

Gefangennehmungen einzelner. Dennoch können wir gerade diese Zeit als die **vorreformatorische Blüte der Unität** bezeichnen. Sie war innerlich belebt durch den Geist festen Glaubens und eines treuen Zeugenmutes, und ihre Ausbreitung war eine sehr bedeutende. Es bestanden in jener Zeit über 300 Bethäuser der Brüder in Böhmen und Mähren mit daran angeschlossenen Gemeinen, nur daß diese nicht räumlich abgeschlossen, sondern mitten unter anderen Christen durch Dörfer und Städte zerstreut waren. Die Zahl der einzelnen Mitglieder der Brüderkirche wurde damals auf mehr als 70000 geschätzt. Viele Brüderschriften wurden damals verfaßt, namentlich auch zur Verteidigung gegen mancherlei Angriffe. Im Jahr 1504 sandten sie eine Konfession an den König, die nachmals in Nürnberg in böhmischer Sprache gedruckt wurde. Schon vorher hatten sie einen **Katechismus** und das **erste Brüdergesangbuch** in böhmischer Sprache (1501) herausgegeben. Die Litteratur der Brüder war sehr bedeutend. Sie besaßen drei Druckereien, während außer den ihrigen nur noch zwei in Böhmen bestanden, und im ersten Jahrzehnt des 16. Jahrhunderts war die Zahl der herausgegebenen Brüderschriften fünfmal so groß als die aller anderen Druckschriften in Böhmen. Räumlich angesehen gab es in Böhmen drei größere Mittelpunkte, um welche die Unität sich scharte. Der hauptsächlichste war Jungbunzlau im Nordosten Böhmens. Hier hatte die Oberleitung der Unität ihren Sitz. An 200 Gemeinen mit ihren Bethäusern schlossen sich um diesen Kern an. Einen anderen Mittelpunkt bildete die Gegend von Klattau im Südwesten, einen dritten die Gegend von Saaz und Bilin im Nordwesten Böhmens. Die beiden letzteren Kreise waren weniger zahlreich. Im Nordosten von Böhmen gehörten überdies nicht wenige **adlige Herren** mit großem Grundbesitz der Brüderkirche an. Sie gewährten der Kirche einen mächtigen Schutz in Verfolgungszeiten, aber an der Leitung der Kirche im Inneren hatten sie keinen Teil; keiner von ihnen war Mitglied des Ältestenrates.

Obgleich die Brüderkirche gegen Ende des 15. Jahr- *Bedürfnis weiterer Klärung.*
hunderts die engherzige Buchstabenauffassung innerlich über- *Anschluß an*
wunden hatte, bedurfte sie im Punkt der Lehre doch noch *Luther und*
einer weiteren Läuterung. Die Konfession von 1504 hält *Calvin.*
noch fest an den 7 Sakramenten der katholischen Kirche, und
die Rechtfertigung durch den Glauben kommt noch nicht zum
reinen und vollen Ausdruck.

Wie nun die Brüder von Anfang an sich nach einem
helleren Licht der Erkenntnis umgeschaut und zur eigenen
Stärkung Anschluß gesucht hatten (sie hatten zu dem Zweck
Abgeordnete aus ihrer Mitte völlig vergeblich in den Orient
gesendet), so begrüßten sie jetzt mit aufrichtiger Freude das
Werk Luthers in Deutschland, die deutsche Kirchenreformation. Sie schickten bald Gesandte an Luther.
Da gab es denn freilich anfangs mancherlei Bedenken, und
man fand sich nicht gleich zusammen. Die Brüder tadelten
an der evangelischen Kirche Luthers den Mangel an Kirchenzucht, und Luther wiederum fand ihre Strenge und
Gesetzlichkeit nicht der heiligen Schrift gemäß. Später aber
lernte man sich gegenseitig mehr schätzen. Die Brüder ließen
sich durch Luther tiefer in die Schrift führen und sprachen
von da an in ihren Bekenntnisschriften die Lehre von der
Rechtfertigung durch den Glauben klarer und entschiedener
aus. Und Luther äußerte sich dahin: „Wenngleich die
Brüder an Reinheit der Lehre uns nicht übertreffen, so doch
gar weit durch ihre Disciplin und Kirchenregiment." Zu
den Brüdern aber sagte er: „Seid ihr Apostel der
Böhmen, wie ich mit den Meinigen Apostel der
Deutschen."

Diese tiefere und verständnisvollere Verbindung mit *Die Bischöfe*
Luther wurde hauptsächlich hergestellt durch die Bischöfe *Horn und*
Joh. Horn und Joh. Augusta seit dem Jahr 1532. *Augusta.*
Lucas von Prag, der im Jahr 1528 starb, hatte den klaren
Blick in die Rechtfertigung durch den Glauben noch nicht
gewinnen können, wenn auch andere neben ihm die Wahr-
heit bereits ahnten. Auch mit den Theologen der refor-
mierten Kirche, namentlich mit Calvin, traten die Brüder

2

in Verbindung und fanden hier zum Teil noch mehr Gleich=
artigkeit der Auffassung und eine noch unbedingtere Aner=
kennung ihrer Kirchenzucht. In der Abendmahlslehre hiel=
ten sich die Brüder aus allem Streit heraus, indem sie in
ihrem Bekenntnis einfach die Worte der Schrift hinstellten.
Nur die katholische Wandelungslehre verwarfen sie voll=
ständig.

Der böh= mische Auf= stand v. 1547 durch König Ferdinand nieder= geschlagen. Unter= drückung der Brüderkirche.
Schon hatte sich gegen die Mitte des 16. Jahrhunderts
die Brüderkirche aufs neue im böhmischen Volk befestigt
und an Ansehen gewonnen, auch eine größere Anzahl
abliger Herren war jetzt der Brüderkirche beigetreten; da
traf dieselbe unerwartet ein furchtbarer Schlag. In Deutsch=
land brach nach Luthers Tod der Schmalkaldische
Krieg aus. Ein Bund evangelischer Stände im Reich trat
waffengerüstet dem Kaiser gegenüber. König Ferdinand von
Böhmen wollte seinem Bruder, dem deutschen Kaiser Karl V.,
mit einem böhmischen Heer zu Hilfe ziehen. Aber ein Teil
der böhmischen Stände, innerlich eins mit dem evangelischen
Bund in Deutschland, versagte den Gehorsam, bildete eine
provisorische Regierung, deren Mitglieder zum Teil der
Brüderkirche angehörten, und suchte kriegerischen Anschluß
an den Kurfürsten von Sachsen. Man hoffte, mit dem
siegreichen Ausgang des Kampfes auch eine größere poli=
tische Selbständigkeit Böhmens zu erreichen. Da wurde
am 24. April 1547 in der Schlacht bei Mühlberg der
Kurfürst von Sachsen durch das kaiserliche Heer geschlagen
und gefangen genommen. Das führte eine verhängnisvolle
Wendung für Böhmen herbei. König Ferdinand strafte die
Aufständischen hart. Vier böhmische Herren wurden hinge=
richtet, darunter ein Mitglied der Brüderkirche, und mit
dieser Hinrichtung wurde der sogenannte blutige Land=
tag im August 1547 eröffnet. Den anderen am Aufstand
beteiligten brüderischen Herren wurden die Güter genommen
und jede Teilnahme an Brüderversammlungen untersagt.
Ferdinand war überzeugt, daß die Wurzel des Aufstandes
in den religiösen Bewegungen liege. Deshalb suchte er jetzt
mit Macht, wonach er früher schon immer vergeblich ge=

trachtet, alle kirchlichen Gemeinschaften auszurotten und nur die katholische und die utraquistische Kirche bestehen zu lassen. Seine vernichtenden Maßregeln galten vor allem der Brüderkirche. Alle Versammlungshäuser derselben wurden geschlossen, ihre Versammlungen verboten und Anschluß an die utraquistische Kirche oder Auswanderung gefordert. Auf den königlichen Gütern wurden diese Maßregeln aufs strengste durchgeführt. Und hier gelang es auch, den Oberbischof der Brüderkirche, Joh. Augusta, durch falsche Vorspiegelungen in die Falle gelockt, gefangen zu nehmen. Er wurde erst zu Prag, dann später auf dem festen Schloß zu Pürglitz an der Beraun im unterirdischen Kerker 16 Jahre lang (1548 bis 1564) gefangen gehalten.

Bischof Augusta gefangen 1548.

Eine große Anzahl Familien der Brüderkirche, darunter auch Adlige und Geistliche, sahen in Böhmen ihre Kirche vernichtet und beschlossen daher, dem königlichen Edikt gemäß, auszuwandern. Sie wandten sich nach dem Herzogtum Preußen, wo der frühere Hochmeister des deutschen Ordens, Herzog Albrecht, als weltlicher evangelischer Fürst waltete. Ein aus Böhmen geflüchteter adliger Herr war nämlich in des Herzogs Dienste getreten und hatte seinen Glaubensgenossen die Aufnahme erwirkt. In drei Zügen, deren größter aus 500 Personen bestand, brachen sie im Sommer 1548 auf. Gegen Weihnachten kamen sie in Königsberg an. Aber sie fanden hier nicht, was sie erwartet hatten, denn in dem streng lutherischen Lande war für sie keine Freiheit der Bewegung. Hingegen hatten sie unterwegs in dem damaligen Königreich Polen (der heutigen Provinz Posen) sehr freundschaftliche Aufnahme gefunden. Hier hatte der Adel, unter welchem damals viele Familien protestantisch waren, eine sehr unabhängige Stellung. Solche Adelsfamilien, namentlich die Grafen von Ostrorog, nahmen sich der Brüder an und gaben ihnen in sehr entgegenkommender Weise Gelegenheit zur Ansiedelung auf ihren Gütern. Deshalb zogen sich die Auswanderer allmählich ganz aus Preußen zurück und siedelten sich in Polen an. So entstand ein polnischer Zweig der Brüderunität, der an Be-

Auswanderung nach Polen. Polnischer Zweig der Unität.

Georg Israel Bischof für Polen.

beutung und Ausdehnung rasch wuchs. An der Spitze desselben stand der äußerst thätige und energische Brüderprediger Georg Israel, der 1557 zum Bischof für Polen geweiht wurde. Schon wenige Jahre nach der Einwanderung zählte die Brüderunität 40 Gemeinen in Polen.

Unionsthätigkeit der Brüder in Polen.

Aber nicht nur Ruhe und Zuflucht suchten die Brüder in Polen, sie traten auch evangelisierend auf. Ja hier insonderheit machten sie ihren Unionscharakter geltend und erkannten hierin ihre besondere Aufgabe. Zwischen Lutheranern und Reformierten — zu den letzteren gehörte meist der den Brüdern befreundete Abel — herrschte viel Streit und gegenseitige Anfeindung. Auf Anregung der Brüder kam im Jahr 1570 zu Sendomir eine Einigung zustande. Die Hauptpunkte der Lehre, in denen die drei evangelischen Kirchen wirklich eins waren, wurden vorangestellt, im übrigen aber den besonderen Lehranschauungen der einzelnen Kirchen Freiheit gegeben. Jede Kirche erkannte die Glieder der beiden anderen ausdrücklich als rechtgläubig an, und man verband sich zu gegenseitiger Teilnahme an Wort und Sakrament. Vorbereitende Bestrebungen in dieser Richtung waren schon lang von den Brüdern, namentlich von ihren Predigern Israel und Laurentius, ausgegangen. Aber an dem thatsächlichen Ausgleich selbst war hauptsächlich der jüngere Brüderprediger Joh. Turnovius beteiligt. Freilich von dauernden praktischen Folgen war die Einigung nicht. Turnovius mußte zu seinem tiefen Schmerz erleben, daß lutherische Eiferer die Auflösung des Bundes betrieben. Und bald nach Turnovius Tod (1608) löste sich der ganze polnische Zweig der Brüderunität in die reformierte Kirche des Landes auf. Nur die Bischofsweihe der Brüderkirche hat sich in der reformierten Kirche Polens erhalten als ein anvertrautes Gut für künftige Erben.

Allmähliches Wiedererstarken der Unität.

So schwer der Schlag gewesen, der im Jahr 1547 durch Ferdinand I. der Brüderkirche in Böhmen zugefügt worden war, vernichtet wurde sie durch denselben keineswegs. Zunächst genoß Mähren, das politisch mit Böhmen

verbunden war, aber am Aufstand sich nicht beteiligt hatte,
der Ruhe. Und hier konnte sich die Brüderkirche, nament=
lich auf den Gütern befreundeter Herren, in der Stille
bauen. Ein Mittelpunkt brüderischer Wirksamkeit in Mähren
war Eibenschütz, wo der Bischof Joh. Blahoslav, *Bischof
Blahoslav
in
Eibenschütz.*
der auch schriftstellerisch für seine Kirche und das Reich
Gottes thätig war, lebte. Aber auch in Böhmen kamen
Ferdinands Pläne nicht zur vollen Durchführung. Mildernd
wirkte schon der allmählich stärker werdende Einfluß seines
Sohnes und Thronerben, des nachmaligen Kaisers Maxi=
milian II., der viel Verständnis und Interesse für den
Protestantismus hatte. Er bewirkte es, daß der König, alt
und gebeugt, noch kurz vor seinem Lebensende den gefange=
nen Augusta frei gab (Ostern 1564). Zwar hat Augusta *Befreiung
Augustas
1564.*
für seine Person nach der Freilassung eine leitende Stellung
in der Unität nicht mehr eingenommen, denn ein tief gehen=
des inneres Zerwürfnis und sein herrschsüchtiger Charakter
trennten ihn von seinen Brüdern; nur in seinen geistlichen
Liedern und in seinen gesammelten Reden und Betrachtungen
hat er seiner Kirche ein Segenserbe hinterlassen. Aber an
seine Stelle waren jüngere Männer getreten, und die Lei=
tung der Unität lag nach der menschlichen Seite hin in
tüchtigen Händen. Nur der Zusammenhang bischöflicher
Weihe war unterbrochen worden. Während Augustas Kerker=
haft waren die vorhandenen Bischöfe gestorben, und Augusta
hatte sich der Wahl und Weihe neuer Bischöfe zu ihren
Lebzeiten vom Gefängnis aus aufs strengste widersetzt, auf
seine eigne Rückkehr bauend. Es war nämlich zeitenweis
ein gewisser Verkehr zwischen ihm und dem Ältestenrat der
Brüder. Nun aber nach dem Tod der Bischöfe und ohne
Aussicht auf Augustas Rückkehr war dem Ältestenrat nichts
übrig geblieben als neue Bischöfe zu ernennen und sie durch
Handauflegung zu bestätigen ohne Mitwirkung irgend eines
Bischofs. Die so ernannten Bischöfe sind Joh. Cerny und *Die Bischöfe
Cerny und
Cerwenka.*
Matthias Cerwenka. Ihre Einsegnung geschah auf der
Synode zu Prerau im Juni 1553. Die Brüder haben

offenbar den ununterbrochenen Zusammenhang der Weihe nicht für ein wesentliches Erfordernis gehalten.

Aber nicht allein in der Freigebung Augustas zeigte sich ein Nachlassen in der Strenge seitens des Königs. Schon lang vorher hatte Ferdinand dem allmählichen Wiederaufleben der Brüderkirche nicht mehr mit der früheren Energie gewehrt. Als Ernst von Krajek den Brüdern in Jungbunzlau ihr Versammlungshaus wieder eröffnete, ja 1554 ihnen sogar ein neues baute, schwieg der König dazu. Ähnliches geschah auch wohl sonst. Die Ursache lag in den kirchlichen Verhältnissen Deutschlands. Dort hatte der Passauer Vertrag (1552) eine völlig veränderte Lage geschaffen, und der allgemeine Religionsfriede stand in naher Aussicht. Dem gegenüber vermochte Ferdinand auch in Böhmen den Lauf der Zeit nicht aufzuhalten.

Zusammenschluß der Brüderkirche mit der lutherischen u. reformierten Kirche unter Maximilian II. Die gemeinsame Konfession 1575.

Noch weit günstiger gestalteten sich die Dinge für die Brüderkirche, als Maximilian II. zur Regierung kam (1564—1576). Jetzt gewann namentlich die lutherische Kirche im Lande an Boden. Der größte Teil der Bürgerschaft in den Städten trat öffentlich zu dieser Kirche über. Denn schon lang hatte in der utraquistischen Kirche eine lutherische Strömung sich geltend gemacht. Auch die reformierte Kirche breitete sich aus. Die Alt-Utraquisten hingegen verloren sich mehr und mehr. So standen in den kirchlichen Kämpfen des Tages der katholischen Kirche jetzt drei Kirchengemeinschaften mit frischer Kraft gegenüber: die lutherische, die reformierte und die Brüderkirche. Um so mehr empfanden sie das Bedürfnis, sich untereinander zu einigen und enger zusammenzuschließen. Das geschah, nach dem Vorgang von Sendomir, 1575. Ja man ging noch einen Schritt weiter. Eine gemeinsame evangelische Konfession (Confessio bohemica) ward aufgesetzt und von allen drei Kirchengemeinschaften angenommen. In dieser sind die wesentlichen Stücke des christlichen Glaubens klar und bestimmt ausgesprochen, die untergeordneten strittigen Fragen aber bleiben unberührt. Maximilian II. erkannte sie an, und selbst die streng lutherische Fakultät in Wittenberg lobte die heilige und keusche Einfalt derselben.

Was schon in den ersten Jahrzehnten des 16. Jahrhunderts hervorgetreten war, das zeigte sich jetzt aufs neue und in ausgedehnterem Maß. In der Brüderkirche lag die eigentliche geistige Kraft der Nation. Durch ihre abligen Herren, durch ihre feingebildeten Geistlichen traten die Brüder an die Spitze des Volkes. Ihre Schulen, ihre Predigerseminare waren gesucht und hochberühmt. Und daß sie recht eigentlich die Theologie in der evangelischen Kirche Böhmens vertraten, das zeigt ihre gewaltige Schöpfung auf diesem Gebiet, das Kralizer Bibelwerk. Es ist das eine Übersetzung der ganzen heiligen Schrift in das Böhmische mit erklärenden Anmerkungen und besteht aus 6 Folianten. Blahoslavs Übersetzung des Neuen Testaments hatte die Anregung dazu gegeben. Es ist aber nicht die Arbeit eines Mannes, sondern 8 Theologen der Brüderkirche haben, teils gemeinsam nebeneinander, teils sich ablösend, daran gearbeitet, und 15 Jahre sind bis zur Vollendung darüber hingegangen (1579—1593). Der Druck geschah im Schloß zu Kraliz, und Karl von Zerotin, ein abliger Herr in Mähren, der sich auch sonst um die Brüderkirche äußerst verdient gemacht hat, übernahm die Kosten. Das Werk erregte damals großes Aufsehen. Es galt in sprachlicher Hinsicht als ein klassisches Werk der böhmischen Litteratur. Auch sein theologischer Wert ward allgemein anerkannt.

Angesehene Stellung der Brüder-Unität im böhmischen Volk. Das Kralizer Bibelwerk.

Erwähnt sei in diesem Zusammenhang noch der Kirchengesang der Brüder. Er war bei ihnen Gegenstand besonderer Pflege und wurde von auswärtigen Brüderfreunden hoch gerühmt. Dem im Anfang des 16. Jahrhunderts herausgegebenen böhmischen Gesangbuch war schon 1531 die Ausgabe eines deutschen Gesangbuchs gefolgt durch Michael Weiße. Der Bischof Joh. Horn verbesserte dieselbe 1544. Und dieses von Horn herausgegebene Gesangbuch erschien dann in neuer Ausgabe 1566. In diesen Gesangbüchern sind den Liedern auch die Melodien

Kirchengesang und Gesangbücher.

in Noten beigegeben. Auch eine neue böhmische und eine polnische Ausgabe erfolgte in den sechziger Jahren. Die meisten dieser Lieder sind brüderischen Ursprungs. Besonders reich ist Augusta vertreten; auch Matthias von Kunwald, Lucas von Prag, Blahoslav u. a. sind Verfasser von Liedern. Ein Anhang enthält deutsch-evangelische Kirchenlieder, namentlich von Luther. Die Lieder der böhmischen Brüder sind vorherrschend nüchtern und lehrhaft und ermangeln des poetischen Schwungs. Mit den deutschen Kirchenliedern der Reformation und des Pietismus sind sie nicht entfernt zu vergleichen. Aber ein gut geschulter Kirchengesang, auf natürlicher Begabung des Volkes ruhend, trug doch sehr viel bei zur Hebung der kirchlichen Gottesdienste und belebte die Erbauung.

Religionsfreiheit aller Evangelischen Böhmens durch den Majestätsbrief Rudolf II. 1609. Staatliche Anerkennung der Brüderkirche.

Als Maximilian II. im Jahr 1576 starb und sein Sohn Rudolf II. folgte, fürchtete man allgemein eine katholische Reaktion. Aber sie trat nicht ein, denn Rudolf war zu schwach und indolent, um gegen die Evangelischen in Böhmen energisch vorzugehen. So konnte die Brüderkirche auch während der letzten Jahrzehnte des 16. Jahrhunderts ungestört ihr Bestehen haben. Aber die Schwäche Rudolfs ward auch von den Jesuiten benutzt. Durch sie gedrängt versuchte er in den ersten Jahren des 17. Jahrhunderts eine Unterdrückung der Evangelischen Böhmens. Das bewirkte eine Auflehnung der evangelischen Stände, Truppensammlungen und Rüstungen. Und mit diesen revolutionären Bewegungen erreichten sie in der That, was sie wollten. Denn dadurch erschreckt, ließ Rudolf sich den berühmten **böhmischen Majestätsbrief** abnötigen (11. Juli 1609). Dieser Majestätsbrief gab allen Nichtkatholiken Böhmens **völlige Religionsfreiheit**. Die evangelischen Stände dürfen ungehindert Kirchen und Schulen bauen, ein eigenes gemeinsames Konsistorium errichten und eine Anzahl weltlicher Herren als Defensoren ernennen, die eine ähnliche Stellung einnehmen sollten, wie in Deutschland die Fürsten zu ihren Landes-Konsistorien. Das galt für alle Bekenner der böhmischen Konfession von 1575, also für die Brüderkirche ebenso wie für die Lutheraner, die Reformierten, und auch für die noch vorhandenen Utraquisten.

Eine wunderbare Wandelung war damit eingetreten in der Stellung der Brüderkirche. Früher verfolgt und in die Verborgenheit der Wälder und Klüfte zurückgedrängt und dann wieder aus Nachsicht hie und da geduldet, steht sie jetzt plötzlich da als eine vom Staat anerkannte mit allen Rechten kirchlicher Selbständigkeit ausgestattete Kirche, ja als die Vorkämpferin der übrigen hoch geehrt. Freilich näher angesehen war das ein zweifelhaftes Geschenk. Schon durch das gemeinsame Landeskonsistorium, welches alle evangelischen Geistlichen im Lande berief und anstellte, auch die Weihe vollzog, war, obgleich drei Brüder und darunter einer ihrer Bischöfe Mitglieder waren, der Brüderkirche eine beschränkende Fessel angelegt. Und bald sollte sich zeigen, wie gefährlich der Weg war, den man betreten hatte. Die ganze Bewegung des Jahres 1609 war im Grunde mehr national-politischer als kirchlicher Art, und die Weise des Kampfes gegen die Vertreter der Krone hatte alles andere eher als einen geistlichen Charakter. In dieses ganze Treiben war die Brüderkirche zumal durch die abligen Herren in ihrer Mitte stark verwickelt. Dadurch hatte sie an ihrer Freiheit und Selbständigkeit wesentlich eingebüßt und mußte die Folgen tragen.

Verwickelung der Brüderkirche in die politischen Kämpfe.

Im übrigen war Böhmen durch den Majestätsbrief keineswegs beruhigt. Weil die böhmischen Stände dem König Rudolf nicht trauten, nötigten sie ihn zur Abdankung und wählten seinen Bruder **Matthias** (1611). Dieser gab, nachdem er Kaiser geworden, Böhmen und Mähren an seinen durch die Gegenreformation in Steiermark berüchtigten Vetter **Ferdinand**, den nachmaligen Ferdinand II., und setzte zu allgemeiner Überraschung dessen Wahl und Krönung zum König von Böhmen durch (9. Juni 1617).

Das böhmische Königtum in der Hand von Matthias u. Ferdinand. 1611. 1617.

In dieser Zeit hielten die Brüder noch eine **Synode** und zwar zu **Berawiz** in Mähren. Es war die letzte allgemeine Unitätssynode. Auf derselben wurde ein früher ausgearbeitetes Schriftstück, die Verfassung und

Letzte allgemeine Synode der Unität. Ratio disciplinae.

Lebensordnung der Brüderkirche enthaltend, durchgegangen, ergänzt und bestätigt, und unter dem Titel Ratio disciplinae, aber in deutscher Sprache, gleichsam als ein Denkmal der Nachwelt übergeben.

Der Aufstand der Böhmen gegen Ferdinand II. wird niedergeworfen durch die Schlacht am weißen Berg 1620. Untergang der Brüder-Unität.

Nun folgte die verhängnisvolle Entwickelung Schlag auf Schlag. Ferdinand verletzte offen den Majestätsbrief, den er doch beschworen, und die böhmischen Stände rüsteten sich zum Kampf. Sie setzten im Mai 1618 eine provisorische Regierung von 30 Direktoren zur Verwaltung des Landes ein, und als im Frühjahr 1619 Matthias starb und Ferdinand zum deutschen Kaiser gewählt und gekrönt wurde, erklärten die Stände seine förmliche Absetzung als König von Böhmen und beriefen den protestantischen (reformierten) Kurfürsten Friedrich von der Pfalz an seine Stelle. Dieser kam im November 1619 nach Prag und übernahm die Regierung. Aber der ihm gestellten Aufgabe war er keineswegs gewachsen. Im Lande selbst gewann er die Herzen des Volkes nicht, und die Politik nach außen vernachlässigte er vollständig. So kam es, daß Ferdinand im Bunde mit Baiern im Herbst 1620 in Böhmen einrückte und das böhmische Heer, das ungenügend vorbereitet war, in der Schlacht am weißen Berg bei Prag (8. Nov. 1620) vollständig schlug. König Friedrich floh, und drei Tage nach der Schlacht huldigte die Stadt Prag dem König Ferdinand als succedierendem König von Böhmen; von Wahlfreiheit war nicht mehr die Rede. Nun erging ein furchtbares Gericht über Böhmen, viel gewaltiger und eingreifender als Ferdinand I. es nach der Schlacht bei Mühlberg vollzogen. Und in diesem Gericht fand die Brüderkirche ihren Untergang. Zunächst vollzog sich eine politische Unterwerfung und Bestrafung Böhmens. Und der Hauptakt derselben war das Prager Blutgericht am 21. Juni 1621. Von den Führern des Aufstandes wurden 27 vor dem Rathaus in Prag hingerichtet. Etwa die Hälfte davon gehörten der Brüderkirche an. Dann wurde in den folgenden Jahren die evangelische Kirche und namentlich die Brüderkirche gewaltsam niedergetreten.

Dem Adel wurden die Güter genommen, die Geistlichen wurden des Landes verwiesen und jeder nicht römische Gottesdienst ward aufs strengste verboten. Zuletzt erfolgte die Austreibung ganzer evangelischer Gemeinden. Wer im Lande bleiben wollte mußte katholisch werden. Und das Land, dessen Bewohner früher zu fünf Sechsteln evangelisch gewesen, und dabei in blühendem Wohlstand, es wurde jetzt, verarmt und zertreten, äußerlich ganz katholisch. Auch aus der Brüderkirche wanderten viele aus, andere blieben zurück und traten über; wenige bewahrten in der Stille das Evangelium und das Andenken an die Brüderunität.

<small>1627.</small>

So war denn also doch die Brüderkirche in den Stürmen der Verfolgung von außen zu Grunde gegangen, und das Wort des Bischofs Lucas schien sich nicht bewährt zu haben. Und doch hat sich's bewährt. Schon gegen Ende des 16. Jahrhunderts war die Brüderkirche innerlich allmählich eine andere geworden. Der alte strenge Ernst, die fromme Zucht waren gewichen. Vergebens erließen die Synoden strenge Rügen des eingedrungenen Weltsinnes. Auch die Handhabung der Kirchenzucht, das hohe Gut der Väter, lockerte sich in bedenklicher Weise. An alledem trug wohl in hervorragender Weise der Adel die Schuld. Zwar soll nicht verkannt werden, was die abligen Herren, namentlich in der älteren Zeit, als treue Schirmherrn der Kirche gethan haben, und die Namen der edlen Geschlechter Kostla von Postupitz, von Krajek, von Zerotin sollen in der Geschichte der Brüderkirche unvergessen bleiben. Aber trotzdem ist es eine unleugbare Thatsache, daß der Adel im ganzen den geistlichen Charakter der Brüderkirche geschädigt und ihre Kraft gebrochen hat. Einmal wagte man in späteren Zeiten nicht mehr gegen den Adel die ganze Strenge der Kirchenzucht anzuwenden, wie man es wohl in älterer Zeit in einzelnen Fällen gethan hatte. Man war seitens der kirchlichen Leitung dem Adel allzusehr verpflichtet. Und dieses Beispiel wirkte natürlich lockernd und zerrüttend auch in den unteren Kreisen. Dann aber war es gerade der Adel, welcher die Kirche unaufhaltsam in die politischen

<small>Ursachen des Untergangs der Unität.</small>

Bewegungen des Landes hineinstieß. Dadurch verlor die Kirche ihren geistlichen Charakter und mußte, da sie auf das Fleisch säte, auch vom Fleisch das Verderben ernten. So war sie denn, innerlich geschwächt und vom Weltgeist erfaßt, nicht mehr befähigt wie in den Tagen ihrer Jugend, die Stürme der Verfolgung zu überdauern.

Amos Comenius und die Erhaltung des brüderischen Bischoftums. Eine Fortsetzung findet indessen die untergegangene Kirche noch in einem einzelnen Mann, in dem Bischof Amos Comenius. Er war von Fulnek in Mähren, wo er Prediger und Leiter der Schule war, ausgewandert. In Polnisch-Lissa, wo die böhmischen Flüchtlinge mit den reformierten Brüdern in Polen eine Synode hielten, wurde er zum Bischof geweiht. Später lebte er in Amsterdam, wo er 1670 gestorben ist. Hier war er hauptsächlich als Schriftsteller thätig. Durch seine bahnbrechenden pädagogischen Schriften hat er sich einen europäischen Ruf erworben. Aber auch der Brüderkirche, deren Erneuerung er zuversichtlich hoffte, galt ein Teil seiner Schriften. Er sorgte dafür, daß die Kunde von ihrer Geschichte und ihren Einrichtungen behalten blieb. Aber auch die Erhaltung des Bischoftums lag ihm am Herzen. Auf seinen Antrieb und unter seiner schriftlichen Assistenz wurde im Jahr 1662 durch den Bischof des polnischen Zweigs, Joh. Büttner, der Schwiegersohn des Comenius, Peter Jablonsky, für den böhmisch-mährischen Zweig der Brüderkirche als Bischof geweiht. Und dieser wiederum hat in gleichem Streben im Jahr 1699 seinen Sohn, Daniel Ernst Jablonsky, Hofprediger in Berlin, zum Bischof der Brüderkirche geweiht. Erst diesem war es nach dem Ratschluß Gottes beschieden, seiner Zeit das Bischoftum auf die erneuerte Brüderkirche zu übertragen. Daß und wie eine solche ins Leben treten konnte, 100 Jahre nach dem Untergang der alten böhmischen Brüderkirche durch das verborgene Walten Gottes geweckt, davon berichtet der folgende Abschnitt.

Die erneuerte Brüder-Unität
oder
die Brüdergemeine.

Entstehung und geschichtliche Entwickelung.
1722 bis auf die Gegenwart.

I. Die Zeit der Entstehung.
1722—1775.

Erstes Kapitel.
Die Zeit Herrnhuts.
1722—1736.

Wie die alte Brüder-Unität Böhmens und Mährens ihre Wurzeln in Johann Hus und den Husitischen Bewegungen hat, so wurzelt die erneuerte Brüder-Unität, oder, wie wir kurzweg sagen, die Brüdergemeine, neben ihrer Abstammung aus der alten böhmisch-mährischen Unität, in dem Pietismus der deutsch-evangelischen Kirche, wie er durch Phil. Jakob Spener ins Leben gerufen und durch Aug. Herrmann Francke in eine bestimmt abgegrenzte Bahn geleitet wurde. {Geschichtliche Wurzeln der Brüdergemeine.}

Die deutsche Kirchenreformation hatte das Christentum der Bibel, der Apostel und der ersten Jahrhunderte, aus den Banden Roms befreit, lebenskräftig auf neuen Boden gestellt und damit vom Untergang gerettet. Eine neue Entwickelung war ins Leben getreten: die evangelische Kirche. Aber eben, weil nun nach Gottes Ratschluß sich etwas Neues entwickeln sollte, war mit dem Anfang noch nicht alles gegeben. Dem Werke Luthers fehlte noch die Sammlung gläubiger Seelen zu lebendiger Gemeinschaft. Und überdies war durch verkehrte Entwickelung an die Stelle der von Luther geforderten Heilsgewißheit auf Grund persönlichen Herzensglaubens die tote Rechtgläubig- {Reformation und Pietismus.}

Phil. Jakob Spener. keit getreten. So war es denn die Aufgabe Speners, von Gott ihm anvertraut, der Christenheit nachdrücklich ins Herz zu rufen: Die bloße Rechtgläubigkeit hilft euch nichts; jeder einzelne muß erweckt und durch Buße zum leben= digen Glauben geführt werden, wenn er seines persön= lichen Anteils am Heil in Christo gewiß werden soll. Und weiter war es seine Aufgabe, die Erweckten zu leben= digen Gemeinschaften zu sammeln, die innerhalb des Rahmens der Kirche doch in freier Weise am Worte Gottes sich erbauten. Solcher Gemeinschaften entstanden durch Speners Thätigkeit eine große Zahl, jedesmal von den Punkten ausgehend, wo er wirkte: Frankfurt a. M., Dres= den, Berlin. Denn die Bereitwilligkeit und das Verlangen danach war in weiten Kreisen vorhanden, und Speners **Aug. Herrm. Francke.** Zeugnis war nur der zündende Funke. Aug. Herrmann Francke ging nun noch einen Schritt weiter. Er faßte die Arbeit für das Reich Gottes ins Auge, die die Gläubigen zu thun hätten. Anstalten für Jugender= ziehung im Sinn des Pietismus, für Bibelverbreitung, für Heidenmission gründete er, und der Mittelpunkt, wo sich das alles vereinigte, war Halle. Diese teils vergessenen, teils neu hervorgerufenen Äußerungen evangelischen Ge= meinlebens sind die Grundelemente des Pietismus, wie er am Ende des 17. und in der ersten Hälfte des 18. Jahrhunderts in Deutschland sich Bahn brach. Aber das **Die Orthodoxie.** Alte setzte sich gegenüber dem Neuen zur Wehre. Die Orthodoxen, die in der Rechtgläubigkeit das Wesen des Christentums suchten, und deren Hauptstütze und Mittel= punkt damals die Universität Wittenberg war, traten in einen feindlichen Gegensatz gegen den Pietismus. Und Jahrzehnte hindurch wurde zwischen Wittenberg und Halle ein erbitterter Streit in Schriften geführt. Endlich machte die ermattete Orthodoxie dem Rationalismus Platz, während der Pietismus den Sieg behielt und in Zinzendorf und der Brüdergemeine eine neue Gestalt gewann.

Die Familie Zinzendorfs. Zu den durch Spener erweckten und in lebendige Ge= meinschaft mit einander geführten Christen gehörte der kursächsische Minister Graf Zinzendorf in Dresden. Seine Gemahlin war eine Tochter der damals in christlichen Kreisen geachteten frommen Liederdichterin Katharina von Gersdorf. Diese bildete auf ihrem Witwensitz, Groß-hennersdorf in der Oberlausitz, ebenso den Mittelpunkt einer Spenerischen Gemeinschaft Erweckter, wie es die Familie des Grafen Zinzendorf in Dresden that. Mit beiden Häusern war Spener persönlich befreundet.

Nicolaus Ludwig Graf von Zinzendorf war der Sohn des genannten kursächsischen Ministers. Er wurde geboren am 26. Mai 1700. Da aber der Vater bald nach der Geburt des Sohnes starb und die Mutter sich später mit dem preußischen Feldmarschall von Nazmer in Berlin verheiratete, wurde der Sohn der Großmutter zur Erziehung übergeben. In Großhennersdorf verlebte er seine Kindheit. Sie war ausgezeichnet durch eine ganz außerordentliche Frühreife religiöser Entwickelung. Es bildete sich in dem Herzen des Knaben, noch ohne tiefere Sündenerkenntnis, eine starke, fast mystische Liebesgemeinschaft mit dem Heiland, die in seinem ganzen späteren Leben das treibende Element ist, und die an der später gewonnenen sehr tief gehenden Sündenerkenntnis sich nur stärkt und befestigt. Auf dem Pädagogium in Halle erhielt er von 1710 bis 1716 seine höhere Schulbildung, und auf der Universität Wittenberg studierte er auf Wunsch der väterlichen Verwandten die Rechte. Doch widmete er daneben seinen Privatfleiß der Theologie. Nachdem er Holland und Frankreich bereist, fand er 1721 seine Anstellung im sächsischen Staatsdienst zu Dresden.*)

Zinzendorfs Jugend.

Zinzendorf war jedoch nicht der Mann, daß eine weltliche Laufbahn mit Ehren und Würden ihn gefesselt hätte. Seit seinen Knabenjahren fühlte er den mächtigen Trieb in seiner Seele, das Reich seines Heilands zu bauen.

Zinzendorfs Pläne zur Arbeit im Reiche Gottes.

---

*) Über Zinzendorfs Jugendgeschichte vgl. Cröger, Geschichte der erneuerten Brüderkirche Bd. 1. S. 20 ff. und Burkhardt, Zinzendorf und die Brüdergemeine. S. 14 und ff.

So war denn zunächst sein Plan der, irgendwo auf dem Lande als christlicher Gutsherr im Sinne Speners unter den Erweckten zu wirken und zugleich nach dem Vorgang von Halle irgend eine Thätigkeit auszuüben zur Ausbreitung des Reiches Gottes. Noch in demselben Jahr seiner Anstellung in Dresden kaufte er das Gut **Berthelsdorf** in der Oberlausitz, baute sich daselbst einen bescheidenen Landsitz und berief im folgenden Jahr seinen Herzensfreund und Gesinnungsgenossen, Joh. Andr. Rothe, zum Pfarrer an die Gemeinde. Auch eine gleichgesinnte Gattin fand er in der Schwester eines anderen Freundes, des Grafen Reuß-Ebersdorf, Erdmuth Dorothea. Er vermählte sich mit ihr am 7. September 1722. So war alles eingeleitet und der Boden hergestellt zu einer Wirksamkeit im Sinne Speners und Franckes, auf die Zinzendorf sich von ganzem Herzen freute. Daß auf eben diesem Boden etwas ganz anderes und Neues entstehen sollte, nämlich die Brüdergemeine, und daß gerade dieser Bau seine Lebensarbeit sein sollte, das ahnte er damals nicht. Das Material dazu kam von ganz anderer Seite.

Reste der alten Brüder-Unität in Mähren. Die alte Brüderkirche in Böhmen und Mähren war hundert Jahre zuvor durch Kaiser Ferdinand II. gewaltsam vernichtet worden. Dennoch lebten da und dort evangelische Familien, namentlich unter der deutschen Bevölkerung der an Schlesien grenzenden Teile von Böhmen und Mähren, und bewahrten in der Stille ihre evangelische Erkenntnis. Wir nennen die Familien Nitschmann, Schneider, Neißer, die ersteren in den Dörfern Zauchtenthal und Kunewalde, im sogenannten Kuhländchen, zwischen Fulnek und Neutitschein, die letztere in dem etwas weiter östlich gelegenen Söhlen. Solange sie sich nicht regten, duldete man sie. Als aber der Herr eben zu jener Zeit um das Jahr 1720 eine Erweckung unter den Evangelischen Mährens hervorrief und Leben und Bewegung in die stillen Familien kam, da blieb auch der Druck von seiten des Staates und der Kirche nicht aus, und nun schauten sie sich begierig um nach einem Ort oder einem Land, wo sie in Freiheit ihres

Glaubens leben könnten. Sehr merkwürdig ist der Weg, wie sie nach Sachsen geführt wurden.

Ein junger Mann, aus Mähren gebürtig, der Zimmermann Christian David, war das von Gott dafür ausersehene Werkzeug. Aber er selbst gehörte nicht einer evangelischen Familie an und stand von Haus aus mit jenen erweckten Evangelischen durchaus in keiner Verbindung. Er war geboren in Senftleben, östlich von Neutitschein, am 31. Dezember 1690. Seine Eltern waren katholisch, und in der katholischen Lehre war er aufgewachsen und unterrichtet worden. Aber schon als Knabe, ohne daß irgend evangelischer Einfluß von außen sich bemerkbar gemacht hätte, wurde er erweckt. Noch war er nicht zu klarer Erkenntnis und zum vollen inneren Frieden gekommen, als er sich in der katholischen Umgebung so unglücklich fühlte, daß er auswanderte und lutherische Länder aufsuchte. In Berlin trat er zur lutherischen Kirche über, aber erst in Görlitz bei den Predigern Schäfer und Schwedler und dem Kandidaten Rothe fand er, was er eigentlich suchte, christliche Gemeinschaft und Stärkung des Glaubens. Nachdem er diese Gemeinschaft gefunden, verlangte ihn danach, auch seine Landsleute, soweit sie dessen bedürftig waren, in dieselbe einzuführen. Es trieb ihn nach Mähren, er mußte die evangelischen Familien in der Nähe seines Geburtsortes aufsuchen. Zu wiederholten Malen ging er hin, und wie er sie im Glauben stärkte, so wurde auch der Gedanke einer Auswanderung öfters besprochen. Im Mai 1722, als er wieder nach Görlitz zurückgekehrt war, wurde er durch Rothe dem jungen Grafen Zinzendorf vorgestellt. Dieser sagte den Auswanderern, wenn sie wirklich kämen, seine Hilfe zu, gedachte aber damals nur, der Vermittler für sie zu sein und sie dem Grafen Reuß-Ebersdorf zu empfehlen. Christian David aber, auf das Versprechen fußend, eilte nach Mähren zurück, und noch Ende Mai verließen zwei Familien Neisser mit einigen Anverwandten ihren Heimatort Söhlen und wanderten, von Christian David geführt, nach Sachsen aus. Die Auswanderung mußte

Christian David führt erweckte Mähren zu Zinzendorf.

heimlich geschehen, und Haus und Hof und aller Besitz mußte im Stich gelassen werden. Am 8. Juni kamen sie in der Lausitz an. Zinzendorf war nicht in Berthelsdorf anwesend, sondern wieder in Dresden, wo er durch seine amtliche Stellung bis in den Winter hinein festgehalten wurde. Aber sein Wirtschaftsinspektor Heiz, ein treuer und für die Sache des Reiches Gottes lebhaft interessierter Mann, nahm die Mähren einstweilen auf, und nachdem er von Zinzendorf schriftlich die Erlaubnis, sie anzusiedeln, erhalten, wies er ihnen zum Anbau einen Platz außerhalb Berthelsdorf an, und zwar auf einem trockenen Hügelrücken am westlichen Abhang des Hutbergs, über den die Landstraße von Löbau nach Zittau führte. Hier war es, wo Christian David am 17. Juni den ersten Baum zum Anbau fällte, indem er prophetisch die Worte Pf. 84, 4 darauf anwendete. Im Oktober wurde dann das erste Haus bezogen. Als Zinzendorf gegen Weihnachten auf einer Fahrt von Dresden nach Hennersdorf an dieser Stätte vorüberkam, freute er sich der Ansiedelung und betete mit den Leuten, aber in seinen Gedanken und Plänen, die er für die Arbeit im Reiche Gottes hatte, spielte dieses Häuschen um Hutberg für jetzt noch keine Rolle.

Dennoch wuchs die Niederlassung. Es kamen, durch die einmal Ausgewanderten und durch Christian David veranlaßt, weitere Familien aus Mähren. Neue Häuser entstanden, und man legte sie bereits nach einem bestimmten Bauplan an. Gegenüber dem ersten Haus, das an der Landstraße stand, wurde ein großer freier Platz abgesteckt. Die Ansiedler hatten von Anfang an mit kühnem Blick eine kleine Stadt im Auge. Auch der Name fand sich bald. Er wurde von "Hutberg" entlehnt. Der Name des Berges hat nämlich seinen Grund in dem Recht der Hutung. Die Gutsherrschaft überließ damals gegen geringen Zins den Stellenbesitzern im Dorf den Berg, um das Vieh darauf zu hüten. Solcher Hutberge giebt es bei vielen Dörfern der Lausitz. Nun schrieb Heiz an Zinzendorf unter dem 8. Juli 1722: "Gott gebe, daß am Hutberg eine Stadt erbaut werbe, bie nicht nur unter bes Herrn Hut steht, sonbern ba auch alle Einwohner **auf bes Herrn Hut** stehen, baß Tag unb Nacht kein Schweigen bei ihnen sei." Sie sollten also die Sache des Herrn eifrig treiben, für ihn streiten unb als ein Licht in bie Lanbe leuchten. In biesem Sinn warb ber Name **Herrnhut** bem Ort gegeben. In ben Briefen aus jener Zeit liest man öfters bie Bezeichnung: „Auf ber Herrenshut."

Inzwischen arbeiteten Zinzenborf unb Rothe ganz unabhängig von ben mährischen Emigranten nach ihrem einmal gefaßten Plan an ber Ausbreitung bes Reiches Gottes. Mit ihnen schlossen sich zu einem engen Bunb noch **Friebr. v. Wattewille**, ein Schweizer unb Zinzenborfs Jugendfreund von Halle her, unb Mag. **Schäfer**, Prediger in Görlitz, zusammen. Dieser Bunb hatte zum Ziel bie Förberung bes Reiches Gottes. Speziell sollte baran gearbeitet werben, bie „Herzensreligion", ben persönlichen Glauben an ben Heilanb unb bie lebenbige Gemeinschaft mit ihm, in ben Mittelpunkt alles Christentums zu stellen unb gleichsam zum Gemeingut aller zu machen. Erwecliche Prebigten, Schriften, Reisen u. s. w. sollten die Mittel sein, aber auch die „Anstalten" nach bem Vorgang Franckes sollten nicht außer acht gelassen werben. Balb entstanb durch Rothes gewaltiges Zeugnis eine große Erweckung. Die Erweckten aus Berthelsborf unb aus zahlreichen Nachbardörfern sammelten sich um ihn, es wurden freie Versammlungen mit Gesang, Gebet unb Bibellesen gehalten. An biesen Bibelstunden nahmen wohl auch die Emigranten „auf ber Herrenshut" teil, aber gleichsam nur wie ein anderes Nachbarborf. Der Mittelpunkt von allen war unb blieb **Berthelsborf**. Um so merkwürdiger war, baß jene Anstalt, bie als Frucht aus ben obengenannten Bestrebungen hervorging, eine christliche Abelsschule nach bem Muster bes Päbagogiums in Halle, nicht in Berthelsborf, sondern auf ber Emigrantenkolonie am Hutberg angelegt wurde. Dort wurde sie bem ersten Häuschen gegenüber an ber andern Seite bes freien Platzes im Jahr 1724 errichtet. Die

Zinzenborf in Verbindung mit Rothe, Wattewille unb Schäfer.

Grundstein- legung zum Anstalten- haus in Herrnhut 12. Mai 1724.

Grundsteinlegung zu diesem Haus, am 24. Mai des genannten Jahres, ist denkwürdig. An diesem Tag erschienen wie zufällig 5 Männer aus Mähren, und zwar aus den Dörfern Zauchtenthal und Kunewalde im sogenannten Kuhländchen. Sie waren eigentliche Nachkommen der alten Brüder-Unität, was sich von den Neissers in Söhlen nicht mit Bestimmtheit sagen läßt. Drei von ihnen trugen den Namen David Nitschmann, der vierte hieß Zeisberger, der fünfte Töltschig. Sie hatten eigentlich nach Polen gehen wollen, wohin ja auch die Erinnerungen ihrer Väter sie riefen. Doch wollten sie sich die „Stadt Christian Davids" so nebenher einmal ansehen. Was sie hier sahen und hörten, namentlich Wattewilles Gebet auf dem Grundstein, der feste Glaube Zinzendorfs und seiner Genossen, das bewog sie zum Bleiben. Sie sind später bedeutende Zeugen im Dienst der Brüdergemeine geworden. Einer besiegelte sein Zeugnis schon nach wenigen Jahren mit Gefängnis und Tod in Mähren. Ein anderer wurde später der erste Bischof der erneuerten Brüderkirche. Was diese Grundsteinlegung so denkwürdig macht, ist einmal der dadurch herbeigeführte, vorher gar nicht vorhandene Zusammenschluß Zinzendorfs und der Mähren, und dann die **Verknüpfung Herrnhuts mit der alten böhmisch-mährischen Brüder-Unität**. Und auf diese Verknüpfung fällt noch dadurch ein besonderes Licht, daß dieses hier gegründete Haus in der Folge gar nicht das geplante Anstaltshaus blieb, sondern das **Versammlungshaus der Gemeine Herrnhut** wurde.

Verknüpfung Herrnhuts mit der alten Brüder- Unität.

Riß zwischen Herrnhut und Rothe.

So sehr nun aber auch Zinzendorf und mit ihm auch Wattewille sich fortan mit den Mähren Herrnhuts verbunden fühlten und mehr und deutlicher das Bewußtsein gewannen, von Gott zu einer bestimmten Aufgabe mit ihnen zusammengeführt zu sein, so gilt doch das Gleiche nicht in Bezug auf den Pfarrer Rothe. Wie dieser schon früher mit dem Wirtschaftsinspektor Heiz als einem Reformierten sich nicht recht hatte verstehen können, so daß letzterer Berthelsdorf verließ, obgleich Wattewille und die Mähren treu

Überwindung bedenklicher Spaltungen. 39

zu ihm hielten, so wurde auch die Spannung zwischen Rothe und der Emigrantenkolonie jetzt immer größer. Daran trug freilich Pfarrer Rothe, der Lutheraner, keineswegs allein die Schuld. Unter den Emigranten traten separatistische Neigungen stark hervor, und überdies gerieten sie untereinander in große Uneinigkeit. Es fehlte vielen an der rechten gründlichen Herzensbuße. Statt dessen stellten sie die Auswanderung als einen Beweis ihres rechtschaffenen Glaubens hin. Und die eigene Meinung verfocht ein jeder mit Zähigkeit als etwas Unumstößliches. Das wurde gegen das Jahr 1727 immer schlimmer. Und die Auflösung Herrnhuts oder dessen Umwandlung aus einer Gemeinschaft Erweckter in einen Haufen unzufriedener Sektierer schien nahe bevorstehend. Die junge Gemeine, kaum gesammelt und noch nicht organisiert, stand vor einer schweren inneren Krisis. Pfarrer Rothe gab die ganze Emigrantenkolonie am Hutberg auf und arbeitete nur an seiner Berthelsdorfer Gemeinde, wo sich die Erweckten zu einer engeren Gemeinschaft zusammengeschlossen hatten. Zinzendorf aber und Wattewille hatten die Gemeine der Mähren trotz aller Mängel lieb gewonnen und wollten nicht von ihr lassen. Ersterer insonderheit sah es als seine von Gott ihm gegebene Aufgabe an, die getrennten Gemüter in Christo zusammenzuführen. Er beurlaubte sich für längere Zeit von seiner Stellung in Dresden und zog ganz nach Herrnhut. Hier gelang es ihm, nach liebevoller unermüdlicher Arbeit an den einzelnen, am 12. Mai 1727 eine dauernde Einigung herbeizuführen. Sämtliche Einwohner Herrnhuts verpflichteten sich zu Statuten, die Zinzendorf in Gemeinschaft mit Chr. David aufgesetzt hatte. Diese Statuten enthielten zumeist allgemeine Grundsätze, die das bürgerliche Leben Herrnhuts als das einer geistlichen Gemeinschaft regeln sollten. Und der oberste Grundsatz war brüderliche Liebe und gegenseitige demütige Unterordnung. Aber zwei Gesichtspunkte kommen hier noch besonders in Betracht. Einmal nahm Zinzendorf als der Gutsherr von Berthelsdorf die auf seinem Grund und Boden wohnenden

Herrnhuts innere Krisis.

Zinzendorf stiftet Frieden. Die Statuten vom 12. Mai 1727.

Herrnhuter mit diesen Statuten zugleich in Unterthanenpflicht, ein Verhältnis, das thatsächlich von Anfang an bestand, aber nun erst rechtlich und feierlich erklärt wurde. Dieses Verhältnis, der sozialen Lage damaliger Zeit entsprechend, muß stets im Auge behalten werden, wenn die nachfolgende Entwickelung richtig verstanden werden soll. Und das andere, was damit zusammenhängt, ist das, daß die Einwohner Herrnhuts sich nun mit dieser ihrer inneren Einigung zugleich der Parochie Berthelsdorf und damit der lutherischen Landeskirche Sachsens völlig eingliederten. Behielten sie auch gewisse besondere Einrichtungen für sich, deren in der Folgezeit noch mehrere ins Leben traten, so verstummten doch von nun an alle separatistischen Neigungen, und mit Taufe und Abendmahl hielten sie sich treulich an den Pfarrer in Berthelsdorf.

Die Früchte des gewonnenen Friedens.   Was sich am 12. Mai 1727 vollzog, war nicht ein bloßer Vertrag, der das äußere Verhalten regelte. Was hier geschah, war eine wirkliche innere Umwandelung der Gemüter. Hochmut, Eigenwille und Selbstgerechtigkeit waren als Sünde und damit als Hinderungen wahrer Einigkeit erkannt worden. Gründliche Buße des Herzens und empfangene Vergebung führten den einzelnen dahin, von Herzen Anschluß an den anderen und Gemeinschaft der Liebe zu begehren. Und was so durch den Geist Gottes gewirkt worden war, das gewann während der folgenden Wochen an Ausdehnung und an Tiefe. Der Sommer 1727 ist für Herrnhut eine Erweckungszeit, wie sie an Großartigkeit und Weite mit anderen ähnlichen Vorgängen auf dem Gebiet kirchlichen Gemeinschaftslebens wohl kaum verglichen werden kann. Sie hat auch darin ihr besonderes Gepräge, daß sie sich von allen Ausschreitungen fern hält. Von solchen Erscheinungen, wie sie bei methodistischen Erweckungen dem „Durchbruch" voranzugehen pflegen, oder von schwärmerischen Kundgebungen nach erlangter Heilsgewißheit findet sich keine Spur. Überall ein kindlich fröhliches Ergreifen der Vergebung und ein stilles aber bemerkbares Wachsen im Glauben und in der Liebe. Den

Höhepunkt dieses Erweckungslebens bildet der 13. August 1727, an welchem Tag die Gemeine Herrnhut als eine geschlossene Gemeinschaft mit Zinzendorf und Rothe das Abendmahl in der Kirche zu Berthelsdorf genoß. Hier wurde die bereits ins Leben getretene Herzensgemeinschaft im Herrn tiefer gegründet und fester geschlossen, und mit diesem Tage beginnt ein Aufschwung des Gemeinlebens nach innen und außen, wie er sich bis daher noch nicht gezeigt, wie ihn auch die alte Brüderkirche in Böhmen und Mähren nicht gekannt hatte. Daher sieht die Brüdergemeine den 13. August 1727 als ihren eigentlichen Stiftungstag an.

Auf Grund der Erweckung, die während des ganzen Sommers 1727 weiter wuchs und sich vertiefte, gestaltete sich in Herrnhut ein ganz eigentümliches Gemeinleben, dessen wesentlicher Grundzug herzliche brüderliche Liebe war, und das in dem lebhaften Trieb des Zeugnisses nach außen seine vor anderen charakteristische Erscheinung hat. Sehen wir dasselbe zunächst darauf an, welche Verfassung es sich gab. Denn in der Verfassung, soweit sie aus der Gemeinschaft selbst hervorwächst, giebt sich der Geist des Gemeinlebens kund. *Gestaltung des Gemeinlebens auf Grund der Erweckung.*

Das geistliche Leben ist es, das in erster Linie als das eigentlich Bewegende und zugleich Gemeinsame aufgefaßt und unter einheitliche Leitung gestellt wird. Hier tritt das Ältesten-Amt als dem Bedürfnis der Gemeine entsprechend an die Spitze. Zwölf Älteste werden aus der Mitte der Gemeine gewählt, und unter ihnen werden wiederum vier zu Oberältesten bestimmt. Diese zwölf treten zu öfteren Konferenzen zusammen, das geistliche Wohl und Wachstum der Gemeine beratend. Später wird ein einzelner statt jener vier als Oberältester an die Spitze gestellt, der durch seinen Wandel der Gemeine vorleuchten, durch Rat und Einsicht sie leiten, durch fürbittendes Gebet sie vor dem Herrn vertreten soll. Bis 1733 war es Martin Linner, ein schlichter Mann aus dem Volk, ursprünglich Bäcker, der aber dann, um dem Ältestenberuf *Verfassung.*

ganz leben zu können, das Handwerk aufgab. Später folgte ihm Leonhard Dober, ein Schwabe, der 1725 nach Herrnhut gekommen war. Bei der Wahl dieser Oberältesten tritt zuerst die der Brüdergemeine von Anfang an eigentümliche Anwendung des Loses auf. Gewählt werden dieselben von der Gemeine, aber man legt sie dem Herrn zur Bestätigung vor, und eben das geschieht durchs Los. Im Los fragt die Gemeine kindlich und einfältig den Herrn um seinen Willen und nimmt dann die Entscheidung als von ihm kommend ebenso kindlich und glaubensvoll im Gehorsam an. Bei Ämterbesetzungen wurde es von Anfang an viel gebraucht, aber auch bei gewissen allgemeinen Fragen von größerer Tragweite kam es häufig in Anwendung. Feste Bestimmungen über die Anwendung gab es nicht. Man handelte nach dem Gefühl und der Salbung des Geistes. An die Ältesten schließen sich dann eine Anzahl weiterer Spezialämter, die dem gleichen Zweck dienen, „Helfer,“ „Ermahner,“ „Aufseher,“ „Krankenwärter“ u. s. w. Der so gegliederten geistlichen Leitung steht nun aber Zinzendorf als Vorsteher der Gemeine gleichsam gegenüber. Er hat die Sorge für das Äußere, Anbau und Ansiedelung, Vertretung nach außen in Kirche und Staat zu seiner Aufgabe. Das liegt schon in seiner Stellung als Gutsherr. Aber er wird doch von der Gemeine in dieses Amt gewählt und später, als er es aufgeben wollte, von ihr gebeten, es fortzuführen. Übrigens war und blieb Zinzendorf, welchen Namen oder welches Amt er auch führt, thatsächlich die Seele des Ganzen, der leitende Geist, zu dem alle aufschauten. Aber wie man mit vollem Vertrauen und herzlicher Liebe zu ihm aufschaute, so waltete er auch seines Amtes nicht eigenmächtig, sondern in Beweisung des göttlichen Geistes und im Gefühl ernster Verantwortung seinem Herrn gegenüber. An der Leitung nahm aber auch bis auf einen gewissen Grad die Gesamtheit teil. Ihr Organ war der Gemeinrat, eine Versammlung aller erwachsenen Männer des Ortes. Wichtige Fragen wurden von ihm, wenn auch nicht entschieden, so doch begutachtet.

Und die Stimme des Gemeinrates hatte großes Gewicht. Zur Verfassung im weiteren Sinn, zur Gliederung des Gemeinlebens gehören aber auch gewisse bedeutungsvolle Einrichtungen. Man schloß sich gruppenweis zu religiösen Gemeinschaften zusammen, in denen man die gemachten inneren Erfahrungen austauschte und sich zu neuem Glauben ermunterte. Solche Gemeinschaften nannte man „Banden". Sie waren, wenn einmal geschlossen, nicht feststehend, sondern der einzelne schloß sich bald an die bald an jene Bande an. Bildeten so die Banden eine fließende und sich immer neu verjüngende Gemeinschaft, so waren dagegen die Grenzen feststehende und auf natürlicher Grundlage beruhende bei den Chören. Hier gliederte man sich nach Geschlecht, Lebensalter, Stand u. s. w. Schon 1728 zogen eine größere Anzahl lediger junger Männer aus ihren Familien weg in ein eigenes Haus mit gemeinschaftlicher Haushaltung. Auch gewisse Beschäftigungen und namentlich Vorbereitung auf den künftigen Dienst im Reiche Gottes hatten sie gemeinsam. Ebenso die Erbauungsstunden und einen aus ihrer Mitte gewählten Seelsorger. Anfangs war diese Vereinigung eine freiwillige Sache. Erst später nahm sie einen offiziellen Charakter an und wurde auf alle, die des gleichen Alters und Standes waren, ausgedehnt. Es war das „Chor der ledigen Brüder". Eine ähnliche Vereinigung bildeten bald darauf die Jungfrauen der Gemeine. Auch sie bewohnten später ein eigenes Haus, von einer „Ältestin" aus ihrer Mitte geleitet. Es war das „Chor der ledigen Schwestern". Auch die Kinder der Gemeine wurden, von früh an nach dem Geschlecht getrennt, in Anstalten erzogen. Herrnhut sah seine Jugend als Eigentum der Gemeine an und erzog sie für die Gemeine. Eine natürliche Folge war, daß nun auch die verheirateten Paare unter sich ein Chor bildeten, das „Ehechor". Bei dieser Gliederung der Gemeine in Chöre hatte man die Heiligung der Natur und aller natürlichen Lebensverhältnisse zum Ziel. Doch vergaß man, daß auch die Familie ein natürliches Band ist. Die Familie kam in dem da-

„Banden".
„Chöre".

maligen Gemeinleben nicht eigentlich zu ihrem Recht. Doch wurden die etwa nachteiligen Folgen dieses Vergessens in jener Zeit weit überwogen und ausgeglichen durch den lebendigen Gemeingeist, der in allen waltete. Umspannte doch wiederum alle Banden und alle Chöre ein großer Gebetsverein, der die Stunden des Tages unter sich verteilte und jedem eine bestimmte Zeit zuwies, in der er betend das Ergehen der Gemeine dem Herrn vortragen sollte. Die Gemeine sollte keinen Augenblick ohne die heilige Wacht des Gebetes sein. Man nannte das das Stundengebet. Seinen Anfang nahm es am 27. August 1727. Schon diese angeführten Thatsachen zeigen, daß das Leben der Gemeine nicht bei einmal angenommenen Formen und Äußerungen stehen blieb. Es war vielmehr eine lebendige Fortentwickelung, und das Gute wurde oftmals durch das Bessere ersetzt. Als die Gemeine in Herrnhut durch Zinzendorfs Vermittelung die Ratio disciplinae des Comenius (die Gemeineinrichtungen der alten böhmischen Brüder) kennen lernte, freute sie sich, so viel von dem Ihrigen darin wiederzufinden. Anderes nahm sie daraus an. Und das wurde ein weiteres Band, das Herrnhut mit der alten Brüderunität verknüpfte.

Von diesem religiösen Geist, dessen letzte Ziele immer in der Verwirklichung des Reiches Gottes bestanden, war auch das gesamte bürgerliche Leben durchdrungen. Alle rein bürgerlichen und kommunalen Einrichtungen wurden von lebendiger christlicher Sitte getragen. An wirkliche Gütergemeinschaft dachte man nicht, aber eine freie und freudige Unterstützung nach allen Seiten hin fand statt. Durch das bürgerliche Leben ging ein sehr nüchterner praktischer Zug. Von aller Schwärmerei war man weit entfernt, und ein müssiges Feiern, bloß um religiös genießen zu können, kam nicht auf. Vielmehr zeigte sich allenthalben ein sehr reger Gewerbfleiß und zwar auf allen Gebieten. Man zog sich nicht etwa ängstlich von gewissen Gewerben zurück, die nicht unmittelbar dem Reiche Gottes dienen, wie es die alten böhmischen Brüder im Anfang gethan, aber man sah auch den bürgerlichen Erwerb nicht als Selbstzweck an. Man diente mit allem, was man hatte, dem Herrn und der Gemeinschaft. Ansprüche auf Bequemlichkeit, Luxus und Wohlleben wurden nicht gemacht. Aber ein fröhliches Herz bewahrte man sich, auch bei tiefer Armut. Und die meisten Familien waren in der That sehr arm. Hatten sie doch Haus und Hof, Hab und Gut in Mähren zurückgelassen, und mußten sich nun mühsam durch ihrer Hände Arbeit den Lebensunterhalt erringen.

Herrnhut hatte seine eigenen gottesdienstlichen Versammlungen in einem eigens dazu eingerichteten Saal. Täglich war ein Morgengottesdienst um 5 Uhr, der dann für die älteren und kränklichen Gemeinglieder um ½9 Uhr wiederholt wurde. Er bestand in Bibellesen und Gebet. Wiederum schloß der Tag mit gemeinsamer Andacht, in der hauptsächlich gesungen wurde. Daher nannte man diese Abendgottesdienste „Singstunden". In diesen Versammlungen wurden „die täglichen Losungen", gezogene Bibelsprüche oder Verse aus geistlichen Liedern, der Gemeine mitgeteilt, wohl auch besprochen. Die Losungen wurden 1732 zum ersten Mal gedruckt. Seit dem Jahr 1735 hat Herrnhut sein eigenes Gesangbuch, teils aus älteren Kirchenliedern, teils aus Liedern Zinzendorfs und anderer Brüder bestehend. Am Sonntag wurde abends eine Gemeinstunde gehalten, eine Rede, die auf die besonderen Verhältnisse der Gemeine Rücksicht nahm. Seit dem Jahr 1728 werden etwa alle Monate sogenannte Gemeintage gehalten, an denen die Gemeine Mitteilungen erhält von der Ausbreitung des Reiches Gottes. Dazu kommt von 1732 an die liturgische Feier des Ostermorgens an den Gräbern der Entschlafenen und seit 1733 die gottesdienstliche Feier des Jahreswechsels. Alle diese Versammlungen fanden statt unbeschadet der Zugehörigkeit Herrnhuts zur Berthelsdorfer Parochie. Diese Zugehörigkeit fand darin ihren Ausdruck, daß die Einwohner Herrnhuts an der Predigt und an den Sakramenten in der Kirche zu Berthelsdorf teilnahmen und dort auch ihre Kasualien abhielten, wobei jedesmal Pfarrer

Rothe die amtliche Handlung vollzog. Doch dies nur im Anfang. Nach und nach wurden Abendmahl, Taufen, Begräbnisse nach Herrnhut verlegt, wie denn schon von 1730 an Herrnhut seinen eigenen Gottesacker hat. Aber noch immer ist es der Berthelsdorfer Pfarrer, welcher diese Amtshandlungen vollzieht, auch wenn sie in Herrnhut stattfinden. Nur die Predigt bleibt für die Herrnhuter Gemeine in Berthelsdorf. Aber auch hier findet eine innere Verknüpfung statt. Zinzendorf pflegte nämlich die Predigt Rothes am Sonntag nachmittag in Herrnhut zu wiederholen, woran sich öfter freiere Besprechungen anknüpften.

Weiterer Zuzug aus der evangelischen Kirche. Ortsgemeine.
Dieses so organisierte und ausgestaltete Gemeinwesen wurde aber keineswegs ausschließlich aus mährischen Exulanten gebildet, wenn auch diese, deren Zuzug in den zwanziger und dreißiger Jahren zeitenweis recht stark war, immerhin den eigentlichen Kern bildeten. Es schlossen sich nämlich auch mehrfach Erweckte aus der deutsch-evangelischen Kirche an und nahmen ihren Wohnsitz in Herrnhut. So namentlich aus der den Ort umgebenden sächsischen Oberlausitz. Aber auch aus entfernteren Teilen Deutschlands kamen sie. So die Gebrüder Dober aus Schwaben 1724 und 1725, Spangenberg aus Halle 1733 u. a. Eigentümlich aber und neu ist an diesem Herrnhuter Gemeinwesen das, daß hier die Einwohnerschaft des Ortes mit dem religiösen Verein zusammenfällt. Das geht über Speners Gemeinschaften und über die Anstalten von Halle weit hinaus. Wir bezeichnen diese neue Erscheinung mit dem Namen Ortsgemeine.

Thätigkeit nach außen.
Die Entwickelung des herrnhutischen Gemeinlebens im Inneren ist aber nicht die einzige Wirkung der Erweckung im Jahr 1727. Eine weitere und bald sehr entschieden hervortretende Wirkung ist die Thätigkeit der jungen Gemeine nach außen.

Evangelisation.
Zunächst regte sich das Bedürfnis, das, was man erlebt, und wie sich das Gemeinleben daraufhin gestaltet hatte, solchen, mit denen man schon früher in Verbindung gestanden hatte, mitzuteilen. Zinzendorf hatte viel derartige

Bekanntschaften, und sandte nun seine Brüder gewöhnlich
zu zweien an die Universitäten Jena und Tübingen, an die
Höfe von Saalfeld und Kopenhagen und an andere Orte.
Die alten Verbindungen wurden lebhafter, neue wurden
geknüpft, und Herrnhut gewann zunächst viele Freunde.
Aus diesen Botschaften entwickelten sich bald Erweckungs=
reisen. Man fühlte die Pflicht, von der empfangenen
Gnade zu zeugen und andre für den gleichen Empfang
fähig zu machen. In diesem Sinn, wenn auch zunächst
immer an vorhandene Einigungspunkte anknüpfend, besuchte
man verschiedene Orte in der nächsten Nachbarschaft. Ja
man ging auch über die Grenze nach Böhmen und Mähren,
nicht sowohl um zu weiterer Auswanderung aufzufordern,
als vielmehr um den Glauben zu stärken und die Gemein=
schaft untereinander zu fördern. Die österreichische Regie=
rung aber faßte diese Besuche in agitatorischem Sinn auf,
fahndete auf die Besucher und legte etliche ins Gefängnis.
Zwei von ihnen, Männer aus der Familie Nitschmann, er=
lagen den Qualen des Gefängnisses und starben 1729 in
der Gefangenschaft. Ein anderer, Georg Schmidt, der
nachmalige Begründer der Mission in Süd=Afrika, kam
erst nach sechsjähriger Gefangenschaft frei.

Größer und weitgreifender war die Thätigkeit der
H e i d e n m i s s i o n, die ebenfalls in diesen ersten Jahren
Herrnhuts ihren Anfang nahm. Die äußere Veranlassung
war Zinzendorfs Bekanntschaft mit dem dänischen Hof.
Bei einem Besuch in Kopenhagen lernte er die Zustände in
den dänischen Kolonien, Grönland und Westindien, kennen.
Bei seiner Rückkehr nach Herrnhut erzählte er davon, und
bald regte sich unter einigen Brüdern der Wunsch, den
Heiden das Evangelium zu bringen. Die dänische und bald
auch die englische Regierung gingen im kolonisatorischen
Interesse mit Freuden darauf ein. Und so sandte denn
Herrnhut nicht nur einzelne Missionare aus nach St. Thomas
und Grönland (1732 und 33), unter denen die Namen
Leonhard Dober, David Nitschmann, Friedrich Martin,
Matthäus Stach vom ersten Anfang an hervorleuchten,

Heiden=
mission.

sondern ganze Kolonien mährischer Brüder wandern auf die Aufforderung der betreffenden Regierungen hin teils nach der dänischen Insel Sankt Crux, teils nach der englischen Kolonie Georgien auf dem nord-amerikanischen Festland, um Kolonisation und Heidenmission in engster Verbindung miteinander zu treiben. Nicht jedes Unternehmen ist in gleicher Weise geglückt, öfters haben Klimafieber und Tod zerstörend gewirkt. Dennoch sind die Erfolge im ganzen groß und staunenswert, und namentlich in Nordamerika hat sich aus diesen ersten Versuchen eine blühende Indianermission entwickelt. — Die Missionsarbeit der Brüdergemeine ist nicht die erste auf dem Boden der evangelischen Kirche. Von Halle aus war schon früher unter Vermittelung der dänischen Regierung eine Mission in Ostindien betrieben worden, und in Grönland arbeitete Egede im Dienst der dänischen Kirche schon vor den Brüdern. Aber wirkliche Gemeinen aus den Heiden sind erst durch die Missionsthätigkeit der Brüdergemeine entstanden, und diese ihre Arbeit ist stetig gewachsen bis auf den heutigen Tag.

Zinzendorfs Reichsgottesarbeit strebt über Herrnhut hinaus.

Bei dieser Thätigkeit, die Herrnhut nach außen hin entwickelt, ist ja unstreitig Zinzendorf der eigentlich treibende und leitende Geist. Immerhin hätte er nichts ausgerichtet, wenn er nicht die geistesverwandten Männer, energische Charaktere voll heiligen Feuers, unter seinen Leuten gefunden hätte. Und das nicht nur unter den eigentlichen Mähren. Gerade Leonhard Dober und Spangenberg, die Nichtmähren, stehen ihm am wirksamsten zur Seite. Aber es ist merkwürdig, daß Zinzendorf, obgleich ihm Herrnhut für die Arbeit im Reiche Gottes ein Material bot, wie er es sonst nirgends fand, dennoch selbst jetzt sich durchaus nicht auf Herrnhut beschränken wollte. Ihm galt Herrnhut fort und fort nur als ein Stützpunkt neben anderen für die weitverzweigte und mannigfaltige Arbeit im Reiche Gottes, die er als seine von Gott ihm gegebene Aufgabe erkannt hatte. So finden wir ihn 1730 unter den separatistischen Sekten im Westen Deutschlands an der Herstellung einer Gemeinschaft unter der „Universalreligion des Heilands" arbeiten; so sondiert er 1731 den dänischen Hof, ob ihm nicht ein Ministerposten daselbst zu teil werden könne; so tritt er nach abgelegtem theologischen Examen zu Tübingen 1734 in den geistlichen Stand, obgleich ihm sein eigentlicher auf Württemberg zielender Plan, als württembergischer Prälat ein theologisches Seminar zu errichten für die Christen- und Heidenwelt, nicht geglückt war. Auch sein geistlicher Stand war nicht für Herrnhut, sondern für die evangelische Kirche gemeint. Aber von allen diesen weitgreifenden Plänen zieht ihn stets die Hand Gottes wieder zurück und stellt ihn immer wieder auf Herrnhut oder die von Herrnhut ausgehende Wirksamkeit.

Und gerade je weiter Zinzendorf seine Versuche über Herrnhut hinaus ausdehnt, um so mehr wächst ihm eine starke Gegnerschaft auf allen Seiten heran. In Halle, wo jetzt der jüngere Francke an der Spitze des Anstaltenwesens stand, blickte man auf Zinzendorf als einen gefährlichen Nebenbuhler, als einen Störer jener Arbeit im Reiche Gottes, die man sich nur in der bisherigen eng pietistischen Weise geleitet denken konnte. Von seiten der Orthodoxie sah man in ihm einen Irrlehrer. Seinen Verwandten und Standesgenossen war die geistliche Thätigkeit des Grafen ein schweres Ärgernis. Von letzterer Seite wurde wohl auch der sächsische Hof beeinflußt, der überdies durch die Klagen der österreichischen Regierung über die fortdauernde Auswanderung aus Mähren ungünstig gestimmt wurde. So zog sich von allen Seiten ein Gewitter zusammen, dessen Strahlen nicht sowohl Herrnhut als vielmehr Zinzendorfs Person treffen sollten.

Feindschaft gegen Zinzendorf.

Zinzendorf nahm das alles durchaus nicht gleichgiltig auf. Namentlich als ihm von pietistischer Seite vorgeworfen wurde, daß er ja niemals einen wirklichen Bußkampf durchgemacht habe, also nicht wirklich bekehrt und darum kein Kind Gottes sei, griff ihn das aufs tiefste an. Aber gerade das Gericht, in das er mit sich selber ging, öffnete ihm die Augen, brachte ihm lichte Klarheit und

Zinzendorfs Selbstprüfung und tiefere Erfahrung von der Gnade Gottes.

fröhliche Glaubensgewißheit. Bis zum Jahr 1729 hatte er sich selbst als einen echten Pietisten angesehen, sowohl was die gesamte Lebensanschauung, als namentlich was die Vorstellung vom Heilsweg betrifft. Jetzt wurde es ihm zur Gewißheit, daß die ganze pietistische Theorie einseitig und darum irreführend sei, daß man nach Schrift und Erfahrung ein Kind Gottes sein könne, ohne speziell den Weg der Pietisten gegangen zu sein. Denn die Wiedergeburt, die notwendige Pforte zur Gotteskindschaft, vollziehe sich nicht nach menschlich ersonnener Methode. Noch klarer wurde ihm das, und zugleich ein Gegenstand noch tieferer eigener Erfahrung, als er im Jahr 1734 mit Spangenberg, der jetzt von Halle nach Herrnhut gekommen war, und mit Oetinger, der von Tübingen in Herrnhut besuchte, Bibelkonferenzen hielt. Hier faßten diese Männer besonders die Rechtfertigung aus dem Glauben ins Auge und verfolgten sie noch tiefer auf Grund der Schrift. Daß Rechtfertigung nicht nur eine äußerlich juridische Gerechterklärung sei, daß in dem Wort „Erlösung" (Matth. 20, 28) mehr und Tieferes liege, daß es nämlich ein auf Grund empfangener Sündenvergebung geschenktes neues Leben durch den Glauben an das Blut Christi in sich schließe, das wurde ihnen jetzt durch den Geist Gottes klar gemacht. Von da aus erfaßten sie das Versöhnungsopfer Christi mit neuer fröhlicher Gewißheit. Und nun ging diese Erfahrung weiter über in das religiöse Bewußtsein der Gemeine. Die Brüdergemeine streift seitdem alles engherzig Pietistische ab und ergreift mit fröhlichem Herzen die volle und absolute Gnade Gottes, die uns in Christo dem gekreuzigten Gottessohn zu teil wird. Sie sieht das alleinige aber auch das vollständige Heil für die einzelne Seele in dem Opfertode Christi. Sich daran im kindlich fröhlichen Glauben zu halten und alle sonstigen Forderungen und Vorstellungen, von welcher Seite sie auch kommen mögen, dagegen zurückzustellen, ist ihr der von Gott gewiesene Weg zum Himmel. Gegen die Angriffe der Orthodoxen, welche Zinzendorfs Rechtgläubigkeit in Frage stellten, suchte er sich durch verschiedene öffentliche Zeugnisse, sowie durch seine theologische Prüfung in Tübingen sicher zu stellen. Die Angriffe seiner Standesgenossen trug er in Geduld.

Obwohl nun diese persönlichen Angriffe und Anfeinbungen ihre Spitze gegen Zinzendorf und nicht eigentlich gegen Herrnhut richteten, so hatte doch auch letzteres immerhin sein Teil daran zu tragen. Namentlich schien die Auswanderungsfrage gefahrdrohend für den Ort zu werden. Indessen eine Kommission, welche die sächsische Regierung im Jahr 1732 mit Untersuchung der Sache und des Ortes Herrnhut beauftragte, sprach sich entschieden günstig aus, so daß fürs erste die Gemeine Herrnhut sich im Frieden weiter bauen konnte. Und soweit die Lehre und die Gemeineinrichtungen auf kirchlicher Seite Gegenstand eines steigenden Mißtrauens waren, suchte Zinzendorf die Gemeine zu decken durch ein Gutachten, das er sich von der theologischen Fakultät in Tübingen ausbat. Dieses Gutachten wurde 1733 gegeben und fiel gleichfalls sehr günstig aus. Es wurde darin ausgesprochen, daß die Lehre der Gemeine mit der Augsburgischen Konfession übereinstimme und daß ihre Verfassung den lutherischen Bekenntnisschriften nicht zuwiderlaufe. Somit könne die herrnhutische Gemeine sehr wohl als ein Teil der evangelischen Kirche betrachtet werden. Freilich haben später Orthodoxe wie Pietisten dieses Gutachten als ungründlich getadelt und nicht recht gelten lassen wollen.

Die sächsische Kommission von 1732 und das Tübinger Gutachten 1733.

Und noch von anderer Seite erfuhr Herrnhut ungesucht eine folgenreiche Anerkennung. Der Oberhofprediger in Berlin, Daniel Ernst Jablonsky, war Träger des altbrüderischen Bischoftums. Er war von seinem Vater Peter Jablonsky, ebenso wie dieser auf Comenius' Anregung hin durch Joh. Büttner (vgl. S. 28.), auf Hoffnung einstiger Wiederbelebung der alten Brüderkirche zum Bischof geweiht worden. Bei seiner Liebe zur alten Brüderkirche sah er die Gründung und das Wachstum Herrnhuts mit großem Interesse und machte nun von sich aus Zinzendorf den Vorschlag, einem der mährischen Brüder die altbrüderische

Das Bischoftum der alten Brüderkirche geht über auf Herrnhut.

4*

Bischofsweihe zu erteilen. Damit würde er sein Amt, so meinte er, in die rechten Hände zurückgeben. Mit Freuden gingen Zinzendorf und die Leiter der Gemeine darauf ein. Denn für die Verwaltung der Sakramente in den Missionsgemeinen und Kolonieen fehlte es ihnen an brüderisch geweihten Geistlichen. Durch eine Übertragung des altbrüderischen Bischoftums aber wurde diesem Mangel abgeholfen. So wurde denn David Nitschmann, der einige Jahre zuvor mit Leonhard Dober nach St. Thomas gegangen, seitdem aber zurückgekehrt war, im März 1735 nach Berlin gesendet, wo er in Gegenwart einiger Zeugen der dortigen böhmischen Gemeinde durch Jablonsky zum **Bischof geweiht** wurde. Diese nun **auf Herrnhut übertragene Bischofsweihe der alten Brüderkirche** hatte zunächst nur Bedeutung für die Mission in überseeischen Ländern. An der kirchlichen Stellung Herrnhuts, d. h. an dessen Eingliederung in die sächsische Landeskirche als Teil der Parochie Berthelsdorf, änderte sie gar nichts. Dennoch wie sie einerseits Herrnhuts Ansehen hob, so war sie andrerseits der erste Schritt zu der nachmaligen, durch die geschichtliche Entwickelung unvermeidlich gewordenen **kirchlichen Selbständigkeit der Brüdergemeine.**

Zinzendorf aus Sachsen verwiesen.   Bald nachdem Herrnhut diesen bedeutungsvollen Schritt gethan, traf Zinzendorf und seine Gemeine ein harter Schlag. Seine Feinde hatten nicht abgelassen, den sächsischen Hof und die Regierung gegen ihn aufzustacheln. Im Frühjahr 1736 erließ Kurfürst August III. von Sachsen ein Dekret, nach welchem Zinzendorf **des Landes verwiesen** wurde. Er war abwesend und kehrte auch nicht nach Herrnhut zurück. Die kurfürstliche Kommission, die Zinzendorfs Sache und die Gemeine Herrnhut einer abermaligen Untersuchung unterwerfen sollte, wurde von Zinzendorfs Gemahlin in Herrnhut empfangen. Aber auch diese Kommission konnte nicht umhin, der Gemeine Herrnhut ein gutes Zeugnis zu geben. Obwohl nun in den Augen der Regierung und des Konsistoriums Herrnhut das Werk

Zinzendorfs war, also zur Beurteilung des Mannes auch
den Maßstab an die Hand gab, so wurde dennoch das
Verbannungsdekret aufrecht erhalten.

So endet der erste Abschnitt der Geschichte Herrnhuts
und der Brüdergemeine. Herrnhut, eine reich entwickelte
und lebensvolle Gemeine, steht da ihres Führers beraubt.
Es mußte sich zeigen, ob sie — eine Schöpfung höherer
Hand — auch ohne ihn stehen konnte.

Zweites Kapitel.
Die Zeit der Wetterau.
1736—1750.

—+-|-+—

Zinzendorfs u. Herrnhuts Thätigkeit wird auf erweiterten Boden gestellt.

Zinzendorf hatte eine Ahnung gehabt von dem, was ihm bevorstand. Mit prophetischem Blick in die Zukunft sprach er, als ihm unterwegs auf einer Reise von Holland nach Herrnhut das Ausweisungsdekret der kurfürstlichen Regierung überreicht wurde: „Ich kann ohnedies für die nächsten zehn Jahre nicht nach Herrnhut kommen zum Dableiben. Denn jetzt müssen wir die Pilgergemeine sammeln und der Welt den Heiland verkündigen!" Hatte er bisher schon immer bei seiner Arbeit für das Reich Gottes Ziele ins Auge gefaßt, die weit über Herrnhut hinaus lagen, und bei denen Herrnhut stets nur als eine Arbeit neben anderen aufgefaßt wurde, so sah er jetzt in der Ausweisung aus Sachsen gleichsam die göttliche Bestätigung dieser seiner Pläne. Und dennoch ahnte er schon jetzt, daß seine ganze Arbeit auf eine andere Grundlage gestellt werden sollte. Ja weit hinaus sollte diese Arbeit gehen, der ganzen Welt sollte der Heiland verkündigt werden, aber nicht losgelöst von Herrnhut, sondern vielmehr auf Grund dessen, was in Herrnhut geworden war. Die ganze weitverzweigte Thätigkeit, durch welche man überall Christen vereinigen wollte unter der „Universalreligion des Heilands", sollte jetzt einheitlich zusammengefaßt werden, und das alles umschließende Band sollte die jetzt wieder auflebende mährische Brüderkirche sein, von der Herrnhut nur ein Teil war. Die Bischofsweihe David Nitschmanns, mit der halb unbewußt der erste Schritt dazu gethan worden, sollte sich auswirken. Das alles lag jetzt noch unbestimmt und nebelhaft vor Zinzendorfs ahnendem Geist. Aber es sind die leitenden und treibenden Ideen für die nächsten Jahrzehnte. Es ist das, was nach Gottes Plan und Willen thatsächlich geworden ist.

Zunächst suchte Zinzendorf einen Stützpunkt für diese erweiterte Thätigkeit. Er begab sich nach Frankfurt a/M. In dortiger Gegend war von Speners Zeit her viel religiöses Leben; aber alles Erweckungsleben neigte mehr oder weniger zum Separatismus. Hier war vielleicht ein geeignetes Feld für die Universalreligion des Heilands, für die Herstellung lebendiger Einheit im Mittelpunkt bei Freiheit und brüderlicher Unterordnung in Nebendingen. Und was ihm als einem einzelnen im Jahr 1730 nicht geglückt war, das konnte vielleicht besser erreicht werden durch eine im dortigen Lande zu gründende Gemeine. Man kam ihm auch von vielen Seiten vertrauensvoll, ja mit einer gewissen Begeisterung entgegen. Die Grafen Isenburg, in drei Linien gespalten: Isenburg=Büdingen, Isenburg=Meerholz und Isenburg=Wächtersbach, hatten östlich von Frankfurt zwischen dem Taunus und Vogelsberg ihre damals reichsunmittelbaren Ländchen; und dieses ganze Gebiet, von dem Flüßchen Wetter durchströmt, führte den Namen Wetterau. Die genannten Grafen waren die ersten, welche ihm Gelegenheit zur Niederlassung anboten. Freilich war das religiöse Interesse für sie nicht das allein maßgebende. Sie hofften, ihren stark verschuldeten Ländchen durch Ansiedelung fleißiger gewerbtreibender Mähren aufhelfen zu können. Und Zinzendorf ging darauf ein. Nur das erste Anerbieten des Grafen Isenburg=Wächtersbach, die Ronneburg zu beziehen, erwies sich auf die Dauer nicht haltbar. Es war das ein wüstes, halb in Trümmern liegendes Schloß, in welchem sich bereits allerhand zweifelhaftes Volk angesiedelt hatte. Zinzendorf hat mit seinen

Brüdern wohl eine Zeitlang hier „Innere Mission" getrieben, aber zu bleibendem Aufenthalt war es nicht geeignet. Besser diente dazu das Schloß Marienborn, ein ehemaliges Nonnenkloster, das Isenburg-Meerholz anbot. Die Brüder nahmen es, nachdem die Niederlassungsverhältnisse mit der Regierung geordnet waren, in Pacht, zunächst auf 3 Jahre, und später kaufte man von der Regierung in Büdingen ein Stück Land und legte hier eine Gemeine an wie Herrnhut. Man gab ihr den Namen Herrenhaag. Und wie einst in Herrnhut so siedelten sich auf diesem neuen Boden nicht nur ausgewanderte Mähren an, sondern erweckte Christen aus verschiedenen Kreisen der evangelischen Kirche. In den Verhandlungen mit der büdingenschen Regierung ward den Brüdern kontraktlich völlige kirchliche Freiheit zugesichert. Taufe und Abendmahl konnten von den eigenen Geistlichen der mährischen Brüdergemeine verwaltet werden. Die Gemeine Herrenhaag bildete also eine selbständige freie Kirchengemeinschaft. Der Anfang war demnach ein ganz anderer als in Herrnhut. Es war eine teilweise Verwirklichung der Ideen, die Zinzendorf und seine Brüder jetzt beseelten. So war in der Wetterau ein zweiter bedeutungsvoller Stützpunkt gefunden für die Arbeit der Brüdergemeine. Herrnhut und Herrenhaag stehen fortan als zwei gleichberechtigte Gemeinen da, und es dauert nicht lange, so schließen sie sich in der mährischen Brüderkirche als dem gemeinsamen Ganzen zusammen, nur daß Herrenhaag wie die ganze Wetterau für die nächste Zeit gleichsam den Vorort bildet. Hier pulsiert das Leben der Gemeine kräftiger, nach außen spürbarer. Die Wetterau giebt der Zeit von 1736 an Namen und Charakter.

Gründung Herrenhaags 1738.

Es sei hier erwähnt, daß etwa gleichzeitig noch zwei andere Niederlassungen versucht wurden, nämlich Heerendyk in Holland und Pilgerruh in Holstein. Beide sind jedoch ungünstiger Verhältnisse wegen bald wieder aufgegeben worden. An die Stelle der ersteren trat später als dauernde Niederlassung die Gemeine Zeist.

Versuche zur Niederlassung in Holland und Holstein.

Noch ein anderer Gedanke Zinzendorfs findet mit der Übersiedelung in die Wetterau seine Verwirklichung. Er ist ausgesprochen in dem Wort Pilgergemeine. Um freier für den Heiland arbeiten zu können und nicht durch das Gebundensein an bestimmte Orte gehemmt zu werden, sammelt Zinzendorf eine kleine Gemeinschaft ohne festen Wohnsitz, die gleichsam beständig auf der Wanderschaft sein sollte. Er selbst mit seiner Familie ist der Mittelpunkt dieser Gemeine, seine Gemahlin leitet den gemeinsamen Haushalt; einzelne Brüder und Schwestern werden in diese Gemeine berufen, dann wieder durch andere ersetzt, so daß der Kreis dieser Gemeinschaft ein wechselnder ist. Anfangs hatte sie nur die Bestimmung, pilgernde Gemeine und als solche da und dort für den Heiland thätig zu sein. Bald aber nimmt sie, wie das eigentlich in der Natur der Sache lag, eine leitende Stellung ein. Auch war sie für gar manche ihrer Glieder infolge des geistlichen Einflusses, den Zinzendorf in diesem kleinen Kreis machtvoll ausübte, eine gesegnete Vorbereitungsschule für den weiteren Dienst in der Gemeine. Sie empfingen hier das rechte Verständnis für die zu erstrebenden Ziele. Diese Pilgergemeine hatte, nachdem sie eine Zeitlang auf der Ronneburg gewohnt, in den folgenden Jahren ihren Sitz vornehmlich in dem Schloß Marienborn. Hier erweiterte Zinzendorf bisweilen die Pilgergemeine zu einer größeren Konferenz, indem er Brüder, die in irgend einem Gemeinamt standen, herzurief. Es wurden Fragen, die gerade vorlagen, besprochen, und Zinzendorf entwickelte seine Ideen. Für die bewußte und klare Erfassung der Aufgaben und Ziele waren solche Beratungen von größter Wichtigkeit. Man nannte eine solche Zusammenkunft einen „Synodus", aber die Gemeinen waren nicht durch gewählte Abgeordnete dabei vertreten. Der erste solche Synodus fand im Dezember 1736 statt. Hier herrschte eine freudig begeisterte Stimmung, und man schaute voll Hoffnung in die Zukunft.

Die Veranlassung zu dieser Stimmung bot das folgende. Zinzendorf hatte in der zweiten Hälfte des Jahres

68 Die erneuerte Brüder-Unität. Erster Zeitraum.

Zinzendorf begünstigt und beschützt durch den König von Preußen Friedrich Wilhelm I.

einen Besuch in den russischen Ostseeprovinzen gemacht, weil dort von seiten vieler Adelsfamilien die Verbindung mit Herrnhut bringend gewünscht worden war. Und in der That datiert von diesem Besuch die fortgesetzte Sendung von Brüdern nach Livland und Estland und ein sehr ausgedehntes Werk geistlicher Pflege, insonderheit der Gemeinschaftspflege unter Adel und Volk, das noch heut, wenn auch nicht mehr in der früheren Ausdehnung, besteht. Auf dem Rückweg von dieser Reise kam Zinzendorf durch Berlin. Der König von Preußen, Friedrich Wilhelm I., wünschte ihn zu sehen und lud ihn zu sich nach Wusterhausen. Bei dieser Begegnung gewann der König ein lebhaftes Interesse für Zinzendorf und seine Sache. Er riet ihm bringend, sich mit dem geistlichen Stand in der lutherischen Kirche nicht zu begnügen, sondern **sich selbst die Bischofsweihe der alten Brüderkirche erteilen zu lassen**; denn als Bischof der mährischen Kirche werde er das, was er beabsichtige, weit besser vertreten und durchführen können. Es war auf seiten des Königs völlig aufrichtig gemeint, und mit warmer Teilnahme sicherte er dem aus Sachsen vertriebenen Grafen seinen Schutz zu. Zinzendorf ging der Sache weiter nach, denn des Königs Wort förderte nur, was er selbst schon bei sich erwogen. Er trat mit Jablonsky und dem Erzbischof von Canterbury, John Potter, in Verhandlung. Nach Frankfurt zurückgekehrt, spürte er bald, wie heilsam und wirkungsvoll der Schutz des Königs von Preußen war. Seine Pilgergemeine war aus der Ronneburg ausgewiesen, allenthalben im Lande war Mißtrauen gegen ihn entstanden, namentlich auf seiten der Separatisten. Die Wetterau wäre ihm nach einem ersten flüchtigen Aufthun sofort wieder verschlossen gewesen, hätte nicht der König von Preußen mit nachdrücklichen Aufforderungen zu seinen Gunsten sich an die Stadt Frankfurt und an die Isenburger Grafen gewendet und seinem Gesandten am Oberrheinkreis entsprechende Befehle gegeben. So ward durch den moralischen Einfluß des Königs seine Sache rasch wieder hergestellt. Isenburg kam ihm aufs neue entgegen. Die Pacht von Marienborn vollzog sich ohne Schwierigkeit. Und die freudige Hoffnung, die den Synodus von Marienborn beseelte, erklärt sich. Im folgenden Jahr gediehen die Verhandlungen mit Jablonsky zum Ziel. Daß auch der Erzbischof von Canterbury seine volle Zustimmung gab, war für die jetzt auch in England fußfassende Brüdergemeine von der größten Bedeutung. So empfing Zinzendorf am 20. Mai 1737 durch Jablonsky die Weihe zum Bischof der mährischen Brüderkirche. Für das Wiederaufleben einer selbständigen mährischen Brüderkirche, für die Stellung der herrnhutischen Brüdergemeine und ihre weitere selbständige Arbeit unter diesem Schild war Zinzendorfs Bischofsweihe von der größten Bedeutung. Denn es war ein gewaltiger, in die Augen fallender Unterschied, ob ein einzelner mährischer Bruder wie David Nitschmann die Bischofsweihe empfangen und damit gleichsam nur ein herrnhutisches Gemeinamt übernommen hatte, das er überdies nur im Blick auf die Missionen und überseeischen Kolonien ausüben sollte, oder ob Zinzendorf, der Herrnhut ins Leben gerufen, der thatsächlich an der Spitze aller von Herrnhut ausgehenden Bewegung und Arbeit stand, der diese neue Erscheinung im Reiche Gottes der Kirche wie dem Staat gegenüber mit seiner Person vertrat, ob dieser Mann nun alle diese Funktionen ausübte als Bischof der mährischen Kirche. Ja es schien fast, als sollte nun — woran bei David Nitschmann gar nicht gedacht worden war — die Leitung des gesamten Kirchenwesens, wie es in der alten Brüderkirche der Fall war, an das Bischoftum geknüpft werden. In der Folge ist das freilich nicht geschehen. Auch Zinzendorf trat von jetzt an nicht eigentlich als Bischof auf, sondern blieb nach wie vor das, was durch den Ausdruck „Vorsteher der Gemeine" bezeichnet wurde. Das Bischofsamt war und blieb ein Amt zur Weihe der eigenen Geistlichen der Gemeine. Dennoch war diese zweite Weihe eines mährischen Bischofs, gerade weil sie Zinzendorfs Person betraf, ein weiterer bedeutungsvoller Schritt in der einmal eingeschlagenen Richtung, die **Brüdergemeine** als **freie selbständige Kirche** hinzustellen. Nehmen wir hinzu, daß die Brüdergemeine, teils äußerlich durch die Ereignisse gedrängt, teils innerlich einem mächtigen Antrieb folgend, die Grenzen der sächsischen Landeskirche bereits weit überschritten und Stützpunkte in verschiedenen Ländern gefunden hatte, beziehungsweise noch suchte, so wird klar, daß in der Richtung auf ein selbständiges Kirchentum weiter vorgegangen werden mußte, nicht in grundsätzlichem Gegensatz gegen die Kirche als solche, sondern einfach genötigt durch den Umstand, daß die deutsch-evangelische Kirche in verschiedene unter sich unabhängige Landeskirchen zerspalten war. Noch war mit Zinzendorfs Bischofsweihe das Ziel nicht erreicht, noch war die Selbständigkeit der mährischen Kirche nicht ausgesprochen, aber alles drängte darauf hin. Es mußte über kurz oder lang dazu kommen.

Synodus zu Ebersdorf 1739 und zu Gotha 1740. Stellung der „Gemeine Jesu" zur mährischen Kirche.

Und dennoch sah Zinzendorf, wohl nicht ganz mit Unrecht, in diesem Drängen auf ein äußeres selbständiges Kirchentum eine Gefahr. Er fürchtete, eine solche Kirche werde sich dann am äußeren Zusammenschluß genügen lassen und der eigentlichen großen Aufgabe vergessen, der Welt den Heiland zu verkündigen und die Gläubigen zu der wahren Gemeinschaft, zu dem Einssein in Christo zu führen. Diese Gedanken bewegten ihn aufs lebhafteste, auch als er gegen Ende des Jahres 1738 eine Visitationsreise nach St. Thomas unternahm, wo Friedrich Martin damals in außerordentlich gesegneter Weise arbeitete. Von dieser Reise zurückgekehrt, versammelte er im Juni 1739 einen Synodus zu Ebersdorf, dem 1740 ein solcher zu Gotha sich anschloß. Hier machte er es sich zur Aufgabe, den zusammenberufenen Dienern der Gemeine als seinen Mitarbeitern am Werk klar zu machen, welche Ziele nun ins Auge gefaßt werden müßten und worauf es bei der Arbeit für die Sache des Herrn gerade jetzt vornehmlich ankäme. Die mährische Kirche, sagte er, sei jetzt im Begriff neben die lutherische und reformierte Kirche als eine gleichberechtigte, geschichtlich gewordene Kirchengemeinschaft zu treten. Aber man müsse sich wohl hüten, diese mährische Kirchengemeinschaft zu verwechseln mit der „Gemeine." Die Gemeine — oder wie er sich damals, um ihren universellen Charakter zu bezeichnen, mit Vorliebe ausdrückte: die „Gemeine Jesu" — sei eine Gemeinschaft erweckter, lebendiger Christen, die an keine äußere Kirche gebunden sei, sondern durch alle Kirchen hindurchgehe, ihre Glieder da und dort zerstreut in verschiedenen Kirchen habe. Diese Gemeinschaft Jesu sei das Eigentliche und Wichtige im Reiche Gottes, und ihr müsse daher vornehmlich alle Arbeit auf dem Gebiet des Reiches Gottes gelten. Sie sei das Salz und das Leben der Kirche, ohne sie könne eine Kirche nicht bestehen und müsse dem Tode verfallen. Freilich nähme gegenwärtig die mährische Kirche eine besondere Stellung zu dieser Gemeine Jesu ein. Sie vertrete diese Gemeine Jesu, denn in ihr komme gegenwärtig die Gemeine weit mehr zur Geltung als in irgend einer anderen Kirche. Die mährische Kirche sei gleichsam die äußere Gestalt, in welcher für die Zeit die Gemeine Jesu sichtbar werde. Aber das könne sich leicht ändern. Schon in einem Menschenalter könne das ganz anders sein. Darum eben müsse die Arbeit, die sie, seine Brüder, mit ihm gemeinsam thäten, eben dieser Gemeine Jesu gelten, nicht der mährischen Kirche. Die Gemeine Jesu sei in allem Wechsel das Bleibende. Nun habe aber auch diese Gemeine ihre bestimmte Gliederung, ihre Ordnung, ihre Ämter, ihr Regiment. Und während die Bischöfe für die mährische Kirche da seien, so liege die Leitung der Gemeine im Ältestenamt. Der Generalälteste sei der verantwortliche Leiter der Gemeine, daran müsse festgehalten werden. Also Gemeinen bildend, Gemeinschaft stiftend müsse überall vorgegangen werden. Und habe erst die Gemeine in ihrem Wesen genügend Anerkennung gefunden, dann brauche sie des Schutzes der mährischen Kirche nicht mehr; dann könne man das Kirchentum wieder fallen lassen, die Gemeine mit ihrem Ältestentum werde bleiben.

Man sieht, die beiden Vorstellungen: festgeschlossene,

staatlich anerkannte mährische Kirche und eine freie mit der Kirchengemeinschaft nicht zusammenfallende für den Heiland arbeitende Gemeine rangen damals innerhalb der Brüdergemeine miteinander, und es war sehr gut, daß Zinzendorf einerseits Klarheit zu schaffen suchte und andererseits die höheren Gesichtspunkte mit Nachdruck geltend machte. Dennoch werden wir anerkennen müssen, daß er die Gemeine wohl etwas zu scharf von der Kirchengemeinschaft schied, und daß er infolge dessen darin irrte, daß er diese Gemeine Jesu äußerlich in eine zu bestimmte Verfassung eingliedern wollte. Der unter Gottes Leitung sich vollziehende geschichtliche Verlauf hat ihm auch nicht recht gegeben. Man hat in der Folge aus jener geistigen Gemeinschaft, für die man fort und fort eintrat, die äußere Organisation herausgezogen. Dafür ist die mährische Kirche als selbständige Kirchengemeinschaft geblieben. Aber sie hat in dem, was Zinzendorf damals vertrat, ihre Aufgabe gesehen und deren Erfüllung jederzeit mit Entschiedenheit angestrebt.

Das Generalältestenamt Leonhard Dobers.

Zu dieser Gestaltung der Dinge trug damals auch ein Ereignis innerhalb der Gemeine bei, das von tiefgreifender Bedeutung wurde. Zinzendorf hatte auf den genannten Synoden das Ältestenamt als etwas zum Wesen der Gemeine gehörendes hingestellt. Und namentlich sollte der Oberälteste oder, wie man damals schon sagte, „Generalälteste" mit seiner Persönlichkeit der eigentliche Träger dieser Gemeine sein. Sein Amt bezeichnete Zinzendorf als das wichtigste und bedeutungsvollste. Es stehe, sagte er, entschieden über dem der Bischöfe. Damals war Leonhard Dober Generalältester. Er war nach dem Tode Martin Linners (1733) aus seiner Missionsthätigkeit in Westindien zurückgerufen worden, damit er das Oberältestenamt übernehmen könne. (Vgl. S. 42 u. 47.) Thatsächlich bekleidete er es seit 1735, und durch die Ausbreitung der Gemeine über die Grenzen eines Ortes und Landes hinaus war Name und Amt das eines „Generalältesten" geworden. Leonhard Dober war ein außerordentlich begabter, weitblickender und dabei unverkennbar vom Geiste Christi erfüllter Mann.

Seiner Natur nach war er äußerst thätig und geschäftig, eine nie ermüdende Arbeitskraft. Durch seine schlichte Einfalt und dadurch, daß er auch in geistlichen Dingen immer den Nagel auf den Kopf traf, hatte er sich das allgemeine Vertrauen erworben. Mit der Ausbreitung der Gemeine aber über die Grenzen der sächsischen Landeskirche hinaus wuchs sein Gebiet ins Ungemessene. Es war etwas anderes, Herrnhut auch mit Einschluß seiner Missionsthätigkeit geistlich zu leiten und — eine überall fußfassende, in die ganze Welt hinausstrebende Gemeine zu vertreten. Denn in der That handelte es sich bereits um Holland und Dänemark, England und Rußland, Westindien und Nordamerika. Dazu kam, daß die junge Gemeine Pilgerruh in Holstein, die die Bedingungen ihrer Niederlassung nicht gehalten hatte, sich in ernstem Konflikt mit der dänischen Regierung befand und einer schweren Krisis unaufhaltsam entgegentrieb. Nun sollte in allen Fragen des Gemeinlebens Leonhard Dobers Stimme von entscheidendem Gewicht sein. Auf sein Gefühl, als in hervorragendem Maß durch die Salbung des Geistes geleitet, wollte man sich stützen, auch wohl die eigene Verantwortung dadurch leichter machen. Und nun legten die Synoden von 1739 und 1740 ein neues, im Grunde unwägbares aber um so drückenderes Gewicht auf seine Schultern. War das nicht zu viel für einen einzelnen Menschen? Und wenn er es trug, lief nicht die Gemeine Gefahr, unter einem Menschenregiment an ihrem geistlichen Charakter geschädigt zu werden?

Im Herbst 1741 wollte Zinzendorf abermals über den Ocean fahren, und zwar war diesmal Nordamerika, insonderheit Pennsylvanien, sein Ziel und das Feld seiner Arbeit. Eine Abwesenheit von mehreren Jahren war geplant. Ehe er Europa verließ, versammelte er die hauptsächlichsten Vertreter der Gemeine, auch Spangenberg war unter ihnen, zu einer Synodalkonferenz in London. Hier sollte das Gesamtgebäude der Gemeine noch einmal einer Prüfung unterzogen, und Richtung und Ziele der Arbeit für die nächsten Jahre sollten bestimmt werden.

Alleiniges Haupt und „Ältester" der Gemeine ist der Heiland.

Synodalkonferenz in London 1741.

Zinzendorf hatte bereits vor dem Zusammentreten dieser Konferenz erklärt, er sehe sich genötigt, das Amt eines „Vorstehers" der Gemeine, das er von Herrnhut her noch immer führte, und das sich auch zum „Generalvorsteheramt" erweitert hatte, niederzulegen, weil er im Begriff sei, nach Amerika zu gehen, um dort für längere Zeit an dem Aufbau der Gemeine Jesu oder, wie er jetzt sagte, der „Gemeine Gottes im Geist" zu arbeiten. Dieser Plan Zinzendorfs war von seinen Mitarbeitern ausdrücklich gebilligt worden, und so hatte man die Konsequenz desselben, die Niederlegung des Vorsteheramtes, obwohl schweren Herzens zugestanden. Man rechnete dabei auf Leonhard Dober und sah ihn bereits nach allen Seiten hin an der Spitze des Ganzen stehen, obwohl er bereits vor Monaten von der Notwendigkeit der Niederlegung auch seines Amtes gesprochen hatte. Schreck und Bestürzung waren nun groß, als Leonhard Dober in London auf das bestimmteste bat, ihn von seinem Amt zu entbinden. Eine an den Heiland gerichtete direkte Losfrage entschied für Leonhard Dobers Rücktritt. Niemand aber war nach ihm imstande, das Amt zu führen. Da machte der Geist Gottes den in tiefer Bekümmernis beratenden Brüdern — es war am 16. September — einen ganz anderen Gedanken klar. Sollte nicht, was Menschen nicht mehr ausrichten konnten, dem Heiland übertragen werden? Sei er nicht längst, so fragte man sich, das Haupt der Gemeine, und müsse es nicht als eine Forderung des Glaubens erkannt werden, ihm nun auch wirklich und thatsächlich alles zu überlassen? Ein aufgeschlagener Spruch (Jes. 45, 11.) und eine nochmalige direkte Losfrage bestätigten den Gedanken, und unter dem allgemeinen Gefühl seliger Freude wurde er zum Beschluß erhoben. Damit war für die äußere Verwaltung der Gemeine eine Verfassungsänderung notwendig geworden. Und mit Klarheit, Ruhe und großer Nüchternheit ging man unmittelbar daran, dieselbe ins Werk zu setzen. Die Führung der Geschäfte wurde einem Kollegium von zwölf Brüdern anvertraut und auf die einzelnen verteilt. Dieses

16. Sept. 1741.

Kollegium nannte man die **Generalkonferenz**. Sie sollte in Marienborn ihren Sitz haben. Leonhard Dober war Mitglied derselben. Zinzendorf reiste nach Amerika ab, und den Gemeinen wurde die Erfahrung, welche die Brüder in London gemacht hatten, in einem besonderen Schreiben mitgeteilt. Auch bei ihnen rief die Mitteilung eine tiefe und heilige Freude hervor, und in Herrnhut wie in Herrenhaag wurde am 13. November 1741 dem Herrn als dem Ältesten festfeiernd gehuldigt. Seitdem ist dieser Tag ein Festtag der Gemeine geblieben, denn was sie damals im Glauben sich aneignete, steht ihr noch heute als Gegenstand freudigen Glaubens fest.

Die Generalkonferenz in Marienborn.

Was die Brüdergemeine am 16. September und 13. November 1741 that und was sie auf Grund dessen noch heute im Glauben thut, ist nicht eine ungebührliche Anmaßung ihrerseits. Sie will damit keinem Menschen und keiner religiösen Gemeinschaft etwas absprechen, worauf sie alleinigen und ausschließlichen Anspruch hätte. Sie hat nur eine allgemeine Schriftwahrheit (Koloss. 1, 17. 18. Ephes. 4, 15. 16. 1 Korinth. 12, 4. 5.) in lebendigem Verständnis ergriffen und sich angeeignet und hat seitdem den Segen dieser Glaubensthat mächtig gespürt. Der Herr hat damals treulich über der Gemeine gewacht und sie von einem Weg, der gefährlich zu werden drohte, der sie leicht — ähnlich wie die katholische Kirche oder wie manche Sekten älterer und neuerer Zeit — in Menschenhände hätte überliefern können, mit starker Hand zurückgeführt. Dafür dankt sie ihm in tiefer Beugung und wird sich nur von Herzen freuen, wenn sie andre Gemeinschaften die gleiche Erfahrung machen sieht. Denn sie ist zugleich mit dieser Erfahrung innerlich gewachsen. Wie der einzelne gläubige Christ von der ersten Aneignung der Gnade nach tiefer Herzensbuße fortschreiten muß zur freudigen Lebensgemeinschaft mit dem Erlöser — zwei Momente des inneren Lebens, die oft zeitlich weit auseinander liegen — so ist hier das Gesamtleben der Gemeine fortgeschritten. Der 13. August 1727 und der 13. November 1741 bilden für sie diese denk-

Bedeutung des Ältestentums Jesu für die Gemeine.

würdigen Stufen, und in ihnen rundet sich ihr inneres Leben ab zu annähernder Vollendung.

Thätigkeit der Generalkonferenz von Marienborn aus. Während nun in der Folgezeit Zinzendorf in Amerika und ähnlich auch Spangenberg in England*) an der Herstellung einer tieferen Gemeinschaft der Erweckten untereinander arbeiten, die bestehen soll ohne sich von der jeweiligen Kirchengemeinschaft abzuschließen, schickt sich die Generalkonferenz an, von Marienborn aus die Aufgaben der Brüdergemeine in **Deutschland** zur Ausführung zu bringen.

Um die Art ihrer Thätigkeit zu verstehen, müssen wir uns erinnern, welche Bedeutung die Synodalbesprechungen der Jahre 1739 und 40 gerade dem Ältestenamt beigelegt hatten. Um dieses sollte sich — so hatte Zinzendorf gesagt — eine festere Organisation der Gemeine Jesu anschließen, und dem gegenüber habe die mährische Kirche nur eine zeitweilige Bedeutung. Jetzt war das menschliche Ältestenamt gefallen, damit auch die festere Gliederung der Gemeine Jesu. Infolge dessen stieg natürlich wieder die Bedeutung der mährischen Kirche, zumal da die Vertreter derselben im Rat der Gemeine die Anschauung nie völlig gebilligt hatten, die Zinzendorf von deren temporärem Charakter hegte. Wir müssen weiter hinzunehmen, daß gerade die Erfahrung vom 16. September 1741 einen besonders freudigen Schwung der Begeisterung unter den Leitern der Gemeine hervorgerufen. Wo Jesus selbst als Haupt und König voranging, da wollte man mit kühnem Vertrauen überallhin folgen. Und endlich dürfen wir nicht vergessen, daß sich gerade damals ein Umschwung in der Politik einzelner deutscher

---

*) Vor Spangenberg hatte auf englischem Boden schon **Petrus Böhler** im Jahr 1738 gearbeitet. Er hatte in Jena Theologie studiert und sich dann der Brüdergemeine angeschlossen. Böhler bezeugte nachdrücklich die freie Gnade im Blute Christi, und wie man durch einfältigen Glauben daran Frieden erlange. Dadurch half er vielen zur lebendigen Gemeinschaft mit dem Heiland und auch auf **John Wesley** hat er damals einen tiefen Eindruck gemacht. Auf diesem Grunde baute nun Spangenberg weiter.

Staaten vollzog. Die Idee des Konfessionsstaates, wie ihn noch der westphälische Friede sanktioniert hatte, begann jetzt hinfällig zu werden. Industrielle und wirtschaftliche Hebung stellte man höher als konfessionelle Einheit. Und das machte vor allem Friedrich der Große von Preußen in seinem eroberten Schlesien geltend.

Auf dieser Grundlage nun vollzieht sich die Gemeingründung in Schlesien. Man erhielt eine von Friedrich dem Großen am 25. Dezember 1742 unterzeichnete General-Konzession für die Anlegung mährischer Gemeinen in sämtlichen preußischen Staaten, insonderheit in Schlesien, der dann später Spezialkonzessionen für einzelne bestimmte Orte folgten. So wurde im Jahr 1743 Gnadenfrei auf dem Gute des Freiherrn Ernst Julius von Seiblitz, eines den Brüdern sehr befreundeten Herrn, gegründet, und im gleichen Jahr Gnadenberg bei Bunzlau. Im Jahr darauf folgte auf direkte Aufforderung des Königs eine an das Städtchen Neusalz a. O. sich anschließende Gemeine. Allen diesen Gemeinorten, die unter der kirchlichen Leitung eines mährischen Bischofs stehen sollten, wurde völlige Unabhängigkeit vom landeskirchlichen Konsistorium zugesichert. Damit war die mährische Kirche als eine selbständige Kirche mit bischöflicher Verfassung von seiten des preußischen Staates anerkannt. Aber so schön die entgegenkommende Haltung des Staates und das neugewonnene Feld der Ausbreitung auch erschien, die Sache hatte doch ihre sehr bedenkliche Seite. Sowohl die Tendenz als der Wortlaut der Konzession machte eine freie Thätigkeit der Brüder im Lande, eine Sammlung von Erweckten zu engeren Gemeinschaften vollständig unmöglich. Denn Versammlungen durften außerhalb der konzessionierten Bethäuser nicht gehalten werden. Jede Proselytenmacherei war ausdrücklich verboten. Die Regierung nämlich hatte nichts anderes im Auge als die Gründung einzelner bestimmter Kolonien eingewanderter Mähren, von deren regem Gewerbfleiß man sich viel versprach für die wirtschaftliche Hebung des Landes. Die Leitung der Brüder-

Gründung von Brüdergemeinen in Schlesien.

Selbständigkeit der mährischen Kirche in Preußen.

gemeine aber faßte jene freie, erweckende und gemeinschaftbildende Thätigkeit im Lande als ihre Hauptaufgabe ins Auge und dachte sich als deren Mittelpunkt Gemeinen aus erweckten schlesischen Landeskindern, die zur mährischen Kirche übertreten sollten. Ja die Vertreter der Brüdergemeine handelten anfangs ganz naiv nach diesen ihren Anschauungen und ließen die Tendenz der Konzession auf sich beruhen. Das gab denn bald peinliche Verhandlungen mit der preußischen Regierung. Dieselben wurden von seiten der Brüdergemeine im Jahr 1744 durch Abraham von Gersdorf mit großem Geschick, mit Nüchternheit und Klarheit und doch mit warmem Eintreten für die Sache der Gemeine geführt. Die Folge dieser Verhandlungen war eine zweite Konzession vom Jahr 1746, in welcher zwar das Verbot der Proselytenmacherei aufrecht erhalten, aber doch das Zugeständnis gegeben wird, daß solche Leute, die aus freiem Antrieb kämen und Anschluß begehrten, aufgenommen werden dürften. Aber zwischen der Brüdergemeine und den kirchlichen Behörden des Landes war dennoch kein rechter Friede. Und erst eine dritte Konzession im Jahr 1763, in welcher die Brüdergemeine ausdrücklich als eine zur Augsburgischen Konfession sich bekennende Kirchengemeinschaft anerkannt wurde, gab diejenige Grundlage, auf welcher die Brüdergemeine ihre still bauende Thätigkeit bis in die Gegenwart hinein auch in Schlesien hat fortführen dürfen. Eine Frucht dieser durch die dritte Konzession veränderten und friedlicher gewordenen Stellung der Brüdergemeine in Schlesien ist die Gründung von Gnadenfeld im Jahr 1782.

Selbständigkeit der mährischen Kirche in der Wetterau.
Und in gleicher Weise wie in Schlesien war die Generalkonferenz auch in der Wetterau vorgegangen. Den Grafen Isenburg-Meerholz und Isenburg-Büdingen, die fortwährend in finanzieller Bedrängnis waren, streckten die Brüder bedeutende Summen Geldes vor zu geringem Zinsfuß und erhielten dafür gräfliche Domänen, wie namentlich Marienborn, in Pfandbesitz. Der Kontrakt wurde auf

30 Jahre geschlossen. Das Geld hatten die Brüder von ihren reichen Freunden in Holland und England entlehnt, denen Zinzendorfs Name genügende Bürgschaft gab. Aber mehr noch als Grund und Boden erlangten die Brüder durch diesen Kontrakt. Sie hatten bei den Verhandlungen von vornherein kirchliche Selbständigkeit gefordert. Und das ward ihnen weit über die Duldung vom Jahr 1738 zu teil. Die Brüdergemeine wird von den regierenden Grafen Isenburg ebenso wie von der Regierung in Preußen als mährisch=bischöfliche Kirche mit voller Selbständigkeit anerkannt und mit ihr als solcher werden diese und die weiteren Verhandlungen geführt. Auch in Holland wie im Herzogtum Sachsen=Gotha waren Verhandlungen mit dem gleichen Ziel angeknüpft worden, die aber für jetzt nicht zum Abschluß gelangten.

Es ist staunenswert, welcher Umschwung sich in der äußeren Stellung der Brüdergemeine innerhalb weniger Jahre vollzogen hat. Und nirgends tritt derselbe deutlicher ans Licht als in der Wetterau. Sieben Jahre zuvor stand Zinzendorf mit seinen Brüdern, aus der Heimat vertrieben, schutzflehend vor der verfallenen Ronneburg. Jetzt waren sie die Kreditoren zweier reichsunmittelbaren Grafen, hatten deren Güter in Pfandbesitz und waren als eine selbständige Kirchengemeinschaft vom Staate anerkannt. Und letzteres nicht nur in dem kleinen Isenburger Ländchen, sondern ebenso in dem mächtigen, von Friedrich II. so hoch emporgehobenen Preußen. Wahrlich es ist nicht zu verwundern, wenn den armen mährischen Exulanten und denen, die sich zu enger Gemeinschaft mit ihnen zusammengeschlossen, das Herz hoch schlug. Wie eine heilige Siegesfreude zog es durch die Gemüter. Und wenn auch nicht ohne tiefe Beschämung, so empfanden sie doch als den eigentlichen Grund ihrer Siegesfreude, was der Herr ihnen gethan am 16. September 1741. Der König des Gottesreiches, der zur Rechten Gottes erhöhete Heiland, so sagten sie sich, ist unser spezielles Haupt. Ihm haben wir uns hingegeben mit Leib und Seele, darum führt er uns nun von Sieg zu Sieg.

Wirkung der veränderten Stellung auf die Gemeine selbst.

Zinzendorfs Eingreifen auf dem Synodus zu Hirschberg 1743. So berechtigt nun auch dieses Gefühl des Triumphes war und so sehr es auf innerer Wahrheit beruhte, so erträgt doch das schwache Menschenherz ein solches Bewußtsein nicht leicht, ohne Schaden zu nehmen. Deshalb lenkt Gott in seiner Erzieherweisheit die Seinen von der Höhe auch wieder in die Tiefe. Auch in den Freudenwein der mährischen Kirche fielen bald einige Tropfen bitteren Wermuts. — Als Zinzendorf in Amerika von dem Vorgehen der Generalkonferenz hörte, erblickte er darin ein Abgehen vom Grundprinzip der Gemeine. Er glaubte sich berufen, Einhalt zu thun. Darum verließ er sein amerikanisches Arbeitsfeld und landete bereits im April 1743 in Holland, nachdem er einen geharnischten Protest schriftlich vorausgesendet. Auf dem reußischen Schloß Hirschberg im Voigtland versammelte er seine früheren Mitarbeiter zu einem Synodus (Juli 1743). Hier trat er zürnend und strafend auf. Die Generalkonferenz erklärte er für aufgehoben, ohne doch eine andere Verfassung an ihre Stelle zu setzen. Und gegen ihre Maßregeln richtete er sich in einem heftigen Diskurs, in welchem er das Falsche derselben auseinandersetzte. Gern hätte er den Abschluß der Verhandlungen in Schlesien und in der Wetterau rückgängig gemacht, aber es war zu spät, und vergeblich bemühte er sich, die schlesischen Brüdergemeinen noch nachträglich unter das landeskirchliche Konsistorium zu stellen. Unverkennbar lag auf beiden Seiten, bei Zinzendorf wie bei der Generalkonferenz, eine gewisse Einseitigkeit, die der Ergänzung beburfte. Aber dieser Synodus, der in peinlicher Stimmung schloß, brachte noch nicht das gegenseitige Verständnis und darum auch noch nicht die höhere Einheit. Man hätte die Gemeine Jesu, die Zinzendorf ausschließlich herstellen wollte, als das ideale Ziel aller Arbeit im Reiche Gottes hinstellen, die mährische Kirche aber in ihrer geschichtlich gewordenen Form und in ihrer Selbständigkeit als Grundlage und Ausgangspunkt festhalten sollen. Diese höhere Einheit wurde erst allmählich im Lauf der weiteren Entwickelung annähernd erreicht.

Statt dessen beginnt in den folgenden Jahren erst leise und allmählich, von 1746 an aber schärfer ausgestaltet, eine **Trübung des Gemeinlebens**, die die Brüdergemeine selbst später als eine Zeit der **Sichtung** bezeichnet hat. Sie war ein menschlich verschuldeter Rückschlag der gewaltigen, kühnen und glaubensstarken Bewegung, die im Herbst 1741 ihren Höhepunkt hatte. Schuld trägt die Generalkonferenz durch ihren etwas einseitigen und nicht genügend vorsichtigen Ausbau der Gemeine, bei welchem sie Zinzendorfs richtige Ideen zu sehr aus den Augen verlor. Damit hatte sie den kühnen Aufschwung des Gemeinlebens in eine etwas falsche Richtung geleitet. Aber die größere Schuld trägt unstreitig Zinzendorf. Seine jeder Vermittelung abgeneigte Auffassung war in ihrer scharfen Ausprägung noch viel einseitiger als die der übrigen Brüder. Und er machte sie zudem geltend, indem er die Verfassung umstieß. Die Brüder lassen das, seine geistige Überlegenheit, aber auch seinen glühenden Eifer für die Sache des Heilands demutsvoll anerkennend, ruhig geschehen und übertragen ihm im folgenden Jahr die Stellung eines „bevollmächtigten Dieners der Gemeine." Dadurch tritt Zinzendorf für die folgenden Jahre auf eine einsame Höhe. Jede mit ihm nicht harmonierende Anschauung zieht sich still zurück, jeder Widerspruch verstummt; diejenigen, welche hätten reden sollen, schweigen ängstlich, und der Mann, der es vielleicht allein gekonnt hätte, Spangenberg, war in Pennsylvanien thätig und von seiner dortigen Arbeit vollauf in Anspruch genommen. So wird denn, was Zinzendorf gelegentlich in kühnen Bildern, in wagender Phantasie ohne nüchterne Überlegung aussprach, von seiner Umgebung äußerlich aufgefaßt, vergröbert und gleichsam zu gangbarer Münze geschlagen. So drang es weiter hinab in den Vorstellungskreis der Gemeine. Das gilt namentlich in Bezug auf die Person des Heilands. Seine menschliche Gestalt, sein Leiden, seine Wunden wurden in Reden wie in Liedern allzu äußerlich ausgemalt, und dabei verirrte man sich denn in starke Geschmacklosigkeiten. Zinzendorfs eigener Sohn, Christian Renatus, damals etwa 20 Jahr alt, und der frühere Leiter seiner Studien, Johannes Langguth, jetzt von Friedrich von Wattewille adoptiert als Johannes von Wattewille, damals gegen 30 Jahr alt, und seit 1746 verheiratet mit Zinzendorfs ältester Tochter Benigna, waren hier die hauptsächlichsten Vermittler und Verbreiter, wenn auch ihrerseits in der edelsten Absicht und in der reinsten und treusten Hingebung für die Sache des Heilands. Aber das eigentlich Tadelnswerte, ja das Gefährliche in dieser schwärmerischen Richtung waren doch nicht eigentlich die Geschmacklosigkeiten im Ausdruck, auch nicht das unwürdige Tändeln und Spielen mit ernsten und heiligen Dingen, sondern vielmehr das, daß man über dem Schwelgen in geistlichem Genuß der nüchternen Arbeit vergaß; einmal der Arbeit im äußerlichen Sinn, wodurch ein Rückgang des gewerblichen Lebens, eine bedenkliche Schwächung der finanziellen Lage des Gemeinhaushaltes einriß; weiter aber auch der geistlichen Arbeit, zunächst der am eigenen Herzen und dann auch der an anderen. Es schien als sollte an die Stelle des alten mährischen Zeugenmutes träger Leichtsinn, müssiger Genuß und kindisches Spiel treten. Ja es wäre vielleicht zu wirklicher thatsächlicher Versündigung, zu Schmach und Schande vor der Welt gekommen, wenn nicht der Herr selbst zur rechten Zeit eingegriffen und zur Buße gerufen hätte. Denn das dürfen wir gottlob! bezeugen, daß von wirklichen Vergehungen, wie sie die damaligen Sekten des Rheinlandes, namentlich die Ronsdorfer Sekte unter Eller, in so trauriger Weise aufweisen, in der Brüdergemeine nichts, auch nicht die Spur davon sich gezeigt hat. Man hatte nicht umsonst dem Herrn die Führung der Seelen anvertraut. Der „Älteste" hat in Treue über seinem Kirchlein gewaltet. Und er öffnete dann auch rechtzeitig seinem Jünger Auge und Ohr. Zinzendorf selbst war es, der die Gefahr zuerst erkannte und ihr entgegentrat. Er rief seinen Sohn zu sich nach London und nahm ihn in die Stille; er erließ ein ernst mahnendes und rügendes Schreiben an die

Gemeinen und hielt dann noch eine amtliche Visitation in Herrnhut und Herrenhaag und den anderen neu entstandenen deutschen Gemeinen, bei welcher ihn gerade Johannes von Wattewille nachdrücklich unterstützte. Überall gingen den einzelnen Gliedern der Gemeine die Augen auf, der Geist Gottes begleitete mit seinem Zeugnis die Worte Zinzendorfs, und eine tiefe Buße und Ernüchterung, aber auch ein erneutes und gereinigtes Glaubensleben, nicht weniger innig als zuvor, trat an die Stelle des gedankenlosen Leichtsinns.

Noch eindringlicher aber redete der Herr selbst durch ein unerwartetes Ereignis. Im Oktober 1749 starb der regierende Graf zu Isenburg-Büdingen, ein der Brüdergemeine durchaus wohlwollend gesinnter Herr. Sein Nachfolger war etwas schwachsinnig und darum ganz in den Händen seines Regierungsrates. Dieser aber war ein Feind der Brüder. Er brachte es bei der büdingenschen Regierung dahin, daß die der Gemeine Herrenhaag vorgelegte Formel der Huldigung für den neuen Landesherrn eine vollständige Lossagung von Zinzendorf und damit eine Lösung Herrenhaags aus dem Verband der Brüdergemeine enthielt. Sollte die Huldigung in dieser Form seitens der Gemeine verweigert werden, so forderte die Regierung auf Grund des westphälischen Friedens vollständige Räumung des Landes mit der gesetzlichen Frist von 3 Jahren. Dieser einseitige Bruch des Kontraktes von 1743 traf die Gemeine wie ein Donnerschlag. Aber sie war sogleich entschlossen. Mit großer Einmütigkeit und in rascher Folge vollzog sich die Auswanderung. Die Erziehungsanstalten wurden in die Lausitz verlegt. Viele Familien zogen in die seit 1742 bestehende Gemeine Niesky, ebenfalls in der sächsischen Oberlausitz gelegen. Andere gingen nach Pennsylvanien. Noch vor Ablauf der dreijährigen Frist stand Herrenhaag leer. Nur die Pacht des Schlosses Marienborn ging noch fort bis zum Jahr 1773, und das machte das Wohnen etlicher Brüder daselbst nötig. — Die Aufhebung Herrenhaags war eine grobe Ungerechtigkeit von

Auflösung Herrenhaags. Auswanderung aus der Wetterau.

menschlicher Seite, aber zugleich ein Gericht Gottes. Als solches wurde es bei den Brüdern ernst und tief empfunden, denn gerade in Herrenhaag hatte die Schwärmerei der vergangenen Jahre ihre stärkste Ausbildung gehabt. Und je mehr gerade dieses Gericht als vom Herrn kommend erkannt und gefühlt wurde, um so tiefer und nachhaltiger war die Buße auf seiten der Gemeine. Es war, als wenn mit der Räumung Herrenhaags auch in den anderen Gemeinen zugleich all der trügerische Flitter eines bunten Traumlebens ausgefegt worden wäre. Überall trat ein neues ernstes Leben der Heiligung und ein treuer Eifer für den Herrn und sein Reich zu tage. Eben deshalb nennen wir diese Zeit eine Zeit der Sichtung. Die Gemeine erkannte und überwand, was verkehrt gewesen, und ging durch des Herrn Kraft aus Gefahr und Verirrung geläutert hervor.

Rechtliche Stellung der Brüdergemeine in Sachsen. Pacht von Barby. Daß die Brüdergemeine in der Zeit der Verirrung doch nicht alle Nüchternheit verloren, zeigen die in diese Zeit fallenden erfolgreichen Verhandlungen mit den Regierungen von Sachsen und England. Im Oktober 1747 erhielt Zinzendorf die Erlaubnis zur Rückkehr nach Sachsen. Zugleich wurde die Reichsgrafschaft Barby, vor kurzem von Sachsen-Weißenfels an Kursachsen gefallen, den Brüdern in Pacht gegeben, damit sie aus den Erträgen die Zinsen der der sächsischen Regierung vorgestreckten Summen Geldes entnehmen könnten. Und endlich, was das wichtigste war, die Brüdergemeine wurde in Sachsen als eine zur Augsburgischen Konfession sich bekennende religiöse Gemeinschaft anerkannt. Statt einer Konzession wie in Preußen erhielt sie ein „Versicherungsdekret" aus dem kurfürstlichen Kabinet, das ihr die fernere ungefährdete Existenz in Sachsen zusagte. — Noch günstiger gestaltete sich die Lage der Brüdergemeine in England. Hier hatte die Brüdergemeine im letzten Jahrzehnt, ursprünglich in herzlicher Gemeinschaft mit den Anhängern Wesleys, später mehr neben ihnen und den Methodismus ergänzend, Boden gewonnen. Schon hatten

Rückblick auf die Wetterauische Zeit. 75

sich in London wie in Bedford Gemeinen gebildet, denen balb darauf eine größere Anzahl von Gemeingründungen folgte. Die Arbeit der Brüder, namentlich auch Zinzendorfs Person, stand allenthalben in großer Achtung. So konnten es Zinzendorf und seine Freunde ohne viel Mühe dahin bringen, daß am 12. Mai 1749 die **mährische Brüderkirche als eine im ganzen britischen Reich zu Recht bestehende Kirche mit vollständiger Gewissens- und Kirchenfreiheit durch eine Parlamentsakte staatlich anerkannt** wurde. {Anerkennung der Brüdergemeine als mährische Kirche in England. Parlamentsakte von 1749.}

Mit dem Jahr 1750, mit der Räumung Herrenhaags schließt die Zeit der Wetterau. Wir müssen diese Zeit im ganzen überblicken und dürfen sie nicht nach der Verirrung der letzten Jahre beurteilen. Die Zeit der Wetterau ist vielmehr ein denkwürdiges und bedeutungsvolles Stück in der Geschichte der Brüdergemeine. Im **inneren** Leben der Gemeine bedeutet sie ein **Fortschreiten** von dem ängstlichen, an vorgeschriebene Formen sich knüpfenden Heiligungsbestreben des Pietismus zu völliger **kindlich fröhlicher und sieghafter Glaubensgewißheit.** Hier ist der Gemeine der Heiland als der Versöhner alles, und in ihm ist sie reich und selig. In der äußeren Gestaltung bedeutet diese Zeit eine rasche **Ausbreitung der Gemeine** aus den Grenzen Herrnhuts und Sachsens hinaus, nicht allein über Deutschland und die nördlichen Länder Europas, sondern bis nach Nordamerika, ja bis in die Missionsgebiete von Suriname und Süd-Afrika. Dieser innere Fortschritt wird von den Gemeinen freudig empfunden. Ein warmer Hauch der Begeisterung geht durch die Herzen sowohl der einzelnen Gemeinglieder als namentlich derer, die als Führer an der Spitze stehen. Das spricht sich aus wie in der schwunghaft prophetischen Rede, so auch besonders in den geistlichen Liedern, die im Schoß der Gemeine gedichtet und in ihren Gottesdiensten gesungen werden. Besonders charakteristisch für diese Zeit sind die beiden Lieder Zinzendorfs: „Christi Blut und Gerechtigkeit" vom Jahr 1739 und: „Was uns {Charakter der Wetterauischen Zeit.}

mit Frieden und Trost erfüllt" aus dem Jahr 1740. (Gesangbuch der Brüdergemeine Nr. 279 und 286.) Und ebenso die beiden Lieder: „Gelobet seist du, Herr Jesu Christ" von Martin Dober und: „So zieht die Gemeine dem Lamme nach" von Fr. W. Neisser, beide aus dem Jahr 1741. (Gesangbuch der Brüdergemeine Nr. 287 und 413.) — Weiter dient noch zur Charakteristik der wetterauischen Gemeinzeit ein Synodus, der zu Marienborn im Jahr 1745 gehalten wurde, und zu dessen Erwähnung die obige Erzählung in ihrem Zusammenhang keine geeignete Handhabe bot. Auf diesem Synodus hat Zinzendorf einen fruchtbaren Gedanken geäußert, der wie von ihm selbst lang gehegt und getragen, so auch für die Brüdergemeine ein dauerndes Gut ist, und dessen Segen sich durch alle Zeiten offenbaren dürfte. Die Brüdergemeine, sagt Zinzendorf, hat für sich keine bis ins einzelne bestimmt ausgeprägte, bekenntnismäßig festgestellte Lehre. Sie vereinigt vielmehr in sich verschiedene Lehrtropen. So zunächst den lutherischen und reformierten Lehrtropus; ferner den mährischen Tropus. Und dieser letztere besteht in der Fähigkeit, die beiden ersten gleichmäßig in sich aufzunehmen. Dadurch kann die Brüdergemeine überall wirken und unter allen Konfessionen das Reich Gottes bauen. Das giebt ihr den echten Unionscharakter. Sie ist eine Unität, wie schon die alte Brüderkirche sich Unitas Fratrum nannte. — Gerade diese Auffassung hängt mit dem lebendigen Ergreifen der Versöhnung im Blute Christi als des Mittelpunktes alles Christenlebens und mit der raschen Ausbreitung über die verschiedenen Länder zusammen, und konnte daher — ebenso wie die energische Erfassung und Geltendmachung des Königtums Jesu in der Gemeine — nur auf dem Boden der wetterauischen Gemeinzeit entstehen. So ist benn in der That diese Zeit, nach Überwindung etlicher falscher Ausschreitungen, fruchtreich geworden für die ganze spätere Zeit der Brüdergemeine bis in die Gegenwart hinein.

Drittes Kapitel.
Die Zeit der werdenden Unität.
1750—1775.

Vor uns steht zunächst das letzte Jahrzehnt in Zinzen= *Charakter des letzten Jahrzehnts in Zinzendorfs Leben.*
dorfs Leben, die Jahre 1750—1760. Hat diese Zeit auch
nicht eigentlich folgenreiche Ereignisse oder Wendepunkte
aufzuweisen, so ist sie doch für die gesamte Entwickelung
der Brüdergemeine von großer Bedeutung. Das zeigt sich
zuerst auf rein innerlichem Gebiet. Hier vollzieht sich
Schritt für Schritt eine Rückkehr zu jener alten kindlichen
Glaubenseinfalt, wie sie bis zur Mitte der vierziger
Jahre gewaltet hatte. Mit großer Sorgfalt und Ge=
wissenhaftigkeit wird alles abgethan und ausgetilgt, was
noch an die überwundene Zeit der Schwärmerei erinnerte.
Aber nicht nur Rückkehr und Ernüchterung ist das Charakter=
bild dieser Zeit, es verbindet sich damit zugleich ein Fort=
schreiten zu tieferem Glaubensleben, wie es ja von
Gott auch dem einzelnen nach Überwindung eines Fehlers
geschenkt wird. Weiter ist diese Zeit dadurch bedeutungs=
voll, daß sich jetzt die spätere Verfassung der Brüder=
gemeine anbahnt. Zwar ein durchgreifender Schritt, der
thatsächlich etwas Neues und Dauerndes ins Leben gerufen
hätte, wird nicht gethan. Noch war Zinzendorfs Person
einem solchen Schritt hinderlich. Aber erfolgreiche Vor=
bereitungen werden getroffen und nicht am wenigsten gerade
durch Zinzendorf selbst.

Finanzielle Krisis der Brüdergemeine im Anfang der 50er Jahre. Die Bestrebungen zur Herstellung einer geordneten Verfassung wurden gefördert und ihre Notwendigkeit wurde erwiesen durch einen Umstand der schmerzlichsten Art, doch so, daß gerade an dieser Zucht die Gemeine erstarkte und ihre Lebensfähigkeit bewies. Der Umstand lag in einer Nachwirkung jener oben erwähnten Periode der Schwärmerei. Die leichtsinnige Sorglosigkeit jener Jahre, das Handinhandgehen von Müssiggang und Verschwendung, namentlich aber eine grundsätzliche Verachtung alles dessen, worauf der kluge Weltmann beim Erwerb Gewicht legt, also Verachtung von Geld und Geldeswert, von rechnender Sorge, von prüfender Untersuchung der Grundlage des Kredits hatten der Brüdergemeine nach und nach eine beträchtliche Schuldenlast aufgelegt, für welche die Deckung fehlte. Das wurde jetzt in erschreckender Weise klar, und die Gefahr eines furchtbaren Zusammenbruchs wuchs von Tag zu Tage. Die Brüdergemeine selbst hatte kein Vermögen. Auch ihre Mitglieder, von denen ja doch die meisten ganz arme Exulanten gewesen waren, repräsentierten ein solches nicht. Und doch hatte man von den reichen Freunden in Holland und England, die um der Sache willen zu allem bereit waren, Kapital auf Kapital in immer größeren Summen angenommen, hatte sie den Regierungen von Sachsen und Isenburg vorgestreckt und dafür deren Domänen zur Zinsdeckung in Pacht genommen, hatte weiter in Schlesien und anderwärts Gemeinorte gebaut und das steigende Bedürfnis der einzelnen Gemeinen gedeckt. Anfangs hatte man wohl die Geschäfte mit jenen Regierungen berechnend abgewogen, seit der Mitte der vierziger Jahre aber ging man in Aufnahme und Verbrauch ohne die rechte Überlegung weiter. Es entwickelte sich ein ausgedehntes Kreditwesen. Und welche Sicherheit hatten schließlich die Gläubiger für ihre Darlehen? Es blieb nur das Privatvermögen Zinzendorfs, das er zwar in edler Uneigennützigkeit dem Interesse des Ganzen opferte, das aber den damaligen Anforderungen gar nicht mehr gewachsen war. Überdies fehlte ihm ganz und gar die Gabe, Geldgeschäfte mit nüchterner Überlegung

abzuwickeln. Er setzte einige Brüder zu „Generaldiakonen"
ein und überließ diesen die Sache. Unter den letzteren
war auch Friedr. Wenzel Neisser. Dieser weckte durch ver-
schwenderisches Auftreten und lässiges Entrichten der Zinsen
zuerst das Mißtrauen der Gläubiger. Und damit trat die
Gefahr ein. Zinzendorf, der mit seinem Namen und seinem
moralischen Kredit für die geliehenen Gelder einstand, vermochte es, gestützt auf wunderbare Hilfen im einzelnen, die
Gläubiger noch für einige Zeit zu beschwichtigen. Und
das war für ihn namentlich in England, wo er sich im
Anfang der fünfziger Jahre für längere Zeit aufhielt, von
unschätzbarem Wert. Aber darüber gingen ihm und den
anderen Leitern der Gemeine nun doch die Augen auf, daß
ein solcher Aufschub keine wirkliche Hilfe sei. Es mußte
auf eine dauernde und gründliche Heilung des Schadens
gesonnen werden. Und daß man dies klar erkannte und
nun auch energisch in Angriff nahm, darin liegt das wichtige Moment für die Zukunft. Hieran entwickelt sich das
Bewußtsein solidarischer Verbundenheit, hieran knüpfen sich
die ersten Ansätze zur späteren Verfassung.

Wir haben gesehen, wie die rasche Ausbreitung der
Brüdergemeine über so viele Länder notwendig eine einheitliche Zusammenfassung in der Leitung erforderte. Aber
weder die mährische Kirche mit ihren Bischöfen noch das
Ältestentum vermochten diese Einheit zu vertreten. Auch
Zinzendorf mit seiner Person vermochte es nicht, obgleich
er seit 1744 das Amt eines bevollmächtigten Dieners der
Gemeine bekleidete. Alles drängte vielmehr hin zu einer
aus dem Schoß der Gemeine selbst hervorgegangenen Verfassung. Und dazu wies Zinzendorf gleichsam den Weg,
indem er jetzt die Brüdergemeine nach innen und außen
als Brüder-Unität, als die wieder erstandene Unitas
Fratrum der alten Brüderkirche bezeichnete. So zuerst in
den Verhandlungen mit der englischen Regierung, aus
denen die Parlamentsakte vom 12. Mai 1749 hervorging.
Brüderunität wurde jetzt der Charaktername der Brüdergemeine. Und es war nicht ein bloßer Name. Man fand

An der finanziellen Bedrängnis entwickelt sich der Unitäts-gedanke und die nach-malige Verfassung.

darin die Aufgabe der Gemeine bezeichnet, man hatte ein klares Ziel vor Augen. Denn Brüderunität bezeichnet die Brüdergemeine als eine festorganisierte Kirchengemeinschaft, die aber, verschiedene Lehrtropen in sich vereinigend, als echte Unionskirche an der Einigung aller Gläubigen im Geist arbeitet. In der „Unität" fanden Zinzendorf und seine Genossen bei ihren etwas verschiedenen Bestrebungen die höhere Einheit, und indem er selbst diese höhere Einheit vertrat, machte er den Fehler wieder gut, den er 1743 durch Aufhebung der Generalkonferenz begangen hatte. Aber wie nach außen so sollte nun auch nach innen der Begriff der Unität energisch geltend gemacht werden. Es sollte mit Wahrheit gesagt werden können: wir sind ein Ganzes; wir stehen wie einer für alle so auch alle für einen. Und das fand seine Geltung vor allem in der nun hereingebrochenen ökonomischen Not.

Köbers Eintreten für Ordnung und Klarheit.
Diese Not für den festen Zusammenschluß der Unität nutzbar zu machen und zugleich Klarheit und Ordnung in die verworrenen ökonomischen Verhältnisse zu bringen, dazu hatte Gott eben jetzt den rechten Mann gegeben. Es war Joh. Fr. Köber, früher Jurist im Dienst des Oberamtshauptmanns von Gersdorf, seit 1747 Mitglied der Gemeine. Es war ein Mann von ungemein klarem Blick und scharfem Verstand, dabei von zäher Energie und fester Willenskraft. Und wenn er auch seinen Kollegen oft schwer war durch Peinlichkeit und hartes Drängen auf die zu erreichenden Ziele, wenn namentlich zwischen seiner nüchternen Betonung der Wirklichkeit und der praktischen Ziele und Zinzendorfs hochfliegendem Idealismus bisweilen ein scharfer Gegensatz hervorbrach, so hatte er doch im Grunde ein warmes Herz für die Gemeine, der er angehörte. Der Ausbau dieser Gemeine zur Unität lag ihm ebenso am Herzen wie Zinzendorf, und er hat zur Erreichung dieses Zieles gewiß ebensoviel beigetragen.

Anbahnung geordneter finanzieller Verhältnisse
Im Juli 1755 wurde eine ökonomische Konferenz zu Taubenheim gehalten, einem in der sächsischen Oberlausitz gelegenen Gut des Herrn Hans Heinr. von Zeschwitz,

eines Mitgliedes der Brüdergemeine. Diese Konferenz ist für die in der oben genannten Richtung liegende Entwickelung der Gemeine von großer Bedeutung. Hier wurde die Schaffung eines selbständigen Unitäts-Vermögens mit vollständiger Trennung von Zinzendorfs Privatvermögen und dessen Familienhaushalt angebahnt und zugleich ausgesprochen, daß jedes Mitglied der Gemeine in seinem Teil an den Lasten der Unität mit zu tragen habe. Daß diese beiden Grundsätze zur allgemeinen Anerkennung kamen, war namentlich Köbers Verdienst. Als Grundstock des Unitätsvermögens sah man Zinzendorfs Güter, Berthelsdorf und das von ihm später (1747) hinzugekaufte Großhennersdorf, an, obgleich die Auseinandersetzung mit seinem Privatvermögen und dem, was seiner Familie zufiel, jetzt noch nicht stattfand. Ferner rechnete man dazu die Schlösser Marienborn, Barby und das an der Themse unterhalb London gelegene Lindseyhouse. Doch waren diese im Grunde nur auf längere Zeit in Pacht genommen. Die Pacht von Lindseyhouse datiert vom Jahr 1750. In den folgenden Jahren hatte es Zinzendorf zum Sitz der Gemeinleitung einrichten lassen. Er hielt das für notwendig in Verbindung mit der Parlamentsakte von 1749. Diese Bestimmung ist aber nicht lange aufrecht erhalten worden. Das Wichtigste aber für die Unität und sozusagen das Positivste in der Aufstellung war die Erbschaft des Oberamtshauptmanns Grafen von Gersdorf. Derselbe war 1751 gestorben und hatte seine in der Nähe von Bautzen gelegenen Güter zunächst formell dem Herrn Haus Heinr. von Zeschwitz vermacht, in Wirklichkeit aber der Unität. Mit dieser Erklärung war Zeschwitz im Jahr 1753 hervorgetreten und hatte damit eine erste günstige Wendung der Finanzen herbeigeführt. Aber freilich stand nun diesem Vermögen eine Schuldenlast von nahezu anderthalb Millionen Thalern gegenüber. Aus den Einnahmen der Güter sollten die Schuldzinsen gedeckt werden. Aber was an der Deckung fehlte, das mußte die Gemeine in ihren einzelnen Gliedern jährlich aufbringen. Zu dem Zweck sollte nun eine förmliche Unitätssteuer auf

durch die Taubenheimer Konferenz.

die Gemeinen gelegt werden. Das alles wurde in Taubenheim noch nicht ausgeführt, aber angebahnt. Mit der Ausführung wurde ein auf dieser Konferenz ernanntes **Administrativ-Kollegium** betraut. Das war eine vorübergehende Einrichtung. An seine Stelle trat im Jahr 1756, und zwar als bauernde Behörde gemeint, das **Direktorial-Kollegium**. Dieses sollte das Unitätsvermögen und alles, was damit im Zusammenhang stand, selbständig verwalten, auch die rein bürgerlichen Angelegenheiten der Gemeine, sowie deren Stellung zum Staat ordnen. So war denn ein Weg betreten, auf welchem die Abtragung der Schuld in geordneter Weise sich vollziehen konnte. Aber ein halbes Jahrhundert ist hingegangen, bis das Ziel wirklich erreicht war.

Anbahnung einer Unitäts-Verfassung. Mit diesem Kollegium war auch zum ersten Mal eine wirklich **kollegiale Leitung** wenigstens eines bestimmten Gebietes im Gemeinleben hergestellt und damit zugleich ein Stück der künftigen **Unitätsverfassung** aufgerichtet. Aber es ging noch durch viel Reibung hindurch, und die Selbständigkeit des leitenden Kollegiums wurde oftmals durch Zinzendorfs Eingreifen eingeschränkt. Er war einmal durch seine geistige Überlegenheit und durch den Gang der Geschichte der Alleinherr, und so lange er lebte, war eine wirklich kollegiale Leitung der Gemeine, ja überhaupt eine Verfassung derselben unausführbar. Dennoch ist es von Bedeutung, daß gerade er aufs eifrigste bemüht war, eine Verfassung anzubahnen. Denn nicht nur ist er darauf bedacht, seine verschiedenen Ämter allmählich auf Kollegieen zu übertragen, sondern er selbst hat zuerst den Gedanken ausgesprochen, wenn die sämtlichen Mitglieder der Unität an den Lasten zu tragen hätten, so müßten künftig auf den Synoden die Gemeinen durch gewählte Abgeordnete vertreten sein. Und das ist benn auch in der That bald nach seinem Tode zur Wirklichkeit geworden. In diesem Sinn äußerte er sich auch bei Gelegenheit des Heimgangs seiner Gemahlin: „Niemand geht heim, als wenn der Heiland will und man ihn entbehren kann. Auch ich werde heimgehen, und es wird besser werden. Dazu sind die Konferenzen; die bleiben ewig."

Wir sehen also, wie an der ökonomischen Bedrängnis die Unität innerlich gewachsen ist, einmal in Bezug auf den engen Zusammenschluß, auf die solidarische Verbundenheit aller untereinander, und dann weiter in Bezug auf ihre künftige Verfassung. Und gerade das, daß ihr Zusammenschluß von vornherein auf wirtschaftlicher Grundlage sich vollzog, hat ihr für alle Zeit ein eigentümliches Gepräge gegeben. Noch heute ist die Brüderunität nicht nur eine freie Kirche mit bestimmten Aufgaben im Reiche Gottes, sie stellt auch heute noch einen ökonomischen Verband dar, eine wirtschaftlich verbundene Gesellschaft, wenn auch der einzelne über sein Vermögen frei und ungehindert verfügt. Hierin liegt unstreitig ein besonderes Band der Einigung, ein Damm gegen etwaigen Zerfall. Und ein solcher ist für sie bei ihrer Verbreitung durch verschiedene Länder und Völker, also bei dem Mangel eines staatlichen oder nationalen Bandes von großem Wert.

Bedeutung gerade des wirtschaftlichen Zusammenschlusses für die Unität als Ganzes.

Wir stehen hiermit am Lebensabend Zinzendorfs und haben im Blick auf denselben noch einiges aus seinen häuslichen Erlebnissen nachzutragen. Während seines Aufenthaltes in England hatte er den tiefen Schmerz, seinen einzigen Sohn, Christian Renatus, durch den Tod zu verlieren. Derselbe starb in London am 28. Mai 1752, 24 Jahre alt. Er hatte etwas von der poetischen Begabung des Vaters, aber nicht den kühnen und genialen Schwung, sondern nur die zarte, gefühlvolle Innigkeit. Eine Anzahl innig empfundener Passionslieder, alle auf den gleichen Ton gestimmt, denen aber auch eine geschmacklose Spielerei mit dem Heiligen nicht ganz fehlt, rühren von ihm her. Manche seiner Verse sind auch in weiteren Kreisen bekannt geworden, so der Bundesvers: „Die wir uns allhier beisammen finden 2c." und der gerade für ihn charakteristische Passionsvers:

Zinzendorfs letzte Lebensjahre. Persönliche Erlebnisse. Chr. Renatus v. Zinzendorf † 1752.

Ich bin durch manche Zeiten,
Wohl gar durch Ewigkeiten
In meinem Geist gereist.
Nichts hat mir's Herz genommen,
Als da ich angekommen
Auf Golgatha. Gott sei gepreist!

Im Sommer des Jahres 1755 war Zinzendorf und mit ihm die Pilgergemeine wieder in die Lausitz zurückgekehrt. Hier, wo er einst seine Wirksamkeit begonnen, nahm er jetzt dauernden Aufenthalt und richtete sich das Schloß zu Berthelsdorf zur Wohnung ein. Die Feindschaft gegen ihn und seine Gemeine war rings im Lande einer herzlichen Anerkennung gewichen, auch mit den Geistlichen der sächsischen Landeskirche stand er in gutem Einvernehmen. Diesen Frieden unterbrach aber ein neuer Todesfall in seiner Familie. Am 19. Juni 1756 starb seine Gemahlin *Erdmuth Dorothea*, geb. Gräfin Reuß. Sie war nicht nur die treue und umsichtige Hausmutter der Pilgergemeine, sie hat auch in der inneren Leitung der Gemeine, in seelsorgerischer Führung der einzelnen ihrem Gatten mit großer Weisheit und tiefer Menschenkenntnis zur Seite gestanden. Ihre geistlichen Lieder zeugen von tiefgehender religiöser Erfahrung und von feinem Verständnis der Führungen Gottes mit den Menschenseelen. Ein Jahr darauf, 27. Juni 1757, trat Zinzendorf zum zweiten Mal in die Ehe. Er heiratete Anna Nitschmann, die Älteftin der ledigen Schwestern und ein thätiges Mitglied der „Jüngerhaus-Konferenzen", in denen damals die Leitung der gesamten Gemeine lag. Nach verschiedenen Reisen, auf denen er die einzelnen Gemeinen sowie seine Freunde in der Schweiz und in Holland besuchte, nahm er gegen Ende des Jahres 1759 seinen Wohnsitz in Herrnhut, um sich hier der Seelenpflege in den verschiedenen Abteilungen der Gemeine eingehend zu widmen. Er fand mit dankbarer Freude, daß Herrnhut seit 1727 innerlich nicht zurückgegangen, sondern gewachsen war. Der Geist Gottes waltete mit unverkennbarem Segen über dem Werk, das einst an dieser

Erdmuth Dorothea v. Zinzendorf † 1756.

Stätte mit mährischen Exulanten begonnen worden war und sich nun stetig ausgebreitet hatte. Aus solcher stillen inneren Thätigkeit an den Seelen ward Zinzendorf heimgerufen. Er starb nach kurzer Krankheit am 9. Mai 1760. Nicht nur die ihm nahestehenden Genossen seiner Arbeit, auch die ganze Gemeine hing an ihm mit inniger Liebe und Verehrung und empfand aufs schmerzlichste seinen Verlust. Seine Fehler, die man sich nicht verhehlte, verschwanden gegenüber dem, was er den einzelnen wie der Gesamtheit thatsächlich war: ein Führer zum Heiland und zur lebendigen Gemeinschaft mit ihm. Seine Aufgabe war es gewesen, das Werk Speners und Franckes weiter zu führen bis zur Gründung lebendiger Gemeinen, die dann wieder einheitlich zur Brüderunität sich zusammenschließen sollten. Aber nichts weniger bezweckte er als den Abschluß derselben nach außen in der Form kirchlicher Selbständigkeit. Vielmehr war er bestrebt, eine lebendige Gemeinschaft erweckter Seelen auch außerhalb des kirchlichen Verbandes der Brüdergemeine nur in geistiger Verbindung mit dieser herzustellen. Die Brüdergemeine sollte mit ihren Gemeinschaftseinrichtungen das Licht sein, das in die Lande leuchtet und dadurch Seelen weckt und zu gleicher Gemeinschaft erzieht. Sein Werk ist ihm unter Gottes sichtbarem Segen gelungen. Er starb in gutem Frieden, und die Brüdergemeine, von ihm ins Leben gerufen, hat seine Arbeit als ein heiliges Vermächtnis fortgesetzt bis auf den heutigen Tag. Auch seine zahlreichen geistlichen Lieder sind noch heute ein großer Schatz. Sie leben nicht nur in den Gottesdiensten der Brüdergemeine, gar manche von ihnen, wie: „Jesu geh voran 2c." „Herz und Herz vereint zusammen 2c." „Die Christen gehn von Ort zu Ort 2c." werden auch in weiteren Kreisen noch heute viel gesungen.

Zinzendorf hinterließ bei seinem Abschied aus diesem Leben die Brüdergemeine nicht als ein in der äußeren Gestaltung fertig abgeschlossenes Gemeinwesen. Es standen ihr vielmehr gerade jetzt harte Kämpfe und ein mühevolles

Ringen bevor, bis die Verfassung erreicht und festgestellt war, deren sie sich in den wesentlichen Grundzügen noch heute erfreut. An dieser Arbeit ist in hervorragender Weise Joh. Friedr. Köber beteiligt. Auf Grund seiner rastlosen Bemühungen wurde es allen mehr oder weniger klar, daß es jetzt gelte, statt eines Familienregimentes eine Unitätsverfassung ins Leben zu rufen. Und es muß dem Schwiegersohn Zinzendorfs, Joh. von Wattewille, der nicht ein Mann von durchgreifendem Handeln nach großen Gesichtspunkten war, der aber in treuer hingebender Seelsorge unter allgemeinem Vertrauen das Werk Zinzendorfs fortsetzte, hoch angerechnet werden, daß er den neuen Aufgaben nicht dauernd widerstrebte, sondern sie schließlich mit ganzem Herzen förderte. Derjenige aber, der die von Köber vertretenen Gedanken wirklich durchführte, der, wenn überhaupt in irgend welchem Sinn von einem Nachfolger Zinzendorfs geredet werden kann, als solcher jetzt an die Spitze trat, war August Gottlieb Spangenberg. Auf ihn richteten sich aller Augen. Er war damals in Pennsylvanien thätig, wurde aber jetzt von der Konferenz, welche nach Zinzendorfs Tod die Geschäfte führte, nach Herrnhut berufen. Hier traf er im November 1762 ein. Spangenberg war sich wohl bewußt, daß sein Platz nicht an der Stelle war, auf der Zinzendorf gestanden hatte, daß er nur als einer unter seinen Brüdern an der Verwirklichung der Unität mitzuarbeiten und sie dann mit anderen gemeinsam in kollegialischer Weise zu leiten habe. Aber vermöge seiner geistigen Überlegenheit, vermöge seiner ruhigen Klarheit, verbunden mit einem Herzen voll warmer Liebe für die Sache des Herrn und seines Reiches, übte er jetzt einen entscheidenden Einfluß aus. Und dieser Einfluß war ein durchaus heilsamer und segensreicher.

Die erste Unitäts-Synode zu Marienborn 1764. Nach mühevollen Vorbereitungen und nachdem auch der Hubertsburger Friede von 1763 die Grundlage für gesicherten Verkehr und ruhige Arbeit gegeben, trat endlich im Jahr 1764 die erste konstituierende Synode der Brüderunität zusammen. Sie wurde in Marienborn gehalten. Zum ersten Mal sind hier die Gemeinen durch gewählte Abgeordnete vertreten. Aufgabe der Synode war, wie von allen Seiten bereitwillig anerkannt wurde, die Grundlinien einer Verfassung festzustellen. Denn alles, was in den letzten 4 Jahren von Leitung und Verwaltung bestanden hatte, trug doch nur den Charakter interimistischer Anordnungen. Jetzt mußte die Unität selbst sich in gesetzmäßiger Weise konstituieren. Deshalb eben mußten die Gemeinen durch gewählte Abgeordnete vertreten sein. Und in den Vollmachten der Abgeordneten war es klar ausgesprochen, daß jeder einzelne Deputierte befugt sei, den Beschlüssen und Anordnungen der Synode sowohl in geistlichen und kirchlichen als auch in weltlichen und bürgerlichen Dingen, sonderlich den ökonomischen Stand der Unität betreffend, im Namen seiner Gemeine beizutreten und damit die Gemeine zu binden. Schließlich mußte es sich freilich erst zeigen, ob die Gemeinen mit ihrem guten Willen wirklich dahinter stünden und alles auszuführen bereit seien. Erst dann konnte klar werden, ob man mit Gott gehandelt, und ob Gottes Segen das Werk kröne. Die Eröffnung dieser Synode am 2. Juli 1764 ist einer der wichtigsten und denkwürdigsten Momente in der Geschichte der Brüderunität. Unter dem wechselnden Vorsitz von Spangenberg, Joh. von Wattewille, Leonhard Dober und Friedr. von Wattewille begannen die Verhandlungen. Daß es allen heiliger Ernst war, nur im Sinn des Herrn und seinem Willen gemäß zu handeln, bezeugt der Umstand, daß die Synode, als man mit den Beratungen ins Stocken geriet und keinen rechten Ausweg sah, den Heiland im Los fragte, ob er etwas zu erinnern habe, und ob erst noch irgend welcher Bann getilgt werden müsse. Man stellte dann nach gründlicher offener Aussprache gegeneinander 12 Sätze zusammen, Anklagen, die den gegenseitigen offenen Bekenntnissen entnommen waren, und erhielt im Los die Bestätigung dafür, daß das die Rügen seien, die der Heiland der Gemeine und ihren Leitern vorhalte. Es handelte sich hauptsächlich um Herrschsucht, Hoffart,

Habsucht und weltlichen Sinn. Das weitere Durchreden der so gegebenen Punkte war von reichem Segen begleitet. Es waren die Weihetage der Synode, um so denkwürdiger, als die Verhandlungen sonst sich vorherrschend auf dem Boden der ökonomischen Fragen bewegten. Das Schlußresultat sämtlicher Verhandlungen auf dem Gebiet der Verfassung ist nun folgendes. Gesetzgebende Gewalt hat allein die Synode. Sie hat überall die letzte Entscheidung zu treffen. Die Mitglieder der Synode aber werden von den Gemeinen als deren Vertreter gewählt. Für die Zeit zwischen zwei Synoden tritt ein Direktorium als ausführende und leitende Behörde an die Spitze der Unität. Es wird von der Synode gewählt und ist der künftigen Synode verantwortlich. Dieses Direktorium bestand für jetzt aus 9 Brüdern. Neben demselben standen noch etliche Kollegien für besondere Zweige der Verwaltung. Diese so verfaßte Unität übernimmt nun sämtliche Schulden, aber ebenso auch die Zinzendorfischen Güter, sowohl die von ihm herstammenden als die später auf seinen Namen in Wirklichkeit aber für die Unität erworbenen. Die Zinzendorfische Familie wird durch ein Kapital abgefunden. Die Zinsen der Unitätsschuld werden zunächst durch die Einnahmen aus den Gütern, soweit diese aber nicht reichen durch sämtliche Mitglieder der Unität aufgebracht, nun aber nicht mehr wie in den letzten Jahren seit Errichtung des Direktorialkollegiums durch eine auf die einzelnen Gemeinen verteilte Steuer, sondern in der Form freiwilliger Beiträge. — Die Leitung der einzelnen Gemeinen liegt in den Händen einer Ältestenkonferenz, die vom Unitätsdirektorium ernannt wird und ihm verantwortlich ist. Ihr zur Seite steht für rein lokale Angelegenheiten ein von der Gemeine gewählter Gemeinrat.

So war denn die Unität durch diese erste Synode als ein Ganzes fest zusammengeschlossen und hatte zugleich eine von allen anerkannte Verfassung erhalten. Die Vereinbarung war zunächst auf 5 Jahre geschlossen, und nach dieser Probezeit sollte sie abermals einer synodalen

Revision unterworfen werden. Das geschah auf der zweiten konstituierenden Synode zu Marienborn im Jahr 1769. Diese Synode sah sich allerdings veranlaßt, an das Werk von 1764 eine nachbessernde Hand zu legen, denn der Zusammenschluß war doch in Wirklichkeit nicht ein so fester, wie ihn die Synode gleichsam auf dem Papier entworfen hatte. Die freiwilligen Beiträge gerieten bald ins Stocken, und die Oberleitung zeigte sich als nicht genügend organisiert. Zwar war im Direktorium der Unität Äußeres und Inneres gleichmäßig vertreten, aber die danebenstehenden Verwaltungskollegien hatten keine klare Stellung zum Direktorium. Was nun die Synode von 1769 vornahm war nicht eine wesentliche Änderung in den Grundlinien der Verfassung. Diese blieben nach wie vor die gleichen. Wohl aber glaubte sie, im Ausbau nach einer etwas anderen Richtung vorgehen zu müssen. Sie lockerte nämlich den festgeschlossenen ökonomischen Verband von 1764 und gab dem Streben nach Selbständigkeit der einzelnen Gemeinen nach. Das Unitätsvermögen sollte fortan nicht mehr in den Gewerben liegen, die an den einzelnen Gemeinorten für Rechnung des Ganzen betrieben wurden (Diakoniegewerbe). Diese sollten vielmehr Eigentum der Einzelgemeine sein und womöglich an Privatleute verkauft werden. Jede Einzelgemeine steht infolge dessen ökonomisch für sich, hat ihre eigenen Schulden und ihr eigenes Vermögen und trägt die Gehalte ihres Predigers und der in ihrem Dienst angestellten Brüder. Die laufenden Ausgaben der Gesamtheit werden auf das Allernotwendigste beschränkt. Dennoch können die Zinsen der Unitätsschuld nicht von der Gütereinnahme getragen werden, und die helfende Mitwirkung sämtlicher Glieder der Unität muß abermals in Anspruch genommen werden. Aber wiederum ist diese Mitwirkung eine freiwillige. Auch was die einzelnen Gemeinen als solche beisteuern aus dem etwaigen Überschuß ihrer Diakoniegewerbe zur Zinsdeckung der Unitätsschuld ist durchaus freiwilliger Beitrag. Nur eine moralische Verpflichtung soll bestehen. Man ging also in der Decentralisation weit, aber doch nicht soweit, daß man auch die Unitätsschuld auf die einzelnen Gemeinen verteilt hätte. Wie man die Güter als Unitätsvermögen behielt, so hielt man auch die Unitätsschuld fest als eine Last der Gesamtheit. Aber nicht nur auf ökonomischen Gebiet trat eine Lockerung ein. Auch verfassungsmäßig wurde die Einzelgemeine selbständiger gestellt. Die Unitätsdirektion tritt mit ihrer Gesamtverwaltung ein wenig zurück. Sie hat für die Einzelgemeine, soweit es deren lokale Angelegenheiten betrifft, nicht maßgebende Bestimmungen zu treffen, sondern nur Ratschläge zu erteilen. Und auch innerhalb der Verwaltung der Einzelgemeinen wird dem Gemeinrat, der jetzt aus allen erwachsenen Brüdern, soweit sie Abendmahlsgenossen sind, bestehen soll, größere Befugnis eingeräumt. In allen diesen Stücken also giebt die Synode dem Drängen nach Unabhängigkeit nach. Dagegen faßt sie die Oberleitung schärfer zusammen. Die Verwaltungskollegien werden in die Unitätsdirektion hineingenommen, so daß diese sich in drei Departements gliedert. Der Name für diese Oberbehörde ist nicht mehr Direktorium, sondern Unitäts-Ältesten-Konferenz.

Die Folgen der Synode von 1769. Es war ein gewagter Schritt, den die Synode von 1769 gethan hatte, und, wie sich nur zu bald zeigte, ein Fehler. Auf dem Boden, den man jetzt geschaffen hatte, stieg der bürgerliche Partikularismus in die Höhe, während der Gemeingeist, der freudige Sinn der Aufopferung fürs Ganze, bedenklich sank. In einzelnen Gemeinen hatten die Bürger fast nur noch Sinn für ihre lokalen und gewerblichen Interessen, hie und da kam auch Untreue in der Verwaltung von Gemeingeldern zu tage, und zugleich ward der finanzielle Stand der Gesamtheit immer bedenklicher. Da trat die Unitäts-Ältesten-Konferenz dem Gedanken ernstlich nahe, die Gesamtschuld auf die einzelnen Gemeinen zu verteilen. Sie arbeitete ein Statut des Inhalts aus und legte es den Konferenzen der einzelnen Gemeinen zur Begutachtung vor. Aber es wurde fast überall zurückgewiesen. Da wurde die Not verzweifelt groß. Aber bis zu diesem

Punkt mußte der 1769 gethane Schritt kommen, ehe die Wendung eintreten konnte. Und sie kam zur rechten Zeit. In mehreren Gemeinen war damals auch eine religiöse Gleichgiltigkeit eingerissen, auch war die seelsorgerische Leitung hie und da mangelhaft. Da nahm sich Spangenberg der lausitzischen, Joh. von Wattewille andrer Gemeinen an. Sie suchten durch Ansprachen, Einzelunterredungen, Hausbesuche u. s. w. Einfluß zu gewinnen. Und der Herr segnete diese Bemühungen in wunderbarer Weise. Mehr und mehr lernte man das Widerstreben unter geistlichem Gesichtspunkt ansehen als Mangel an Liebe und demütiger Unterordnung. Der thatsächliche Anfang aber ging gerade von den Ärmsten in der Gemeine aus. Am 4. September 1772 wurde in der Helferkonferenz zu Herrnhut (einem Ausschuß des Gemeinrats, der der Ältestenkonferenz helfend zur Seite stand) ein Brief vorgelesen. Er war von 20 ledigen Schwestern aus dem Chorhaus unterzeichnet und forderte auf, Geld und Geldeswert zu sammeln zum Zweck allmählicher Abtragung des Schuldkapitals. Dieser Schritt kindlicher Einfalt erregte anfangs zweifelndes Kopfschütteln. Dennoch fand er bei näherer Überlegung Beifall und Anklang. Die Sammlung kam zustande und wuchs, sie verbreitete sich durch viele Gemeinen. Das war der Anfang eines Tilgungsfonds, mit dessen Hilfe in der That später das ganze Schuldkapital abgestoßen werden konnte. Mit dem steigenden Tilgungsfonds wuchs auch das Vertrauen und der Gemeingeist wieder. Nur Herrnhut hatte im Jahr 1773 eine Krisis zu bestehen. Eine Anzahl gewerbtreibender Bürger verließen in hartnäckigem Eigensinn den Ort und damit die Gemeine. Aber gerade diese Krisis war heilsam. Nun wandten sich die übrigen um so williger der gemeinsamen Sache der Unität zu. Auch von außen her sandte der Herr Hilfe. Die Abwickelung des Pachtverhältnisses von Marienborn, der günstige Verkauf von Herrenhaag und Lindseyhouse verringerten jetzt das Schuldkapital erheblich. Und mit freudigen Aussichten konnte man der nächsten Synode entgegengehen.

Dritte Unitäts-Synode zu Barby 1775.

Diese Synode wurde im Jahr 1775 und nun nicht mehr in Marienborn sondern in Barby gehalten, wohin die Unitäts-Ältesten-Konferenz im Jahr 1771 ihren Sitz verlegt hatte. Diese Barbyer Synode von 1775 bringt den friedlichen und versöhnenden Abschluß all des Ringens nach Gestaltung der Unität, wie wir es schon seit 1750, namentlich aber seit Zinzendorfs Tod wahrnehmen. Hatte man in Marienborn 1764 zu rasch und gleichsam zu doktrinär die Einheit der Unität vollzogen, hatte man 1769 allzusehr den vermeintlichen realen Interessen Rechnung getragen, so faßte man jetzt die beiden einseitigen Schritte in höherer Einheit abschließend zusammen. Das zeigte sich zunächst auf ökonomischem Gebiet. Der ökonomische Verband von 1764 wird aufrecht erhalten und zugleich, nachdem er 1769 allzusehr gelockert worden, wieder fester geknüpft. Die Einzelgemeine soll zwar auch ferner noch nach Recht und Pflicht ökonomisch selbständig dastehen, aber sie hat die Pflicht, soweit sie es vermag, zur Erhaltung des Ganzen beizutragen; dafür wird sie in Zeiten der Not vom Ganzen unterstützt und nicht fallen gelassen. Deshalb hat auch die Unitätsdirektion die ökonomische Verwaltung der Einzelgemeine zu überwachen und darf ihr gewagte Unternehmungen nicht gestatten. So treten die Glieder bei aller Selbständigkeit in ein organisches Verhältnis zum Ganzen. Auf dieser 1775 geschaffenen Grundlage ruht noch heute der „Diakonienverband" sämtlicher Gemeinen. — Auf dem Gebiet der Verfassung bleiben die Grundbestimmungen von 1764 bestehen. Doch wird die Leitung der Einzelgemeinen und die Aufsicht über dieselben bestimmter und schärfer als 1769 der Unitätsdirektion unterstellt. Die Unitätsdirektion hat die Leitung alles dessen, was zur Unität gehört, in der Hand. Auch der Anschluß der englischen und nordamerikanischen Gemeinen, der schon kurz zuvor durch Visitationen geordnet worden, wird jetzt bestätigt und so die Unität durch die festere Eingliederung auch dieser überseeischen Provinzen mehr und mehr zu einem großen Ganzen organisch zusammengeschlossen. In gleichem Sinn des besonnenen Zurückgehens wird auch die Einzelgemeine fester unter die Leitung der Ältestenkonferenz gestellt. Der Gemeinrat besteht nicht mehr aus allen erwachsenen Kommunikanten, sondern bildet nur einen Ausschuß derselben. Er wird in den einzelnen Chören gewählt und die Zahl der Mitglieder wird durch die Ältestenkonferenz bestimmt. Aus seiner Mitte wählt dann der Gemeinrat das Aufseherkollegium, doch bedarf die Wahl der Bestätigung seitens der Ältestenkonferenz. Die beiden Gemeinkonferenzen, der Gemeinrat und das Aufseherkollegium, sind der Ältestenkonferenz unterstellt. Damit ist ein Damm gezogen gegen das Überwuchern der gewerblichen Interessen des Bürgertums, dem man allzusehr die Zügel hatte schießen lassen. — Auch die kirchliche Gestalt der Brüderunität wird auf dieser Synode näher bestimmt. Die Rechte der alten mährischen Kirche und ihr Bischoftum sollen nach außen hin aufrecht erhalten und je nach Umständen geltend gemacht werden. Nach innen aber haben die Bischöfe mit dem Kirchenregiment nichts zu thun; sie haben nur die Ordination zu vollziehen. — Endlich behandelt die Synode auch die Lehre der Brüdergemeine und bringt hier ebenfalls nach mancher unruhigen Bewegung den krönenden Abschluß. Sie greift mit Bewußtsein zurück auf die Erkenntnisstufe, wie sie etwa von 1734 an das folgende Jahrzehnt hindurch der Gemeine zu teil geworden. Mittelpunkt aller Lehre ist die Versöhnung des Sünders mit Gott im Blute Christi. Die Heilsgewißheit ruht objektiv auf dem geoffenbarten Wort vom Kreuz, subjektiv auf dem persönlichen Herzensglauben an den gekreuzigten Heiland. Dies wird unumstößlich festgehalten. Alle Verirrungen in Lehre und Kultus, wie sie seit der Mitte der vierziger Jahre hervorgetreten, gelten als endgiltig beseitigt. Damit verbindet sich denn auch eine erneute und sehr entschiedene Annäherung an die evangelische Kirche. Die Brüdergemeine weiß sich im Glauben an die Erlösung durch Christus, an die Versöhnung mit Gott durch den menschgewordenen Gottessohn, eins mit der evangelischen Kirche. Ihre kirchliche

Sonderstellung und die eigentümlichen Gemeineinrichtungen trennen sie nicht von der Kirche. Auf Grund dieser Wesenseinheit mit der Kirche vermag sie nun auch ihre gemeinschaftstiftende Thätigkeit in derselben mit erneuter Kraft wieder aufzunehmen. Damit dient sie der Kirche im Kampf wieder den Unglauben der Zeit.

Abschluß des ersten Zeitraumes durch die Synode von 1775.
So schließt die Synode von 1775 die **Entstehungszeit** der Brüdergemeine ab. Die eigene innere Entwickelung ist zum Abschluß gekommen, die Gemeine ist zur Unität geworden. Und von diesem Punkt aus beginnt nun ihre Arbeit im Reiche Gottes von neuem den Lauf. —

Bestand der Unität am Schluß des ersten Zeitraumes.
Wir lassen am Schluß dieses ersten Zeitraums einen kurzen Überblick folgen über den damaligen **Bestand der Brüdergemeine.**

Die deutschen Gemeinen.
Auf dem **europäischen Kontinent** (Deutschland, Holland, Rußland), bestanden damals 16 Gemeinen. Dieselben waren meist von den betreffenden Parochieen gelöst und standen als kirchlich selbständige Gemeinen da mit eigener Verwaltung der Predigt und der Sakramente; aber nicht alle waren in sich abgeschlossene Ortschaften. Sie lassen sich in folgende Gruppen ordnen:

1. In der sächsischen Oberlausitz **drei: Herrnhut, Niesky** und **Kleinwelka.**

2. In Schlesien ebenfalls **drei: Gnadenberg, Gnadenfrei** und **Neusalz a. O.** Letztere Gemeine, an die **Stadt** in kommunaler Hinsicht angeschlossen, war im Jahr 1759 nach der Schlacht bei Kunnersdorf von den Russen geplündert und niedergebrannt worden. Nach dem Schluß des siebenjährigen Krieges aber wurde sie rasch wieder aufgebaut.

3. In Mitteldeutschland **vier: Ebersdorf** im Voigtland, **Neudietendorf** im Herzogtum Gotha, **Barby** und **Gnadau,** unweit Magdeburg. — Die Gründung von Neudietendorf war mit besonderen Schwierigkeiten verknüpft gewesen. Die Gemeine blieb schließlich dem Gothaischen Konsistorium unterstellt. In dem Städtchen

Barby a. E. war die Gemeine nur klein. Aber seit 1754 befand sich dort das theologische Seminarium der Unität, und seit 1771 der Sitz der Unitäts-Ältesten-Konferenz. — Gnadau war erst 1767 gegründet worden.

4. Im nördlichen Deutschland drei: nämlich in Berlin und in Rixdorf je eine, aus böhmischen Exulanten gebildet, und eine im Herzogtum Schleswig, Christiansfeld, die erst 1772 angelegt worden war.

5. Im westlichen Deutschland bestand eine Gemeine, nämlich zu Neuwied a. Rh. Man hatte dort angefangen ein eigenes Stadtviertel anzubauen; die Gemeine gehörte aber in kommunaler Beziehung zur Stadt.

6. Außerhalb Deutschlands zwei: Zeist in Holland und Sarepta im südlichen Rußland. Letztere war erst 1765 gegründet worden.

Eine weite Ausbreitung hatte die Brüdergemeine damals auch in England und Irland erfahren. In England hatte die Brüdergemeine, wie wir gesehen haben (vgl. S. 66. u. 74.), schon seit 1738 eine erfolgreiche geistliche Thätigkeit entfaltet. Die ganze religiöse Bewegung, die in England im 18. Jahrhundert so mächtig auftritt, und die im Methodismus ihre höchste Kraftentfaltung zeigt, verdankt ihre Anregung zu einem nicht geringen Teil der Brüdergemeine. Gerade das Beste und Tiefste in Wesleys gewaltigem Zeugnis, der Glaube an die Versöhnung im Blute Christi, stammt aus der Erfahrung, die er einst durch die Bekanntschaft mit Petrus Böhler gemacht hatte, obgleich er sich später von der Wirksamkeit der Brüder geschieden und mit Zinzendorf sich niemals ganz verstanden hat. Im großen und ganzen gingen die Brüder auch später mit dem Methodismus Hand in Hand und kämpften mit ihm gemeinsam gegen alle Strömungen des Unglaubens und der Christentumsfeindschaft. Der Unterschied bestand zumeist darin, daß die Brüder mehr auf thatsächliche Gemeinschaft der Erweckten unter einander hinarbeiteten, während die Methodisten mehr die Bekehrung der einzelnen zum Ziel hatten. Übrigens hatten die christlichen Gemein-

Die Brüdergemeine in England und Irland.

schaften, welche die Brüder in England stifteten, einen etwas anderen Charakter als in Deutschland. Die Erweckten und unter einander Verbundenen sammelten sich zunächst nicht an besonderen Orten zu Ortsgemeinen, sondern wohnten meist zerstreut in anderen größeren oder kleineren Ortschaften. Nur standen sie, so weit sie durch Brüder gegründet waren, auch unter brüderischer Leitung und hatten brüderische Einrichtungen. Auf Grund der Parlamentsakte von 1749 schlossen sie sich dann nach und nach der staatlich anerkannten mährisch bischöflichen Kirche an. Ja die meisten bildeten sich erst, nachdem durch die Parlamentsakte die Anerkennung erfolgt war. Das gilt auch von den beiden einzigen örtlich abgeschlossenen Gemeinen Ockbrook in Derbyshire und Fulneck in Yorkshire. Im Jahr 1775 bestanden etwa 15 solcher Gemeinen in England und 5 in Irland.

Die Brüdergemeine in Nord-Amerika. Auch in den damals britischen Kolonieen Nordamerikas hatten die Brüder Gemeinen gegründet, überall mit dem Streben, die Erweckten zu engerer Gemeinschaft zusammenzuschließen. Hier hatte man weder staatliche noch kirchliche Hemmungen zu fürchten und konnte sich freier bewegen. Die erste Gemeingründung war Bethlehem an der Lecha in Pennsylvanien 1742. Sie ist noch heute die bedeutendste und gleichsam der Vorort der nordamerikanischen Gemeinen. Im Jahr 1775 bestanden in Pennsylvanien etwa 12 und in Nord-Carolina 6 Gemeinen.

Gesamtzahl. Die Zahl sämtlicher Mitglieder der Brüdergemeine in Europa und Amerika belief sich im Jahr 1775 auf etwa 15 500. Davon kommen gegen 7000 auf die deutschen Gemeinen. —

Das Missionswerk der Brüdergemeine am Ende des ersten Zeitraumes. Sehr ausgebreitet war damals das Werk der Heidenmission. Es war nicht bei den ersten Anfängen in Westindien und Grönland geblieben. Ein sehr blühendes Missionswerk war in den 40er Jahren unter den Indianerstämmen Nordamerikas namentlich unter den Delawares im östlichen Pennsylvanien begonnen worden. Hier arbeiteten erst Chr. Heinrich Rauch und später

David Zeisberger. Zahlreiche Stationen waren angelegt, freilich öfters durch feindliche, wilde Indianer hart gefährdet und durch den englisch-französischen Krieg in den fünfziger Jahren sehr gehemmt. Doch war das Werk in stetem erfreulichen Wachsen bis zum Jahr 1778, wo der große Unabhängigkeitskrieg zwischen Amerika und England tief störend hereinbrach.

Gleichzeitig aber mit dieser neuen Mission waren auch die Erstlingsgebiete weiter ausgebaut worden. In Dänisch-Westindien war außer St. Thomas, welche Insel immer das Hauptgebiet blieb, auch St. Croix und St. Jan besetzt worden. Weiter war auch in Englisch-Westindien ein Anfang gemacht worden auf den Inseln Antigua, Barbadoes und Jamaika. In Grönland befanden sich im Jahr 1775 schon drei Stationen an der Küste.

Eine neue Unternehmung war die Mission in Labrador. Nach verunglückten Versuchen früherer Jahre faßte sie festen Boden mit dem Jahr 1770, und die erste Station Nain wurde 1771 angelegt.

Neu war auch die Mission unter den Negersklaven in der holländischen Kolonie Suriname. Schon seit 1754 war eine Missionsniederlassung mit Gewerbebetrieb in der Stadt Paramaribo. Doch beginnt erst im Anfang der siebziger Jahre eigentliche Missionsarbeit daselbst. — Hingegen bestand in der britischen Nachbarkolonie Berbice schon länger ein blühendes Missionswerk unter dem Indianerstamm der Arawaken. Hier haben die Missionare Dähne und Schumann († 1760) in großem Segen gearbeitet, aber die Mission hat durch die feindlichen Überfälle der Buschneger viel gelitten.

Die Mission in Südafrika unter den Hottentotten hatte wieder aufgegeben werden müssen. Ebenso ein kurzer Versuch unter den Negern an der Goldküste. Unter den Hottentotten hatte Georg Schmidt von 1736 bis 1743 in großem Segen gearbeitet, mußte aber 1743 dem Verbot der Regierung weichen. Diese Mission ist erst 1792 wieder aufgenommen und dann dauernd fortgeführt worden.

Im Jahr 1775 bestand noch eine Mission unter den Kopten in Ägypten und eine in der damals dänischen Kolonie Tranke bar in Ostindien. Auf beiden Gebieten ist die Arbeit, die nie zur rechten Blüte gelangt war, später wieder aufgegeben worden. Statt dessen baute man unter günstigeren Verhältnissen neue Gebiete an.

Im ganzen ist die Missionsarbeit der Brüdergemeine von 1732 an stetig gewachsen, und weder die schwärmerische Richtung der vierziger Jahre noch die vorübergehende ökonomische Not der folgenden Zeit haben ihr wesentlichen Abbruch gethan. Im Jahr 1775 wird die Zahl der auf sämtlichen Missionsstationen in der Pflege der Brüder-Missionare stehenden Heidenchristen auf etwa 10000 angegeben. Doch ist nach damaliger Statistik nicht ersichtlich, ob diese Zahl nur Getaufte in sich schließt oder auch solche, die noch ungetauft in der Pflege der Missionare standen.

Die Diasporathätigkeit der Brüdergemeine am Ende des ersten Zeitraums.
Neben der Missionsarbeit unter den Heiden ist die Brüdergemeine stets bemüht gewesen, die Erweckten innerhalb der evangelischen Kirche zu sammeln, zu pflegen und zur rechten Gemeinschaft untereinander zu führen, ohne sie aus ihrem jedesmaligen Kirchenverband loszulösen. Sie nennt das ihre Diasporathätigkeit.

Um das Jahr 1775 wurde eine solche fast von jedem Gemeinort aus in dessen nächster Umgebung ausgeübt, freilich mit verschiedenem Erfolg. Ausgedehntere Gebiete solcher Diasporathätigkeit waren die sächsische-Oberlausitz, wo von Herrnhut aus, und das Rheinland, teilweis auch die Schweiz, wo von Neuwied aus segensreich gewirkt wurde. Dort war es die lutherische, hier die reformierte Kirche, die die stille helfende und bauende Arbeit der Brüder mit Freuden sah. Daß die Brüdergemeine in beiden Kirchen mit Anerkennung arbeiten konnte, zeigt aufs deutlichste ihren Unionscharakter. — Ein eigentümliches und sehr ausgedehntes Diasporawerk hatte die Brüdergemeine auch in den russischen Ostseeprovinzen. Von christ=

lich gesinnten abligen Gutsherrn waren die Brüder ins Land gerufen worden (Vgl. Seite 58.) und hatten durch sie Gelegenheit gefunden zur Arbeit unter dem Volk der Letten und Esten, die damals, von der griechisch orthodoxen Kirche noch nicht umgarnt und gelockt, ausnahmslos der lutherischen Kirche angehörten, die hier, ähnlich wie in Preußen, durch die Hochmeister des deutschen Ordens schon in Beginn der Reformationszeit gegründet worden war. Indessen hatte diese Kirche, gehindert durch den nationalen Gegensatz zwischen Letten, Esten und Deutschen, gehindert auch durch die mannigfaltigen politischen Umwälzungen und durch den Einfluß des katholischen Königreichs Polen, es nicht vermocht, auch den Volksgeist im Inneren evangelisierend zu durchdringen. Und eben deshalb hatten jene abligen Gutsherren die Brüder gebeten, mit ihrer still bauenden und das Herz erweckenden Thätigkeit helfend einzugreifen. Anfangs hatte die russische Regierung die Thätigkeit der Brüder nicht gehindert. Seit den fünfziger Jahren aber war sie, nicht ohne die Schuld der Brüder, diesem Werk feindlich entgegengetreten und hatte die öffentliche Thätigkeit untersagt. Nur in der Stille und auf privatem Wege konnten damals die Brüder sich der einzelnen seelsorgerisch annehmen, bis im zweiten Jahrzehnt des gegenwärtigen Jahrhunderts durch Kaiser Alexander ein Umschwung erfolgte. — Die Zahl der mit der Brüdergemeine mehr oder weniger eng verbundenen Seelen in der Diaspora, die von der Brüdergemeine aus regelmäßig besucht und gepflegt wurden, belief sich im Jahr 1775 auf gegen 30000. Davon entfällt etwa die Hälfte auf die russischen Ostseeprovinzen.

II. Die Zeit des Bestandes.
1775 bis auf die Gegenwart.

Erstes Kapitel.
Spangenbergs letzte Zeit und das Ende des Jahrhunderts.
1775—1800.

—++—

Die letzten Jahrzehnte des 18. Jahrhunderts zeigen uns, wenn wir auf den allgemeinen Charakter der Zeit blicken, eine tiefgehende Bewegung, die bis zum Umsturz überlieferter, bis dahin für heilig und unantastbar geachteter Grundlagen fortschreitet. Im Leben der Völker, im Staat wie in der Kirche, hat das Alte als solches seinen Wert verloren, und der denkende Menschengeist beginnt aus sich heraus Neues zu schaffen. In Nordamerika reißen sich die Kolonien vom Mutterlande los und formen sich um zu ganz neuen und eigentümlichen Staatengebilden. Und mehr noch als Washingtons Thaten warfen Franklins Gedanken zündende Funken in das alte Europa. Frankreich wirft Thron und Königtum in den Staub, und trunken vom Blut des gemordeten Königs erklärt es sogar die Verehrung Gottes und die christliche Religon für abgeschafft. Aber auch in der übrigen gebildeten Welt Europas, auch in Deutschland vor allem beginnt ein gewaltiger Umschwung in der Weise zu denken und die Dinge zu be-

Charakter der Zeit im allgemeinen.

urteilen. Seit Kant das kritische Denken wachgerufen, steht nichts mehr fest, und alles, was bloß geschichtliches Recht hat, beginnt zu wanken. Da bringen denn auch in das innerste Heiligtum der Kirche die zerstörenden Mächte. Vor dem kritischen Menschenverstand besteht weder die Bibel noch die Lehre der Kirche, und ein Geist und Leben tötender Rationalismus beherrscht die Lehrstühle der Theologie wie die Kanzeln der Kirche. Immer kleiner, immer verachteter wird das Häuflein der Gläubigen. Da eröffnet sich für die Brüdergemeine eine bedeutsame Wirksamkeit. Was sie bisher schon in ihrer Diaspora gethan, das gewinnt jetzt mehr und mehr an Bedeutung. Still und verborgen zwar, aber von Gott mit nachhaltiger Kraft ausgerüstet, streut sie eine segensreiche Saat aus in weite Kreise der Kirche. Man darf sich die Sache durchaus nicht so vorstellen, wie es wohl zum öfteren dargestellt wird, als wären die stillen Brüdergemeinorte nur die Zufluchtsstätten gewesen für die in ihrem Glauben bedrängten Seelen. Nein die Brüdergemeine tritt weit über ihre eigenen engen Kreise hinaus und arbeitet mit regen Kräften in der Kirche für das Reich Gottes. Und nun wiederum nicht so, als ob sie nur das rechtgläubige Bekenntnis gestützt hätte gegenüber der zertrümmernden Thätigkeit des Rationalismus. Vielmehr ist ihre Aufgabe die, den Rechtgläubigen in der Kirche nachdrücklich zum Bewußtsein zu bringen, daß das bloße äußere Festhalten am rechtgläubigen Bekenntnis die Seelen nicht bewahrt vor den untergrabenden Fluten des Rationalismus, daß vielmehr die lebendige Aneignung der geoffenbarten Wahrheit in persönlichem Herzensglauben, daß erst die eigene Erfahrung von der erlösenden Kraft des Blutes Christi dem Menschenherzen ein ewiges Gut giebt, ein Gut, das keine noch so reißende Flut des Zeitgeistes ihm zu rauben vermag. (Vgl. die nähere Ausführung im Zusammenhang S. 113.) Diese Saat, welche so die Brüdergemeine in die Reihen der Kirche gestreut hat während der letzten Jahrzehnte des 18. Jahrhunderts, ist im 19. Jahrhundert, nachdem Gott

durch die Weltereignisse geredet und im Reformations-
jubiläum einen befruchtenden Regen hatte niederrauschen
lassen, aufgegangen. Vieles hat in Gottes Hand mitge-
wirkt, das Leben der evangelischen Kirche zu erneuern, aber
die Saat, welche die Brüdergemeine ausgestreut, soll daneben nicht vergessen werden. Sehen wir doch gleichsam
eine Verkörperung dessen, was die Brüdergemeine der Kirche
gegeben, in der Person Schleiermachers. Herstammend
aus Kreisen, die eng mit der Brüdergemeine befreundet
und verbunden waren, und von 1783 bis 1787 in den
wissenschaftlichen Instituten der Brüdergemeine erzogen und
herangebildet, hat er später das Beste, was er hatte, nicht
sowohl durch seine Theologie, wohl aber durch seine Predigt
und Seelsorge aus der Brüdergemeine in die Kirche getragen, nämlich die persönliche Lebensgemeinschaft mit dem
Heiland als unsrem Erlöser. Es ist denkwürdig, zu sehen,
wie die Brüdergemeine, durch Gottes Hand aus der eigenen
Sichtung gerettet und in sich selbst zu ruhigem Abschluß
gekommen, gerade um das Jahr 1775 soweit erzogen war,
daß sie ihren segensreichen Beruf in der Kirche antreten
konnte. Und sie war in der That durch ihren milden
Unionsgeist und durch die tiefe Herzenserfahrung ihrer
meisten, wenigstens ihrer aktiven Glieder zur Ausübung
dieses Berufes vorzüglich geeignet. — Und wie in Deutschland durch ihre Diaspora, so trat in England die
Brüdergemeine gegen Ende des Jahrhunderts mit den
lebendigen Kreisen der Kirche in Verbindung durch das gemeinsame Interesse an der Heidenbekehrung. In
England erwachte dieses Interesse freilich erst in den
neunziger Jahren namentlich durch William Carey und die
Baptisten, während die Brüdergemeine dieses Interesse schon
in sich trug seit 1732. Aber die gegenseitige Förderung
auf englischem Boden ist unverkennbar, und auch die
Brüdergemeine verdankt seitdem für ihr Missionswerk Anregung und Unterstützung nicht am wenigsten den englischen
Freunden.

Die leitende Thätigkeit der Unitäts-Ältesten-Konferenz 1775—1800.

Wenden wir uns nun den hervorragenden Punkten dieses Zeitabschnittes im einzelnen zu, so tritt uns zunächst die leitende Behörde der gesamten Brüder-Unität, die Unitäts-Ältesten-Konferenz, kurzweg U. A. C. genannt, vor die Augen. Wie sie schon vor der Synode von 1775 in Barby ihren Sitz genommen, so blieb sie daselbst auch noch für die folgenden 9 Jahre. Freilich war sie hier nicht immer vollzählig beisammen. Spangenberg selbst war längere Zeit als „Provinzialhelfer" in der Lausitz thätig und trat während dieser Zeit den Vorsitz an Johannes von Wattewille ab. Auch andere Mitglieder machten zum öfteren längere, auch wohl sehr weitgehende Visitationsreisen, denn gerade das gehörte im besonderen zu ihrer Amtsthätigkeit. So war Joh. von Wattewille in England und Amerika, Joh. Friedr. Reichel in Amerika und Ostindien, Loretz in Westindien. Aber wenn auch die einzelnen Glieder oft räumlich getrennt waren, so herrschte in dieser Körperschaft doch eine große Einmütigkeit. Frühere Gegensätze waren verschwunden, und man verstand sich jetzt gegenseitig weit besser. Spangenbergs milde, friedfertige und doch geistesgewaltige Persönlichkeit schwebte einigend über dem Ganzen und zog den einzelnen, ihn mit Verständnis für die Ziele erfüllend, in den gemeinsamen starken Strom hinein. Auch in den Gemeinen war das Vertrauen zur U. A. C. jetzt ein allgemeines und tiefgehendes, man sah zu ihr als den Vätern empor und ließ sich freudig leiten. Dazu kam, daß auch die ökonomischen Verhältnisse sich jetzt zusehends besser gestalteten. Nach innen und außen wuchs der Kredit, und das Gut Barby mit seinen Vorwerken, von den Brüdern bewirtschaftet, galt im ganzen Lande als Musterwirtschaft. Unter diesen Umständen konnte man hoffen, bis zum Ende des Jahrhunderts die ganze Unitätsschuld getilgt zu sehen, und man arbeitete freudig und zuversichtlich auf dieses Ziel hin. — Mit besonderer Sorgfalt pflegte auch die U. A. C. den Verkehr, sogar den direkten und persönlichen, mit hervorragenden Vertretern der evangelischen Kirche, sowie der theologischen Wissenschaft in Deutschland. Es war ihr sehr darum zu thun, in gutem Einvernehmen mit der Kirche zu stehen und dasselbe zu erhalten. Oft fand man noch ein gemeinsames Band, auch wo der theologische Standpunkt nicht der gleiche war. So bestand mit Semler in Halle längere Zeit ein reger Briefwechsel. Aber die Hauptsache blieb doch immer die Leitung der Unität. Handschriftliche „Wöchentliche Nachrichten aus U. A. C.", Jahresberichte, dazwischen eine Menge Verfügungen, Cirkulare an die Gemeinen, Ältestenkonferenzen und Aufseherkollegien mit Darlegung der Grundsätze, meist aus Spangenbergs Feder, hielten die Unität mit ihrer Oberleitung in festem und innigem Verband. Aber Barby blieb nicht dauernd ihr Wohnsitz. Sie siedelte, um das gleich hier vorweg zu nehmen, im Jahr 1784 nach Herrnhut über und erhielt schließlich durch die Synode im Jahr 1789 Berthelsdorf zu ihrem dauernden Wohnsitz angewiesen. Dort wurden auf dem jetzt der Unität gehörenden ehemals Zinzendorfischen Gut Wohnungen für sie gebaut, die sie im Jahr 1791 bezog. Ihre Sitzungen hielt sie vom 23. Juni 1791 an im Berthelsdorfer Schloß, in Zinzendorfs ehemaligem Zimmer.

Bald nach der Synode von 1775 sehen wir die U. A. C. einer Thätigkeit sich zuwenden, die für die Gemeinen selbst, aber dann weiter durch sie auch für weite Kreise außerhalb derselben von größter Bedeutung und zugleich durchaus zeitgemäß war. Es galt nämlich jenen Umschwung, der auf dem Gebiet der Lehre und des Gottesdienstes seit 1750 sich in der Gemeine vollzogen und der in der Synode von 1775 seinen Abschluß und seine öffentliche Legalisierung erhalten hatte, zu einem dauernden und sozusagen klassischen Ausdruck zu bringen für die ganze folgende, nun neu gewordene Unitätszeit. So wurden denn zwei Schriften abgefaßt, die so ausdrücklich wie keine bisher den Charakter von Unitätsschriften tragen, ein neues Gesangbuch und eine neue Glaubenslehre.

Unitätsschriften.

Mit der Abfassung des Gesangbuchs wurde Chr. Gregor beauftragt. Er war seit 1764 Mitglied der

Das Gesangbuch von 1778.

U. A. C. Ein Mann, nicht von gelehrter Bildung, aber wie im Rechnungswesen, so namentlich auf dem Gebiet der Kirchenmusik und Hymnologie wohl bewandert und mit feinem Verständnis dafür ausgerüstet. Den Geist der Gemeine, deren Mitglied er in seinem 20. Lebensjahr geworden, hatte er mit Klarheit und Wärme erfaßt und in seiner Musik wie in seinen Liedern gleichsam verkörpert. Die Aufgabe, die Gregor erhielt, lag im Charakter der Zeit, ihre Erfüllung war ein bringendes Bedürfnis. Die Brüdergemeine hatte ihr eigenes Gesangbuch seit 1735. Dieses Gesangbuch hatte den damaligen Charakter der Gemeine lebendig zum Ausdruck gebracht, war aber dann durch eine Reihe von Anhängen ergänzt worden, die wiederum den jedesmaligen Zeitcharakter wiedergespiegelt hatten. Auch die Verirrung der vierziger Jahre war in diesen Anhängen stark zum Ausdruck gekommen, obgleich dieselben auch wieder manches Lied von bleibendem Wert enthalten hatten. Die seit 1750 eingetretene Ernüchterung sagte sich alsbald los von jener schwärmerischen Sangesweise und setzte sie außer Gebrauch. Zinzendorf unternahm es in London, ein neues Gesangbuch in gemäßigtem Ton herzustellen. Dasselbe erschien in London 1753 und 54. Aber es war viel zu umfangreich, mehr eine historische Liedersammlung als ein praktisches Gesangbuch. Und überdies war die Reinigung noch lange nicht energisch genug vorgenommen worden. Zum liturgischen Gebrauch erschien daher ein Auszug, ein Büchlein von sehr geringem Umfang, unter dem Titel: „Gesang des Reigens von Saron." Es enthielt nur Brüderlieder, wurde wiederum durch Anhänge vermehrt und diente in äußerst unvollkommener Weise bis zum Jahr 1778. Ein neues Gesangbuch war daher jetzt unabweisliche Notwendigkeit. Das von Gregor zusammengestellte Gesangbuch war ein ausgezeichnetes Werk, so ausgezeichnet, daß es 100 Jahre hindurch in ungestörtem Gebrauch der Gemeine geblieben ist. Er fügte zu den Brüderliedern in reicher Auswahl Lieder der evangelischen Kirche, wie solche schon das erste Gesangbuch 1735, wenn auch in geringem Umfang, enthalten hatte, und ordnete das Ganze mit Rücksicht auf die kirchlichen Festzeiten wie auf das religiöse Leben der Gemeine und des einzelnen in 60 klar geschiedene Gruppen. Das Gesangbuch, von U. A. C. durchgesehen und gebilligt, erschien 1778. Ihm folgte das dazu gehörige ebenfalls von Gregor herausgegebene Choralbuch im Jahr 1784. Wenn wir auch sagen müssen, daß, nach unsrem heutigen Standpunkt beurteilt, manches ältere Lied, sowohl aus der Brüdergemeine wie aus der evangelischen Kirche, durch Gregors Redaktion hie und da zu viel vom ursprünglichen Charakter und poetischen Schwung verloren hat, und daß andererseits die Ausscheidung dessen, was innerlich überwunden war, noch nicht entschieden genug vorgenommen ist, so war doch für die damalige Zeit dieses Gesangbuch der durchaus entsprechende Ausdruck des Gemeingeistes in wahrhaft vollendeter Weise. In ihm redet das Herz, das religiöse Gefühl seine Sprache, so innig, warm und lebendig, wie es gerade der Brüdergemeine von Anfang an und bis auf den heutigen Tag eigentümlich ist. Darum hat auch gerade dieses Gesangbuch unendlich viel dazu beigetragen, die eigentümlich brüderische Anschauung in der Lehre wie im religiösen Leben festzuhalten und immer wieder in der Gemeine selbst wie in der Diaspora von Geschlecht auf Geschlecht zu übertragen.

Nicht weniger bedeutungsvoll war das gleichzeitige Werk einer brüderischen Glaubenslehre. Mit der Abfassung einer solchen ward Spangenberg beauftragt. Und er freute sich des Auftrages, dem er in der That wie kein anderer gewachsen war. Die mancherlei Verirrungen und Ausschreitungen im brüderischen Lehrausdruck früherer Jahre waren ja seit 1750 zurückgenommen und beseitigt worden, und diese Rückkehr zu gesunder Lehre war in der Folgezeit mit Bedacht fortgesetzt worden. Aber es fehlte eine offizielle Darlegung, was nun eigentlich der wesentliche und dauernd festzuhaltende Inhalt brüderischer Glaubenslehre sei, sowohl nach innen als Richtschnur für die Gemeine selbst und deren Prediger, als auch nach außen, um

Spangenbergs Glaubenslehre von 1778.

die Gemeinsamkeit des Glaubens mit der evangelischen Kirche zu beweisen. Zinzendorfs frühere Schriften, auch die vor 1745 geschriebenen, obgleich sie damals auch den Zweck hatten, der evangelischen Kirche zu sagen, was brüderische Lehre sei, konnten doch bei seiner individuellen Beweglichkeit und dem sprunghaften Charakter seiner Darlegungen jetzt nicht mehr dazu dienen. Spangenberg unterzog sich der Aufgabe mit großem Eifer. In stiller Zurückgezogenheit, zumeist im Gartenhäuschen des Barbyer Schloßgartens, schrieb er das Werk. Es erschien im Jahr 1778 und hat den von Zinzendorf stammenden Titel: Idea fidei Fratrum d. h. Übersichtliche Zusammenstellung brüderischer Glaubenslehre. Spangenberg war, als er das Buch schrieb, ein Greis, im Anfang der siebziger Jahre stehend; um so ruhiger, einfacher und abgeklärter konnte er die Offenbarungswahrheiten der heiligen Schrift entnehmen und sie, an reicher Lebenserfahrung gemessen, in seinem Buch niederlegen. Er, der einst das Lied gesungen: „Heilge Einfalt, Gnadenwunder" (Gesangbuch Nr. 603.), bewährte sich auch hier wieder als der Mann der Einfalt. Alles Einseitige, Schroffe und Streitsüchtige ist vermieden, und ein milder Unionsgeist waltet durch das ganze Buch. Man fühlt es ihm ab, daß nicht der Lehrsatz als solcher in seiner scharfen Formulierung ihm Hauptsache ist, sondern vielmehr die lebendige Verwertung desselben in der Aneignung des Glaubens. Übrigens deckt das Buch sich in seinem wesentlichen Inhalt mit der Augsburgischen Konfession, doch ergeht es sich mehr populär in wortreicher Breite über die Lehrsätze und bringt sie, an Schrift und Erfahrung erläutert, dem Verständnis nahe. Das Buch gefiel Theologen wie Laien; es fand eine große Verbreitung und wurde in 7 Sprachen übersetzt. In der Gemeine war es manchem, der in den älteren Anschauungen aufgewachsen war, zu nüchtern, zu trocken biblisch; aber die meisten und die jüngeren zumal freuten sich, nun ein klares Vorbild brüderischer Lehrweise zu haben. Charakteristisch ist, daß Köber das Buch so lieb gewann, daß er es nächst der

Bibel für sein liebstes Buch erklärte. Und noch heute behauptet es ein hohes Ansehen in der Gemeine.

Zu diesen bedeutungsvollen Unitätsschriften gehört auch noch das Spruchbüchlein Samuel Lieberkühns, oder „Hauptinhalt der Lehre Jesu," das als Katechismus zum Unterricht für die Jugend bestimmt war, und das nach verschiedenen mehr formellen Wandelungen noch heute im Gebrauch ist.*) Katechismus für den Jugendunterricht.

In den achtziger Jahren wurden 2 Synoden gehalten, 1782 und 1789. Die erstere im Schloß zu Berthelsdorf, die letztere im Saal des Witwenhauses zu Herrnhut, wo seitdem bis auf den heutigen Tag alle Synoden der Brüderunität getagt haben. Die Synode von 1789 war die erste, auf welcher die britischen und amerikanischen Gemeinen durch Deputierte vertreten waren. Sie haben nicht jene Bedeutung für die Entwickelung der Unität, welche die Synoden von 1764, 1769 und 1775 gehabt hatten. Die Unität hatte seit 1775 ihren festen Bestand, und eingreifende Änderungen waren jetzt weder nötig noch zweckmäßig. Vielmehr ist gerade das bedeutungsvoll, daß man während dieser achtziger Synoden immer wieder auf die im Jahr 1775 geschaffene Grundlage der Unität zurückkam und dieselbe mit Freuden aus der Erfahrung bestätigte. Auch setzt die Synode von 1789 eine gewisse Ruhe und Stetigkeit an die Stelle der früheren Bewegung, indem sie der U. A. C. zum dauernden Wohnsitz Berthelsdorf anweist. Nur in einzelnen Punkten zeigt sich ein leises Fortschreiten, ein vorsichtiges sich Losmachen von althergebrachten allzustarren Gesetzesvorschriften. So wird im Jahr Die Synoden von 1782 und 1789.

---

*) Es könnten hier noch andere wertvolle Schriften genannt werden, die im Auftrag der U. A. C. für die Gemeine und deren Freunde verfaßt wurden, wie z. B. Spangenberg, Leben Zinzendorfs 1772—1775. David Cranz, Alte und neue Brüder-Historie 1771, fortgesetzt durch Hegner 1791. David Cranz, Historie von Grönland (der grönländischen Mission) 1770. Oldendorp, Geschichte der Mission in Westindien, 1777 u. a.; doch haben sie sämtlich nicht die Bedeutung jener oben genannten.

1789 der Losgebrauch bei äußeren Dingen wie Besitz, Kauf und Verkauf ꝛc. freigegeben. In anderen Dingen, wie z. B. beim Heirats=Los und beim Fußwaschen als einer liturgischen Feier, machen sich wohl freiere Strömungen geltend, aber die Synode giebt ihnen nicht nach. Die Hauptbedeutung dieser beiden Synoden aber liegt in dem freudigen Geist fortschreitender Arbeit auf den Gebieten, auf denen man bisher dem Reich Gottes im allgemeinen gedient hatte, nämlich auf dem Gebiet der Diaspora, der Erziehung und der Mission. Alle drei Unitätswerke erhalten durch diese Synoden eine kräftige Förderung, und die Mission ist seit 1789 in der U. A. C. vertreten durch ein eigenes Missionsdepartement. Vom Stand dieser Werke in damaliger Zeit reden wir weiter unten.

Spangenbergs Heimgang 1792.
Bei der Synode von 1789 hatte Spangenberg, obgleich von den meisten dazu gewählt, nicht mehr den Vorsitz geführt. Die Wahl war im Los nicht bestätigt worden. Doch nahm er an den Beratungen noch lebhaften Teil, trat auch wieder in die neugewählte U. A. C. und siedelte mit derselben nach Berthelsdorf über. Dort eröffnete er die Sitzungen als deren Präses und leitete sie trotz des hohen Alters mit einem klaren Blick in die jedesmal vorliegenden Fragen. Aber ein längeres Arbeiten in Berthelsdorf war ihm nicht mehr beschieden. Bald machte sich körperliche Schwäche geltend, und am 18. September 1792 entschlief er in einem Alter von 88 Jahren. Er hatte 30 Jahre hindurch an der Spitze der Unität gestanden und sie geleitet, nachdem er ihr zuvor ebenfalls fast 30 Jahre hindurch in verschiedenen Stellungen gedient hatte. Seine von Gott ihm erteilte Aufgabe war es gewesen, dem genial geschaffenen Werke Zinzendorfs die Dauerhaftigkeit zu verleihen und zwar nicht nur, wie Köber es gethan, in der Form, sondern, was das Höhere ist, im Geist. Das, was an dem Werke Zinzendorfisch und darum individuell war, hat er mit vorsichtiger Hand beseitigt, dem aber, was an dem Werk das Eigentümliche und Echte, das wesentlich Brüderische war, hat er zu Kraft und Klarheit, zu dauernder Geltung verholfen.

Er war ein Mann von großer Besonnenheit, Ruhe und Klarheit, von festem und sicherem und stets treffendem Urteil, dabei erfüllt von edler Aufopferung und warmer Liebe für die Gemeine. Ihm hatte der Herr große Gaben gegeben, und er hat diese Gaben wiederum in des Herrn Dienst gestellt zu Nutz und Frommen der Gemeine. Seiner soll unter uns nicht vergessen werden, solange die Gemeine besteht. — Noch vor ihm waren andere bewährte Diener der Unität vom Herrn heimgerufen worden: Friedrich von Wattewille, Zinzendorfs Jugendfreund, und von Anfang bis zuletzt für das innere Wohl der Gemeine thätig, ein furchtloser Ermahner mit kräftigem und liebreichem Wort, starb 1777. In dem gleichen Jahr Friedrich Wenzel Neisser, ein zuletzt durch die Buße tief gebemütigtes treues Mitglied der U. A. C. Am 8. August 1786 starb Joh. Fr. Köber, in hervorragendem Maß verdient um die Gründung der Unität, und auf seinem Gebiet, den Verfassungsfragen, den Rechts- und Geldverhältnissen, von unschätzbarem Wert für die Unität, aber auch ein Mann von warmem Herzen für die Gemeine und von unvergleichlicher Zähigkeit und Ausdauer für die Sache seines Herrn. Endlich Johannes von Wattewille, der am 7. Oktober 1788 in Gnadenfrei heimging. Erst im Herbst 1787 war er mit seiner Gattin Benigna von einer fruchtreichen und gesegneten Visitation in Amerika zurückgekehrt, von der Gemeine in Herrnhut feierlich und mit herzlicher Teilnahme empfangen. Er hat der Gemeine 50 Jahre hindurch gedient, friedfertig und Frieden stiftend, in liebevoller Seelsorge unübertroffen.

Wenden wir uns der Thätigkeit zu, welche die Brüderunität während der letzten Jahrzehnte des zu Ende gehenden Jahrhunderts zum Aufbau des Reiches Gottes ausübte, so tritt uns zuerst ihre Wirksamkeit innerhalb der evangelischen Kirche vor Augen, eine Arbeit, die wir in älterer wie in neuerer Zeit mit dem Namen des Diasporawerkes bezeichnen. Damals stand die Brüdergemeine bei den kirchlichen Kreisen, namentlich bei den eigentlich Gläubigen, in großer Achtung. Und je mehr man sich auf seiten der leitenden Unitätsbehörde darüber freute, daß die Zeit der Verachtung und Feindschaft vorüber war, um so eifriger suchte man die Verbindung mit der Kirche und war darauf bedacht, ihr durch die Diasporaarbeit zu dienen. Diese Arbeit wuchs denn auch und blühte, und die achtziger Jahre des vorigen Jahrhunderts können wir vielleicht in der That als den Höhepunkt brüderischer Diasporathätigkeit überhaupt ansehen. Die U. Ä. C. berief im Jahr 1785 eine allgemeine Diasporaarbeiter-Konferenz nach Herrnhut. Hier wurden die leitenden Grundsätze der Arbeit durchgesprochen, und man wurde sich des Segens solcher Arbeit freudig bewußt. Eine neu ausgearbeitete Instruktion gab damals den Diasporaarbeitern Wege und Ziele an die Hand und verschaffte ihnen ein klares Bewußtsein von ihrer Aufgabe. Man zählte damals 20 Diasporabistrikte, von denen 18 auf den lutherischen, 2 auf den reformierten Tropus kamen. Und war es nicht in der That ein Gegenstand hoher Freude, daß man, was Zinzendorf so eifrig und mühevoll erstrebt, nun lange nach seinem Hinscheiden als eine späte aber ausgereifte und unbestrittene Frucht seiner Arbeit vor sich sah? Denn wozu diente diese Arbeit an und in der evangelischen Kirche? Durch tausend verschiedene größere und kleinere Kanäle, durch Reisepredigt und Seelsorge, und nicht am wenigsten durch die Schriften der Gemeine,*) wurde Leben, wahres Herzens- und Glaubensleben in die Kirche eingeführt, die Lebensgemeinschaft des begnadigten Sünders mit dem Heiland, ein höheres Gut als das bloße Aufrechthalten der Rechtgläubigkeit gegenüber dem Rationalismus. Denn eben dadurch wurden diejenigen Kreise, welche noch rechtgläubig waren und es

---

*) Wir nennen hier außer Spangenbergs Idea und dem Gesangbuch und außer den mehrfach wieder aufgelegten Reden Zinzendorfs eine Anzahl größerer oder kleinerer Traktate, zum Teil von Spangenberg in seinen letzten Lebensjahren geschrieben, ferner Gregors „Betrachtungen auf alle Tage im Jahr" und Loskiels: „Etwas fürs Herz," beide in den neunziger Jahren erschienen.

bleiben wollten, davor bewahrt, durch den Rationalismus
unterhöhlt, oder durch einen toten Supranaturalismus mit
dem bloßen Schein des Lebens umgeben zu werden. (Vgl.
oben Seite 102.) Und damit hängt zusammen, daß die
Brüdergemeine, wo etwa außerhalb ihres Kreises Erweckun=
gen entstanden, wie in den neunziger Jahren in Württem=
berg und dann wieder im Netz- und Warthebruch, gern und
freudig die Hand bot, um die Erweckten zu pflegen und
ihnen mit Rat und Erfahrung zu dienen. Übrigens, um
nicht ein falsches Bild jener Zeit zu geben, müssen wir
nachdrücklich hervorheben, daß die Brüdergemeine damals
nicht die einzige Lebensspenderin für die Kirche war. Auch
außer ihr bildeten sich lebendige Mittelpunkte für eine ganz
ähnliche Thätigkeit. So die „Deutsche Christentums=Gesell=
schaft", von Urlsperger in Augsburg gestiftet, deren erste
Blütezeit in die achtziger Jahre fällt, und die später durch
C. F. Spittler in Basel gefördert und neu gestaltet wurde.
Ferner das in England entstandene, dann auch nach Deutsch=
land hinübergetragene neue Vereinswesen, das keines=
wegs nur die Heidenmission, sondern ebenso die Förderung
eines lebendigen Glaubens in der Christenheit zum Zweck
hatte. Und auch das müssen wir aussprechen, daß auf seiten
der Gemeine zwischen 1775 und dem Ende des Jahrhunderts
eine leise Wandelung bemerkbar ist. In den siebziger und
achtziger Jahren war die Gemeine und namentlich auch die
leitende Behörde, die U. A. C., eifrig darauf bedacht, in
Verbindung mit der Kirche zu treten, Anknüpfungspunkte
aller Art zu suchen und das Feld der Thätigkeit weiter
auszudehnen. Die Rücksicht auf die Kirche veranlaßte so=
gar, daß man aufs ängstlichste alles mied, was das gute
Einvernehmen mit der Kirche hätte stören können. Selbst
den Namen „Diaspora" wollte man aufgeben, weil er den
Schein erwecken konnte, als sähe man in der Kirche ge=
wissermaßen die Welt, in welcher die mit der Brüder=
gemeine Verbundenen als die Kinder Gottes in der Zer=
streuung lebten. Man wollte lieber von „unseren aus=
wärtigen Geschwistern und Freunden" sprechen, und das

sollte die offiziell geltende Bezeichnung sein. Man meinte mit „auswärtigen Geschwistern" diejenigen, welche durch die Brüdergemeine zu geschlossenen Gemeinschaften gesammelt waren, während man mit „Freunden" die einzelnen bezeichnete, mit denen man eine bestimmte Fühlung hatte. Doch ist diese offizielle Bezeichnung auf die Dauer nicht festgehalten worden, der alte Name blieb und brach sich bald wieder Bahn. Auch das ist ein charakteristisches Zeichen für das damalige Verhalten der U. A. C., daß man äußerst vorsichtig war in Anlegung neuer Gemeinen. Früher hatte man die Gelegenheit dazu gern ergriffen. Jetzt lehnte man mehrfach Anerbietungen und Aufforderungen dazu, die von verschiedenen Regierungen eingingen, ab. Nur dem Drängen Friedrichs II. für Oberschlesien gab man nach und legte einem schon zu Zinzendorfs Zeit gehegten, damals aber nicht ausgeführten Plan entsprechend 1781 Gnadenfeld an. Aber es wurde nicht, wie man ursprünglich gehofft, eine Kolonie mährischer Emigranten. Diese Hoffnung machte das Toleranzedikt Kaiser Josephs II. zu nichte. Geschwister aus anderen Gemeinorten zogen nach Gnadenfeld. — Ein etwas anderes Bild der Diasporathätigkeit zeigen bereits die neunziger Jahre. Man ließ es jetzt etwas mehr an sich kommen. Statt eifrig Umschau zu halten und nach neuen Anknüpfungspunkten zu spähen, ließ man sich aufsuchen. Man begann wohl auch, auf der errungenen Anerkennung ein wenig auszuruhen; und weil es der Gemeine so zu gebühren schien, bemühte man sich nicht weiter darum. Kurz der Höhepunkt brüderischer Wirksamkeit in der evangelischen Kirche war mit dem Beginn des letzten Jahrzehnts wohl schon etwas überschritten. Und das hängt zusammen mit einem allmählich beginnenden, aber unverkennbaren Rückgang des inneren Gemeinlebens, wovon das Nähere weiter unten. (Vgl. S. 123.)

Die Missionsthätigkeit der Brüdergemeine von 1775—1800. Gehen wir nun über zu jenem anderen Werk der Brüdergemeine, das von Anfang an mit ihrem Wesen verwachsen war, mit dem sie aber im vorigen Jahrhundert noch allein da stand, dem Werk der Heidenmission.

Im Jahr 1782 feierte sie das erste Jubiläum desselben, sein 50jähriges Bestehen. Aber gerade dieser Zeitpunkt bot des Erhebenden nicht viel, und man blickte auf das Werk mehr mit banger Sorge als mit freudiger Hoffnung. Auf manchen Gebieten schien eine gewisse Stockung eingetreten, der freudige Aufschwung der ersten Jahrzehnte hatte nachgelassen. Und während im übrigen der Haushalt der Gemeine einen hoffnungsreichen Fortgang nahm, fehlte es für die Mission gerade während der achtziger Jahre in bedenklicher Weise an den Mitteln. So ward denn auch das Werk unter den Kopten in Egypten im Jahr 1782 aufgegeben. Das eigentliche Schmerzenskind unter den Missionsgebieten aber war damals Ostindien. Im Jahr 1759 hatte die dänische Regierung die Brüder aufgefordert, eine Kolonie und Mission auf den Nikobaren zu beginnen, um die dort geplante dänische Handelskolonie zu stützen. Der Betrieb dieser Sache war Zinzendorfs letzte Arbeit für die Mission gewesen. Aber die Unternehmung war von Anfang an mit Hindernissen und Unglück verknüpft. Als Stützpunkt für die Nikobaren war zunächst auf der dänischen Kolonie Trankebar eine Station errichtet worden; sie führte den Namen „der Brüdergarten". Aber erst im Jahr 1768 konnten die Nikobaren betreten werden. Infolge des ungünstigen Klimas, der Verlassenheit und Unerfahrenheit starben die dortigen Missionare nach kümmerlichem Dasein rasch dahin. Aber es ist staunenswert, wie die Brüder immer wieder den Mut hatten, die Dahingeschiedenen zu ersetzen. Im Jahr 1785 waren bereits 70 Geschwister nach Ostindien gesendet worden, aber 40 von ihnen waren dem Klima erlegen. Dazu war im Brüdergarten Mutlosigkeit, Uneinigkeit und Untreue eingerissen. Die U. A. C. sandte im Jahr 1786 Joh. Friedr. Reichel zur Visitation. Die Nikobaren wurden aufgegeben, aber der Brüdergarten sollte, durch neue Kräfte verstärkt und im Inneren durch Gottes Gnade wieder belebt, fortgeführt werden. Dieser Beschluß wurde durch die Synode von 1789 bestätigt. Aber die Hoffnungen erfüllten sich nicht, und im Jahr 1795 wurde die gänzliche

Aufhebung der ostindischen Mission beschlossen. In den folgenden Jahren kehrten die noch übrigen Brüder zurück. Nur zwei Leute waren in den 35 Jahren des Bestehens getauft worden, ein Mann und eine Frau. Ersterer war ins Heidentum zurückgefallen, letztere brachten die Brüder mit nach Europa. Beschämend war zu der Zeit, als die Brüder ihre Arbeit in Ostindien aufgaben und die letzten zurückkehrten, der Blick auf die dort soeben begonnene in blühendem Aufschwung begriffene Baptistenmission unter Carey. — So trübselig sah es nun freilich auf anderen Gebieten der Brüdermission nicht aus. Es war überall ein mehr oder weniger stetiges Fortarbeiten und Wachsen wahrzunehmen, und namentlich seit dem Jahr 1782, dem Jubiläumsjahr, zeigt sich allenthalben ein segensreiches Gedeihen und rascheres Fortschreiten. Schon im Jahr 1789 zählte man 30 000 Eingeborene, die in der Pflege der Missionare standen. Und als man sich mit direkter Bitte und durch Verteilung von Missionsschriften an auswärtige Freunde wendete, flossen die Mittel reichlicher, namentlich von England aus, und man konnte ohne Sorge auch auf neue Unternehmungen denken. War doch die in den siebziger Jahren begonnene Arbeit unter den Eskimo in Labrador, wenn auch nicht so rasch wie früher unter den Negersklaven Westindiens, doch immerhin in erfreulicher Entwickelung begriffen. In Westindien wurde das Missionswerk jetzt vertieft und erweitert durch Heranziehung eingeborner Gehilfen, und dem Interesse, das die Regierung an der Hebung der Negersklaven nahm, wurde durch Schulen seitens der Missionare entsprochen. Auch in Suriname arbeitete man jetzt mit günstigen Aussichten. Die Negergemeine in Paramaribo, die etwa seit 1776 bestand, nahm einen hoffnungsreichen Fortgang, und auch unter den Buschnegern und namentlich unter den Arawaken zwischen Berbice und Corentyne war die Arbeit nicht vergeblich. — Äußerlich durch die kriegerischen Bewegungen vielfach gestört und geschädigt, aber innerlich um so erfolgreicher war das Werk unter den Indianerstämmen Nordamerikas, dem David

Zeisberger vorstand. Oftmals vertrieben und durch die Wälder fliehend sammelte er seine zerstreuten Scharen, stärkte sie im Glauben und gewann neue Seelen dazu. Die Erstarkung zeigte sich in der Zeit des Friedens, wo Fairfield in Canada gegründet wurde. Auch trat in Bethlehem in Pennsylvanien im Jahr 1787 eine „Gesellschaft zur Ausbreitung des Evangeliums unter den Heiden" ins Leben, die seitdem das Missionswerk im allgemeinen, namentlich aber das unter den Indianern mächtig gefördert hat. — Das Bedeutendste und Erfolgreichste aber, was in diesen Jahren geschah, war die Erneuerung der Mission unter den Hottentotten in Südafrika. Von dem ehemaligen Werk Georg Schmidts hatte Joh. Friedr. Reichel auf seiner Rückkehr von Ostindien bei einem kurzen Besuch im Kapland 1787 noch Spuren vorgefunden und zugleich in Erfahrung gebracht, daß die holländischen Freunde in der Kapstadt die Erneuerung dieser Mission dringend wünschten. Die Synode von 1789 beschloß im Glauben das Werk zu wagen, und nach längeren Verhandlungen mit den Direktoren der holländisch-ostindischen Kompagnie, die damals auch die Herren des Kaplandes waren, konnten 1792 drei von Herrnhut aus dorthin gesendete Brüder thatsächlich an Georg Schmidts Arbeit anknüpfen. Eine von Georg Schmidt getaufte Hottentottin, Lena, war noch am Leben und hatte ihr holländisches Neues Testament sorgfältig aufbewahrt. Eine ungeahnte Empfänglichkeit zeigten die Hottentotten, und unter gewaltigem Zulauf verkündigten die Brüder das Evangelium. Indessen traten sehr bald die lästigsten Hemmungen von seiten der Kolonialbeamten ein. Man drohte mit Auflösung der Station, und der Bau eines Versammlungssaales wurde nicht gestattet. In diesen Bedrängnissen sandte Gott wunderbare Hilfe. Im Krieg gegen die mit Frankreich verbündete holländische Republik legte sich im Jahr 1795 die englische Flotte vor die Kapstadt, und England ergriff Besitz vom Land, den es dann später nach manchen Schwankungen dauernd im Frieden behauptete. Nun konnte sich das Missionswerk der

Brüder im Kapland, dem das nun in England erwachende Missionsinteresse sehr zu statten kam, ungestört entwickeln und ist in fortschreitender Ausdehnung bis auf die Gegenwart fortgegangen, ein reicher Ersatz für das aufgegebene Ostindien.

Thätigkeit der Brüdergemeine auf dem Gebiet der Erziehung 1775—1800.

Es bleibt uns noch übrig, einen Blick zu werfen auf das Erziehungswerk der Brüderunität während der letzten Jahrzehnte des vorigen Jahrhunderts. Hier bahnt sich nämlich in dieser Zeit etwas Neues an. Es handelt sich jetzt nicht mehr bloß um die Erziehung der eigenen Jugend inmitten der Gemeine, aus der das künftige Geschlecht der Gemeine hervorgehen sollte, sondern wie einst Zinzendorf und seine Freunde in Anlehnung an Halle während der zwanziger Jahre den Versuch gemacht hatten, in einer eigens dazu gegründeten Anstalt junge Leute aus weiteren Kreisen in christlichem Geist zu erziehen und so an der Belebung der Kirche von innen heraus mitzuarbeiten, so begann man jetzt seitens der Gemeine in verschiedenen Anstalten Kinder zu sammeln, die von Eltern aus der evangelischen Kirche der Brüdergemeine zur Erziehung anvertraut wurden. Anfangs mehr durch äußere Verhältnisse dazu gedrängt, fand man bald, daß hier ein Gebiet sich eröffne, auf welchem man ähnlich wie durch die Diaspora für das Reich Gottes im großen ganzen wirken und speziell der Kirche dienen könne. Und so beginnt denn neben Diaspora und Mission ein drittes Werk der Brüdergemeine emporzublühen, das Erziehungswerk. Alle diese drei Werke wurzeln in der Entwickelung des vorigen Jahrhunderts, aber in ihnen lebt und arbeitet die Gemeine, das Reich Gottes bauend, noch heute. Die Veranlassung zu einer solchen dem Reiche Gottes im ganzen dienenden Erziehungsthätigkeit lag zunächst in der ökonomischen Not der Unität während der sechziger Jahre. Bis zum Jahr 1769 wurde die sämtliche Gemeinjugend und zwar von klein auf in Anstalten erzogen, nicht bloß die Kinder derer, die im Gemeindienst standen. Und diese Erziehung geschah auf Unitätskosten. Nun waren zwar schon öfters gegen dieses

System Bedenken erhoben worden. Denn der Erfolg dieser Erziehungsweise entsprach durchaus nicht der ursprünglich gehegten Absicht. Aber man hatte die Einrichtung doch beibehalten, weil die Idee der Gemeine sie zu fordern schien. Erst als die Mittel der Unität zu dieser äußerst kostspieligen Erziehungsweise nicht mehr ausreichten, brach man mit dem System. Und das geschah durch die Synode von 1769. Die großen Anstalten wurden aufgelöst, die Kinder den Eltern zu häuslicher Erziehung zurückgegeben, und für den Schulunterricht mußte die Ortsgemeine sorgen. Nur die Kinder der im Gemeindienst stehenden Geschwister blieben in den Unitätsanstalten. Denn wie man früher grundsätzlich daran festgehalten hatte: nicht die Eltern, sondern die Gemeine müsse ihre heranwachsende Jugend erziehen, so blieb wenigstens die Anschauung auch jetzt noch bestehen, daß die Kinder solcher Eltern, die ihre Zeit und Kraft im Gemeindienst opfern, auch von der Gemeine auf allgemeine Kosten erzogen werden müßten. — Weil nun die einzelnen Ortsgemeinen selbst für die Schule sorgen mußten, und die eigenen Mittel dazu oft nicht ausreichten, auch wohl hie und da bei der geringen Zahl die Schulung mangelhaft ausfallen mußte, so errichtete man Pensionate, sogenannte Ortsanstalten, in denen man fremde Zöglinge aufnahm und die eigenen Kinder mit denselben unterrichtete. Das geschah namentlich seit 1776, und auf der Synode von 1782 wurde es offiziell empfohlen. Denn nicht nur hatten die Eltern im Ort einen wesentlichen Vorteil davon für den Unterricht ihrer Kinder, sondern auch das gewerbliche Leben des Ortes hob sich dadurch. Größere Anstalten der Art waren in Neuwied, Gnadenfrei, Montmirail in der Schweiz, aber auch in Christiansfeld, Kleinwelke, Ebersdorf hatte man damit begonnen. Und damit nimmt das Pensionsanstaltenwesen der Brüdergemeine seinen Anfang, das seitdem in einer damals ungeahnten Weise sich entfaltet hat und zu einem segensreichen Zweig der Arbeit im Reiche Gottes geworden ist. Aber nicht nur Anstalten, die dem gewöhnlichen Schulbedürfnis entsprachen, wurden gegründet.

Es kamen auch vielfach Anfragen von Eltern außerhalb der Brüdergemeine, namentlich von abligen Familien in Schlesien und der Lausitz, die ihren Söhnen gern einen höheren, wissenschaftlichen Unterricht geben lassen wollten. Im Pädagogium zu Niesky, das solchen Unterricht erteilte, wollte man sie nicht aufnehmen, weil dieses nur Knaben für den künftigen Gemeindienst erziehen sollte. Es wurde daher ein Pensions-Pädagogium, ausschließlich für fremde Zöglinge, errichtet, und zum Ort desselben Uhyst in der Lausitz gewählt, das damals Unitätsgut war. Später (1802) wurde es nach Großhennersdorf verlegt. Das Institut, 1784 gegründet, hat sich eine zeitlang einer schönen Blüte erfreut, namentlich in den Jahren 1787 bis 1791, wo tüchtige Lehrer, wie Renatus Frühauf, an demselben thätig waren. Später sank es herab und gedieh erst wieder in Großhennersdorf, wo es unter Frühaufs Inspektorat stand, zu neuer Blüte.

Die Unitäts-Anstalten. Die Unitäts-Knabenanstalt für Söhne von Gemeindienern ward im Jahr 1771 von Herrnhut nach Niesky verlegt, während die Unitäts-Mädchenanstalt zunächst in Herrnhut verblieb und später in Kleinwelke mit der Anstalt für Missionskinder verschmolzen wurde. Die Verlegung der Knabenanstalt nach Niesky bedeutet zugleich einen Wendepunkt in der Erziehungsweise. Die allzuängstliche pietistische und zugleich weichliche Handhabung der Erziehung wurde abgestreift. Eine freiere, dabei naturgemäßere und die Kräftigung des Leibes berücksichtende Lebensweise trat ein. Man lernte in äußerer Beziehung viel von der in jener Zeit aufkommenden und sehr einflußreichen philantropischen Pädagogik Basedows und Salzmanns. Damals wurden Spielplätze und Gärten angelegt, in denen die Jugend sich tummeln und durch körperliche Arbeit und Spiele im Freien sich stärken konnte. Auch der Sinn für die Natur und deren Beobachtung wurde gepflegt, Sammlungen von Naturalien kamen auf, Spaziergänge nach den Lausitzer Bergen wurden unternommen. Bei alledem ging die religiöse Pflege des Herzens und Gemütes nicht zurück.

Der ursprüngliche Charakter der Unitätsanstalt wandelte sich aber allmählich, indem auch Söhne von auswärts, namentlich aus der Diaspora, aufgenommen wurden.

Derselbe Einfluß einer freieren naturgemäßeren Erziehung zeigt sich auch im Pädagogium, der Stätte, wo die künftigen Gemeindiener für ihren Beruf erzogen wurden, und wo auch Söhne von Bürgern aus den Ortsgemeinen neben denen der Gemeinarbeiter Aufnahme fanden. Das Pädagogium befand sich seit 1760 in Niesky. Unter der Leitung des sehr tüchtigen und wissenschaftlich ausgezeichneten Inspektors Christian Theodor Zembsch blühte die humanistische Philologie, wuchs die Begeisterung für das klassische Altertum, und damit Hand in Hand ging die Pflege der Naturwissenschaft. Aber daß der eigentliche praktische Zweck, die Heranbildung für den künftigen Gemeindienst, nicht aus den Augen gelassen wurde, dafür sorgten Joh. Friedr. Reichels öftere und gründliche Visitationen, und die treue seelsorgerische Arbeit Carl von Forestiers, eines ausgezeichneten Mannes, der von 1787 bis 1797 Pfleger am Pädagogium war. Durch einen Beschluß der Synode von 1789 wurde das Pädagogium, indem es mit dem theologischen Seminarium den Ort tauschte, nach Barby verlegt, wo es bis 1808 blieb. Auch hier gedieh es, unter der gleichen Leitung wie bisher, in vorzüglicher Weise. Inspektor, Pfleger und Lehrer ließen es sich angelegen sein, wissenschaftlichen Geist in Gemeinschaft mit lebendigem Herzenschristentum zu pflegen.

Das Pädagogium in Niesky und Barby.

Leider kann das Gleiche nicht von der Stätte gesagt werden, an welcher die künftigen Gemeindiener ihre theologische Ausbildung erhielten, dem theologischen Seminarium der Brüderunität. Dasselbe bestand seit dem Jahr 1754 in Barby. Noch unter Zinzendorfs Einfluß hatte es Gottfried Clemens ins Leben gerufen, ein stiller, ernster, wissenschaftlich sehr tüchtiger Mann. Damals war es noch eine wissenschaftliche Akademie im kleinen, denn auch medizinische, juristische und philosophische Collegia wurden gelesen. Erst als die Unitäts-Ältesten-Konferenz

Das theologische Seminarium in Barby und Niesky.

ihren Sitz in Barby nahm (1771) und nun auch ihren Einfluß auf das Seminarium energischer geltend machte, wurde es auf ein eigentlich theologisches Institut beschränkt. Aber gerade die Theologie kam in diesem Institut während des ganzen vorigen Jahrhunderts niemals zur rechten Kraft und Blüte. Weder eine eigentliche und echte brüderische Theologie, wie sie doch die alte böhmische Brüderunität zu ihrer Zeit gekannt hatte, obgleich ihre Theologen auswärts studierten, noch auch eine wissenschaftliche Theologie überhaupt gedieh damals in unsrem Brüderseminar. Und weil ein ernstes zielbewußtes theologisches Studium fehlte, darum gebrach es auch an dem rechten religiösen und sittlichen Ernst. Es gab viel Veranlassung, über Leichtsinn und Ungebundenheit in Leben und Wandel zu klagen. Zwar solange die U. A. C. noch in Barby war, hielt sie durch ihren Einfluß den Geist des Instituts in Schranken. Und namentlich Spangenbergs gründliche Revision des Seminariums und seine fortgesetzten Unterredungen mit den Seminaristen wirkten segensreich. Aber seit die U. A. C. von Barby fern war (seit 1784), riß ein bedenklicher Geist ein. Es war niemand unter den Lehrern, der die Theologie wirklich vertreten hätte. In sehr fühlbarer Weise fehlte es namentlich an einer Verknüpfung zwischen den religiösen Anschauungen der Gemeine, wie sie im Gesangbuch und in den gottesdienstlichen Versammlungen ihren Ausdruck fanden, und einem wissenschaftlichen Durchforschen der Bibel. Statt dessen machte eine philosophische Kritik der göttlichen Offenbarung den Riß immer tiefer. Das trieb Schleiermacher im Jahr 1787 aus dem brüderischen Seminar hinweg und auf die Universität Halle. Die Synode von 1789 hoffte dem Seminarium aufzuhelfen durch eine Verlegung nach Niesky. In der Mitte einer Ortsgemeine werde es, so glaubte man, besser gedeihen. Aber das eigentliche Übel blieb. Es fehlte die Theologie. Karl Bernhard Garve trug in sehr anregender Weise die Philosophie der damaligen Zeit (Kant, Jakobi, später Fichte) vor, und die klassische Litteratur Deutschlands erfüllte die ideal gerichteten Gemüter. Daneben ging die Ungebundenheit in Leben und Wandel weiter, und die Gemeine erhielt das nicht, was sie brauchte: vom Geist Gottes erfüllte, in der Schrift gegründete Prediger. Nun müssen wir ja freilich sagen: das Übel war ein allgemeines. Auch die evangelische Kirche litt damals unter dem Mangel einer wirklichen Theologie. Die Brüdergemeine hatte der evangelischen Kirche viel Herzenschristentum und lebendige Glaubensgemeinschaft zugeführt, und that es auch damals noch. Aber eine auf dem Boden dieses Glaubens stehende Theologie konnte sie ihr weder zuführen noch ihr entnehmen. Das ging denn im theologischen Seminarium so fort bis ins 19. Jahrhundert. Nur daß an die Stelle der Philosophie die Naturwissenschaft trat, die schon in den siebziger Jahren unter Schoiler im Seminarium geblüht hatte. Das war ein harmloserer Ersatz für die mangelnde Theologie, bis diese mit der allgemeinen Erneuerung auch der Brüdergemeine gegeben wurde.

Aber das theologische Seminarium der Unität war nicht der einzige Punkt, an welchem das Leben stockte. Auch im Nachlassen der Diasporathätigkeit hatten wir oben (S. 114.) eine ähnliche Stockung wahrgenommen. Und in der That in dem gesamten Gemeinleben pulsierte jene Kraft und Frische früherer Jahrzehnte nicht mehr in dem alten vollen Maß. Schon auf der Synode von 1789 waren viel Klagen laut geworden über Rückgang des echten Gemeinsinnes, über Verweltlichung und Leichtsinn, namentlich unter der heranwachsenden Jugend. Wohl hatte Spangenberg damals mit Recht hingewiesen auf den noch immer zahlreich vorhandenen Bestand treu gesinnter Geschwister und damit die Furcht und Mutlosigkeit bekämpft. Er hatte wohl auch gelegentlich geäußert, ein Gutes sei doch auch das, daß man in der Gemeine jetzt weniger Heuchler habe als früher. Dennoch läßt sich nicht leugnen, daß namentlich im letzten Jahrzehnt des 18. Jahrhundert der Gemeingeist im ganzen im Sinken begriffen war. Man hielt fest an den altüberlieferten Formen wie an der hergebrachten herzmäßig religiösen Sprache der Väter. Aber das Leben, das einst diese Formen und diese Sprache geschaffen, wich mehr und mehr. Größere Vergehungen, öffentliche Ärgernisse waren nicht ganz selten. Die Lokalkonferenzen der Einzelgemeinen ließen es hie und da an Einsicht und am Durchgreifen fehlen*), und häufig mußten um solcher Vorkommnisse willen nachdrückliche Visitationen von U. A. C. aus gehalten werden. Und während die Gewerbe einzelner Bürger hie und da aufblühten und sich ansehnlich vergrößerten, freilich auch selbstsüchtige Gewinnsucht auf Kosten des Gemeinsinnes großziehend, erlitten die Diakonien, die das Gemeinvermögen repräsentierten, zum öfteren infolge von Nachlässigkeit, Leichtsinn und Gewissenlosigkeit harte Schläge, zu denen sich dann auch noch besondere Unglücksfälle, wie die großen Brände in Gnadenfrei und Gnadenberg im Jahr 1792, gesellten. Ein etwas anderes Bild zeigen in jener Zeit die englischen Gemeinen. Sie hatten an dem neu erwachten kirchlich religiösen Leben im Lande mehr Halt und Stütze, suchten auch die Verbindung mit den gläubigen Kreisen in der Kirche wie unter den Dissenters, ohne jedoch die Form der deutschen Diasporathätigkeit sich anzueignen. Wiederum ein anderes Bild zeigen die Gemeinen in Nordamerika. Mit der politischen Unabhängigkeit der Staaten war auch das Unabhängigkeitsbewußtsein in den Gemeinen stärker erwacht. Ein gemeinsamer Verband der Diakonien zum Wohl des Ganzen gedieh dort nicht. Jeder einzelne suchte für seine Person rasch vorwärts zu kommen, unbekümmert um die finanziellen Interessen der Gesamtheit. Zugleich tritt das anfänglich deutsche Element in den Gemeinen etwas mehr zurück,

---

*) Charakteristisch für die damalige Zeit ist, daß in den Gemeinkonferenzen allenthalben das Los in einer durchaus mechanischen Weise angewendet wurde. Alle Fragen bis ins einzelne und kleinste hinein wurden dem Los unterworfen. Ein ganz bestimmtes Schema der Fragestellung hatte sich allmählich ausgebildet. Es leuchtet ein, daß bei dieser Handhabung die sittliche Pflicht der Verantwortung ungebührlich zurücktrat.

und zwischen dem englischen und amerikanischen Element wollte der politische Gegensatz die Einigkeit nicht recht aufkommen lassen. Auch hier waren deshalb mehrfache Visitationen aus U. A. C. nötig, um Frieden und Eintracht herzustellen und den Gemeingeist zu pflegen. — War auch, auf das Ganze gesehen, in Deutschland wie in England und Amerika gottlob! noch immer viel Leben aus Gott in den Gemeinen zu spüren, und war gerade die Klage und der Schmerz darüber, daß es da und dort zu sinken begann, ein Beweis vorhandener treuer Gesinnung bei vielen Geschwistern, so sah doch die U. A. C., als das Jahrhundert schloß, mit etwas trübem Blick in die Zukunft. Und doch hätte vielleicht, wenn man menschlich sprechen darf, die leitende Behörde selbst noch deutlicher erkennen sollen, worin die Ursachen des Schadens lagen. Wenn wir von unsrer heutigen Zeit aus in jene Zeit blicken, so werden wir sagen müssen: Nicht nur im theologischen Seminar, auch im Leben der Gemeine und ihrer Prediger fehlte damals allzusehr die Bibel. Man begnügte sich mit dem Gesangbuch, mit dem traditionellen Ausdruck kirchlicher Lehre, wohl auch mit Spangenbergs Idea, aber man vergaß, an dem eigentlichen und immer frischsprudelnden Quell des Lebens zu schöpfen, an dem geoffenbarten Gotteswort heiliger Schrift. Und weiter: man vergaß die Geschichte der alten Zeit. Man vertiefte sich nicht immer wieder von neuem lernend und forschend in die große Zeit der Väter, man stärkte und erquickte sich nicht mehr an ihrem lebendigen Glauben, noch an den Thaten und Gnadenerweisungen Gottes. Mit dem Ausscheiden einstiger Verirrungen aus dem Leben der Gemeine hatte man von seiten der obersten Leitung allzuängstlich auch jeglichen Rückblick in die Geschichte vermieden. Und doch darf eine lebendige Gemeine nie vergessen, wie sie entstanden, wie Gott sie geführt und wozu er sie in sein Reich gesetzt hat. Darauf zurückzugreifen und damit den Geist der Gemeine wieder zu wecken und zu erneuern war einer späteren Zeit vorbehalten.

Ursachen des Sinkens.

Zweites Kapitel.
Die Zeit des Stillstandes.
1801—1818.

<small>Die Synode von 1801. Vorbereitungen.</small> Gegen Ende des 18. Jahrhunderts war ein Rückgang im inneren Leben der Gemeine bemerkbar gewesen. Wer das innerhalb der Gemeine schmerzlich empfand, der setzte seine Hoffnung auf das neue Jahrhundert. Denn wie überall in damaliger Zeit und wie es der Wechsel eines Jahrhunderts ja sehr nahe legt, hoffte man auch in der Brüdergemeine auf eine tiefgreifende Wendung. Und diese Hoffnung wiederum brachte man in Verbindung mit der für das erste Jahr des Jahrhunderts in Aussicht genommenen Synode. Schon im Jahr 1797 hatte die U. Ä. C. diesen Gedanken gefaßt und hatte ihn trotz der Kriegsstürme, die Europa durchtobten, im Jahr 1799 im Los bestätigt erhalten, ja den Eröffnungstag schon festgesetzt auf den 1. Juni 1801. Im März 1800 erging das Ausschreiben. Noch wußte man nicht, ob die Ausführung möglich sei. Aber der Lauf der Kriegsereignisse im Sommer 1800 und der Abschluß des Friedens von Luneville am 9. Februar 1801 stellten in der That wider alles Erwarten die Möglichkeit fest. Ein neuer Anlaß, der Synode mit besonderer Erregung entgegenzusehen. Indessen — wir müssen das gleich hier mit Bestimmtheit aussprechen — solche hochgehende Erwartungen sind durch die Synode von 1801 nicht erfüllt worden. Auf beiden Seiten, bei der Leitung der Gemeine

wie innerhalb der Gemeinen selbst, waren die Bedingungen dazu nicht vorhanden. Durch weite Kreise in den Gemeinen ging ein Streben nach größerer Selbständigkeit, nach Freiheit von Bevormundung. Das bürgerlich kommunale Element trat in Gegensatz gegen den geistlichen Verband der Unität. Aber die Bestrebungen waren verworren und unklar, ohne Verständnis für die eigentliche Aufgabe der Gemeine. Und diejenigen, welche sich zu Führern auf diesem Wege aufwarfen, der in Herrnhut privatisierende Jurist Riegelmann und der aus dem Missionsdienst entlassene frühere Vorsteher von Hoop in Suriname, Johann Jakob Fischer, entbehrten des Ernstes und des Mutes einer auf dem Gewissen beruhenden Überzeugung. Auf der anderen Seite fehlte aber auch in den leitenden Kreisen, in der U. Ä. C. wie den Konferenzen der Einzelgemeinen, das rechte Verständnis für die von Gott gegebenen Aufgaben der Zeit. Der milde und doch so weit blickende Geist Spangenbergs fehlte. Mit dem strengen Festhalten hergebrachter äußerer Formen, mit äußerlicher Unterdrückung aller entgegenstehenden Bestrebungen glaubte man die Aufgabe der Leitung seitens der Synode zu erfüllen. Noch drang man siegreich damit durch, aber nicht zu Nutz und Frommen des inneren Aufbaues der Gemeine. Und dieser Charakter der Synode von 1801 blieb auch der folgenden Zeit von 1801—1818 fest aufgeprägt. In vielen Stücken geht der Geist der Gemeine in den ersten zwei Jahrzehnten des Jahrhunderts zurück, und alle Bestrebungen, sich dem Herkommen gegenüber freier zu stellen, werden mit mehr oder weniger äußeren Mitteln unterdrückt.

<small>Charakter der Synode.</small>

Die Synode wurde in Herrnhut gehalten und dauerte vom 1. Juni bis 31. August. Risler führte den Vorsitz. U. Ä. C. hatte eine Anzahl im Gemeindienst stehender Brüder berufen, aber auch die Gewählten waren fast sämtlich angestellte Gemeindiener. Nur Herrnhut hatte zwei Deputierte aus Bürgerkreisen gestellt. So kamen die Anschauungen, wie sie in Laienkreisen vorhanden waren, gar nicht zur Geltung. Ja das Verlangen des einen der bürgerlichen Deputierten, Einsicht in die Verlasse der Synode von 1764 und 1769 nehmen zu können, um sich daraus über die vorliegenden Fragen zu informieren, wurde abgeschlagen mit dem Bemerken: kein Privatmann dürfe einen Synodalverlaß in Händen haben. So verlief denn die Synode ohne besonders bewegte oder tiefgreifende Debatten.

Sorge für Weckung des echten Gemeingeistes. Der „treue Teil."

Aus den Verhandlungen derselben sei hier zunächst nur ein Punkt hervorgehoben. Daß Verweltlichung in der Gemeine eingerissen, erkannte man mit tiefem Schmerz. Namentlich verweilte man bei den Klagen über Schlaffheit, wachsende Charakterlosigkeit und Ungebundenheit der Jugend. Aber auf der anderen Seite wurde es mit Dank gegen den Herrn hervorgehoben, daß noch eine Anzahl treuer Beter in den Gemeinen vorhanden sei. Dieser „treue Teil" der Gemeine — der Ausdruck wurde durch die Synode zum offiziellen Ausdruck gestempelt — sollte erhalten und auf alle Weise gefördert werden; ihm sollten besondere Aufgaben zugewiesen werden. Ohne direkt äußerlich abgegrenzt und organisiert zu werden, sollte er doch durch die betreffenden Seelsorger gesammelt und in besonderer Weise gepflegt werden. Aus ihm sollten diejenigen genommen werden, welche mit besonderen Ämtern und Dienstleistungen in der Gemeine betraut wurden. Er solle durch Wandel, Zeugnis und Fürbitte das Salz und die Kraft der Gemeine sein. Je mehr man ihn aussondere, um so mehr könne man dann mild und nachsichtig gegen die übrigen sein, sie in Geduld tragen und ihre Umkehr abwarten. Diese Gedanken wurden in einem besonderen Synodalschreiben, von Gottfried Cunow in sehr ernstem Ton verfaßt, den Gemeinen ans Herz gelegt. Die Synode von 1818 hat diese Idee, und zwar in noch viel bestimmterer Form, wieder aufgenommen. Aber gerade je mehr man auch äußerlich eine Scheidung versuchte, um so weniger hat sich die Sache im Leben der Gemeine bewährt.

Im folgenden sollen die einzelnen Momente des Gemeinlebens in ihrer Entwickelung von 1801 bis 1818 aufgezeigt werden. Wir knüpfen dabei an die Bestimmungen der Synode von 1801 an.

Fassen wir zuerst die **finanzielle Lage der Unität** ins Auge. Die Synode von 1764 hatte die Unitätsschuld als eine Gesamtlast übernommen, an der alle Gemeinen mit zu tragen hätten. Sie sollte aber nicht nur getragen, sondern auch allmählich abgetragen werden. Und das war denn auch namentlich seit 1775 in erfolgreicher Weise geschehen. Die Synode von 1789 sah dieselbe bereits auf 560 000 Thaler reduziert, und der Synode von 1801 konnte U. Ä. C. die Mitteilung machen, daß von der ganzen Schuld nur noch ein Rest von 72 000 Thalern übrig sei. Diese Verminderung war hauptsächlich möglich geworden durch den günstigen Verkauf der Güter des weiland Oberamtshauptmanns Grafen von Gersdorf, die der Unität als Erbe zugefallen waren. Bei dieser Darlegung des finanziellen Standes der Unität erklärte uun Strümpfler, der Abgeordnete für Herrnhut, und zugleich einer der Chefs der Handlung Abraham Dürninger & Cie., diese Handlung werde den Rest der Schuld übernehmen. Eine freudige Begeisterung ging bei diesen Worten durch die Synode. Das 37 Jahre zuvor übernommene mühevolle Werk war zum Ziel gelangt, der hoffende Glaube der Väter war nicht getäuscht worden. Indessen hatte die Sache auch ihre Kehrseite, auf die Gregor am folgenden Tag aufmerksam machte. Die Schuld der **Unität** war getilgt, aber die Schulden der einzelnen **Gemein- und Chordiakonieen** waren seit 1789 beständig gewachsen. Genau vermochte man die Gesamthöhe nicht anzugeben. Sie betrug aber nach einer späteren Schätzung damals mindestens 100 000 Thaler. Nun müsse man, das erkannte die Synode vollkommen an, nach dem Prinzip von 1775 als Ganzes auch für die einzelnen eintreten. Deshalb wurde die Forterhebung der Unitätsbeiträge, die von jetzt ab allerdings einen anderen Zweck haben sollten, beschlossen, aber durchaus wie bisher in der Gestalt von **freiwilligen** Beiträgen. Die Beiträge sollten an das Unitäts-Vorsteher-Kollegium gezahlt und von diesem an die verschuldeten Diakonieen nach Billigkeit verteilt werden. So schön aber dieser Grundsatz war, man erreichte während der folgenden Jahrzehnte das gewünschte Ziel nicht. Einmal verminderte sich die Willigkeit, solche Unitätsbeiträge zu zahlen, in auffallender Weise, seitdem das Ziel derselben nicht mehr die Deckung der Unitätsschuld war. Das Unitäts-Vorsteher-Kollegium hatte bis 1801 durchschnittlich auf etwa 14000 Thaler als jährlichen Gesamtbeitrag rechnen können. Von 1802 an sanken die Beiträge auf durchschnittlich 8000, von 1812 an kamen sie nicht über 4000 Thaler hinaus. Ein 1816 erlassener dringender Aufruf zu stärkerer Beteiligung half nicht durchgreifend. Dazu kam freilich, daß die Gemeindiakonieen in diesen Jahren allenthalben große Verluste erlitten. Zum Teil geschah es infolge übler Verwaltung. Schlaffheit, Nachlässigkeit, wohl auch Untreue zeigte sich vielfach auf seiten einzelner Branchenverwalter. Und das hing zusammen mit dem sinkenden Gemeingeist, ja war eins der deutlichsten Symptome dieses Sinkens. Wohl stellten amtliche Besuche aus U. Ä. C. im einzelnen Fall die Ordnung wieder her, aber es fehlte an einer einheitlichen durchgreifenden Kontrolle. Und der Einzelschade wurde in der Behandlung nicht immer auf die allgemeine und tiefer liegende Ursache zurückgeführt. Denn auch mehrfach erlassene mahnende Schreiben aus U. Ä. C. verfehlten ihre Wirkung. Aber zum anderen Teil waren die Verluste freilich auch unverschuldete. Die Kriegszeiten von 1806 und 1807, dann wieder von 1812—1815 fügten den Geschäften großen Schaden zu, und namentlich drückte die Kontinentalsperre lähmend auf den Handel, so daß auch die sonst besser gestellten Diakonieen und privaten Geschäfte die gewünschten Unitätsbeiträge nicht zahlen konnten. Kurz es war eine schwere und böse Zeit für das Geschäftsleben in unseren Gemeinen, und als U. Ä. C. abermals finanziellen Bericht erstattete (auf der Synode von 1818) war der Betrag sämtlicher Diakonieschulden zusammengenommen bis auf die Höhe von 666 000 Thaler gestiegen.

Die Chordiakonieen werden in Frage gestellt.

Da unter den verschuldeten Diakonieen besonders auch viele Chorbiakonieen der Brüderhäuser sich befanden, so hätte das auf die Frage führen können: Sind die Chorhäuser mit ihrem ganzen Betrieb, sind die Choreinrichtungen als solche wirklich noch ein Segen für die Gemeine? Und in der That waren gerade die Chorhäuser, insonderheit die Brüderhäuser, von ihrer ursprünglichen Idee sehr abgekommen. Sie waren nicht mehr Pflanzstätten für den Gemein- und Missionsdienst, auch nicht mehr Stätten zur Erziehung des inneren Menschen zu Entsagung und Selbstverleugnung, zu gemeinsamer Bekämpfung der Sünde in jeglicher Gestalt. Vielmehr wurde Trägheit, Bequemlichkeit und Genußsucht gepflegt, und nicht selten kamen erschreckende tiefe Schäden zu tage. Dennoch wurde von U. Ä. C. wie von der Synode an den Chorhäusern und Choreinrichtungen festgehalten. Im Herrnhuter Brüderhaus war seitens der Vorgesetzten des Chores unter Billigung der Ältesten-Konferenz aber gegen das Gutachten des Aufseher-Kollegiums der gemeinsame Mittagstisch im Jahr 1800 abgeschafft worden, weil allerhand Unzuträglichkeiten damit verbunden waren. Aber die Synode von 1801 stellte ihn wieder her und empfahl auch sonst das strenge Festhalten der Chorordnungen gegenüber allem, was ungemeinmäßig schien in Gebräuchen, Lebensweise und Kleidung. Man hoffte immer noch mit äußeren, bis ins kleinste hineingehenden Verordnungen das innere Leben festzuhalten oder, wo es verloren war, wieder zu wecken. Freilich sah man sich später durch die äußere Not veranlaßt, dennoch mit einer Einrichtung zu brechen, die man als mit dem Wesen der Sache verwachsen angesehen hatte. Im Jahr 1812 machte Ludwig David v. Schweinitz, Pfleger und Vorsteher des Brüderchores in Gnadau, den Vorschlag, die Chorhausbiakonie daselbst ganz aufzuheben. Wenn das Unitäts-Vorsteher-Kollegium die Verzinsung der Passiva übernehme, so sei das eine geringere Ausgabe als die bisherigen beständigen Zuschüsse. Der Gedanke war völlig neu und unerhört. Aber er erwies sich als praktisch, und U. Ä. C. ging darauf ein.

Choreinrichtungen und Chorhäuser.

9*

Aber das Chorhaus und die Chorordnungen sollten durchaus bestehen bleiben, auch der gemeinsame Mittagstisch. Die Beköstigung übernahm das Schwesternhaus. Und in einem Cirkularschreiben aus U. A. C. wurde aufs bestimmteste ausgesprochen, daß die Chorhausdiakonieen in allen Ortsgemeinen bestehen bleiben sollten; der Schritt in Gnadau sei nur eine durch besondere Umstände veranlaßte Ausnahme. — Anders war der Verlauf der Dinge in den pennsylvanischen Gemeinen Nordamerikas. Dort war bei der Gründung nach deutschem Muster überall das Chorhaus und die Chordiakonie eingerichtet worden. Man konnte sich den Bestand einer Gemeine ohne das gar nicht denken. Aber in den Jahren 1815—1818 gingen dort nicht nur sämtliche Chordiakonieen ein, sondern auch die Chorhäuser selbst mit aller Choreinrichtung. Das Familienleben und der Privaterwerb traten an die Stelle. In den englischen Ortsgemeinen blieben zwar die Chorhäuser nach deutschem Muster noch bestehen, aber ohne Diakonieen, und die Zahl der Bewohner ließ mehr und mehr nach. Es ist deutlich wahrzunehmen, wie damals, was sich seit 1783 schon angebahnt hatte, in einer bestimmteren Weise sich vollzog. Die amerikanischen Gemeinen lösen sich in Lebensgewohnheit und Lebensanschauungen vom deutschen Unitätscharakter los, und die englischen Gemeinen nähern sich dem amerikanischen Charakter.

Sorge für die heranwachsende Gemeinjugend.

In Bezug auf die heranwachsende Gemeinjugend blieb es bei den Klagen der Synode von 1801. Man sah keinen rechten Weg der Besserung vor sich; weder Eltern noch Chorpfleger gewannen einen tieferen Einfluß, und der Schade wuchs hie und da in erschreckender Weise. Vielleicht wäre es von heilsamer Wirkung gewesen, wenn man die Gemeinjugend in geeigneter Weise mit der denkwürdigen Geschichte der Gemeine bekannt gemacht und die Brüdergeschichte auf Grund eines Leitfadens in den Unterricht eingeführt hätte. Ein dahin zielender Antrag war von Gnadenfeld aus an die Synode von 1801 gerichtet worden. Aber die Synode ließ ihn völlig unbeachtet. Später schrieb zwar Risler „Erzählungen aus der Brüdergeschichte", wobei er auch die alte Brüderunität berücksichtigte. Aber es waren mehr nur einzelne erbauliche Erzählungen; ein Bild von der Gemeine, wie sie entstanden und was Gott ihr für Aufgaben zugewiesen, gaben sie nicht. Und obwohl eigentlich für die Jugend gemeint, wurden sie wenig gelesen. Es fehlte das Interesse dafür. So war denn schon lang in der Gemeine ein Geschlecht herangewachsen, das die eigene Geschichte nicht kannte und darum auch für das eigentliche Wesen der Gemeine kein Verständnis hatte. — Ein noch tieferer Schade war vielleicht, daß wie im Unterricht der Jugend, so auch im gottesdienstlichen Leben der Gemeine die Bibel nicht zu ihrem Recht kam. Man kannte die Bibel zu wenig, man lebte nicht in ihr. Katechismus und Gesangbuch deckten das religiöse Bedürfnis.

Je weniger man nun Entstehung und Geschichte der Gemeine kannte, um so bedenklicher war es vielleicht, an gewissen Einrichtungen mit Zähigkeit festzuhalten, denen doch ein inneres Verständnis nicht entgegenkam. Das gilt in besonderer Weise vom Gebrauch des Loses. Damals war die Anwendung des Loses eine sehr ausgedehnte. Nicht nur bei jeder Besetzung eines Amtes, nicht nur bei jedem Beschluß der Synode, der U. A. C., der Gemeinkonferenzen wurde die Bestätigung durch den Herrn im Los erbeten, sondern auch die Abgeordneten zur Synode bedurften, wenn sie von der Gemeine gewählt waren, noch der Bestätigung durch das Los. In den Gemeinrat, in das Aufseherkollegium kamen die einzelnen nur durch das Los. Ja selbst in die Pensionsanstalten war bis 1801 kein Zögling aufgenommen worden, über den nicht zuvor die Frage der Aufnahme durch das Los beantwortet worden wäre. Und was in das bürgerliche Leben der Gemeine am tiefsten eingriff, das war das Los bei Heiraten. An die Synode von 1801 hatten die Ältestenkonferenzen der englischen Gemeinen das Gesuch gerichtet, das Los bei Heiraten fallen zu lassen, und hatten auf das Bedenkliche und Unzuträgliche dieses Gebrauchs hingewiesen. Aber die älteren

Der Gebrauch des Loses.

deutschen Gemeinarbeiter sprachen mit großer Entschiebenheit für Beibehaltung. Und so wurde in den Synodalverlaß ausdrücklich der Satz aufgenommen: In den Ortsgemeinen darf nie eine Heirat ohne Los geschlossen werden. Nur in Bezug auf sogenannte Stadt- und Landgemeinen, wo die Gemeinglieder zerstreut unter andern Kirchgenossen wohnten, wollte man unter Umständen eine etwas freiere Praxis zulassen. Ferner gab die Synode darin nach, daß der Gemeinrat in den einzelnen Gemeinen künftig könne ohne Los gebildet werden, und auf den Antrag der Fulnecker Konferenz wurde auch das Los bei Aufnahme von Zöglingen in die Pensionsanstalten frei gegeben. In allen übrigen Fällen aber wurde der Losgebrauch aufs neue unerschütterlich festgestellt.

Die Brüdergemeine in den politischen Umwälzungen der Zeit. Von den allgemeinen Bewegungen der Zeit blieb die Brüdergemeine ziemlich unberührt. Zwar hatte sie durch den Krieg und die mancherlei politischen Umwälzungen zu leiden, mußte auch zum öfteren mit neuen Staatsbehörden in Verhandlung treten, und das Departement der U. A. C., das ursprünglich dafür bestimmt gewesen, das aber schon in den letzten Jahrzehnten des 18. Jahrhunderts weniger zur Geltung gekommen war, das „Aufseherdepartement" kam jetzt wieder in Thätigkeit. Von innerer Teilnahme aber an den Zeitereignissen war in der Gemeine wenig zu spüren. Sie hatte infolge ihrer Gründung und Ausbreitung einen zu internationalen Charakter angenommen, als daß die politischen und patriotischen Bewegungen bei ihr hätten Eingang finden können. Selbst die Begeisterung des preußischen Volkes im Jahr 1813 blieb ihr einigermaßen fern. Wurden doch auch gerade damals Gnadenberg und Kleinwelke vom Krieg hart mitgenommen, so daß man sich teilweis zur Flucht entschloß. Herrnhut hingegen, wo eine Zeitlang das Blüchersche Hauptquartier war, blieb verschont. Man hatte bis dahin über der Freiheit vom Militärdienst festgehalten. Aber als einige Brüder in den schlesischen Gemeinen sich unter die Freiwilligen stellen wollten, gestattete es U. A. C. Und nach dem Krieg von 1815 verlor man in Preußen die Militärfreiheit ganz, was um so bebeutungsvoller war, als nun Niesky, Gnadau, Neuwied unter preußische Herrschaft kamen und damit die Hälfte aller Kontinentalgemeinen dem preußischen Staat angehörte. Bei allem Wechsel und Wandel aber war das Verhältnis der Gemeinen zum Oberhaupt des Staates und zu den Regierungen jederzeit ein durchaus loyales, oder wurde es doch sehr bald, wo neue politische Verhältnisse eingetreten waren.

In eigentümlicher Weise wirkten die politischen Verhältnisse auf die Gemeine Königsfeld ein. Die Brüdergemeine hatte viel Freunde in Württemberg. Auf mehrfachen Wunsch wurde die Anlegung eines Gemeinortes daselbst durch die Synode von 1801 beschlossen und bald darauf in Angriff genommen. Aber erst 1805 kam der Plan nach längeren, mehrfach unterbrochenen Verhandlungen zur Ausführung. Der Hörnlishof auf dem württembergischen Schwarzwald wurde gekauft und in unmittelbarer Nähe desselben sollte der Ort gebaut werden. 1806, als Württemberg souveränes Königreich geworden, erhielt man die staatliche Konzession. Der König von Württemberg interessierte sich sehr dafür und bestimmte sogar den Namen des neuen Ortes „Königsfeld", nachdem er den ursprünglich vorgeschlagenen Namen Main verworfen hatte. Aber beim Anbau des Ortes blieb der gehoffte Zuzug aus Württemberg aus. Infolge dessen wuchs der Ort nur sehr langsam. Aus den finanziellen Nöten, mit denen man zu kämpfen hatte, halfen zum Teil die Basler Freunde. Aber der Anfang war ein durchaus kümmerlicher. Im Jahr 1810 wurde der Teil des Schwarzwaldes, in welchem Königsfeld lag, von Württemberg an das Großherzogtum Baden abgetreten. Der Großherzog freute sich, eine Brüdergemeine in seinem Lande zu haben, und gab 1811 die Konzession mit Freiheit für Kirche und Schule. Damals wurde der Saal gebaut und 1812 eingeweiht. Aber die württembergischen Ansiedler blieben nun vollends aus, und der Ort ist lange Zeit klein geblieben.

186 Die erneuerte Brüder-Unität. Zweiter Zeitraum.

Das Aufgeben Barbys.

Noch schwerer wurde Barby durch die politischen Ereignisse getroffen. Aber hier wirkten zugleich noch andere Gründe auf seiten der Leitung der Unität mit ein, um das Schicksal, das die Gemeine betraf, herbeizuführen. Die Zeitpacht der Barbyschen Vorwerke, für die Unität sehr einträglich, lief mit dem Jahr 1801 ab. Das kursächsische Finanzkollegium war zwar willig, die Pacht dieser Vorwerke der Brüderunität noch länger zu lassen, forderte jedoch einen erhöhten Pachtzins, nämlich statt 18 000 Thaler zum mindesten 20 000. Ein Herr Dietze, der als praktischer Ökonom die Sache vom geschäftlichen Standpunkt aus ansah, machte der sächsischen Regierung ein höheres Angebot. Das Unitäts-Vorsteher-Kollegium, statt zuzugreifen, zögerte und brachte die Sache vor die Synode von 1801. Die Synode beschloß unter Bestätigung durch das Los, die Zeitpacht aufzugeben. Nur das Barbyer Schloß und das unmittelbar dazu gehörige Land behielt man, denn dies hatte die Unität in Erbpacht. Als nun aber im Jahr 1808 Barby und Gnadau dem Königreich Westphalen zufielen, trat man zwar wegen Gnadau mit der königlich westphälischen Regierung in Kassel in Verhandlung und erlangte eine Konzession auf Grund der bisherigen Privilegien, mit Ausnahme der Militärfreiheit, die Gemeine Barby aber gab man auf. Schon im Jahr 1807 nämlich, nach dem Tilsiter Frieden, hatte U. Ä. C. beschlossen, das Pädagogium von Barby wegzunehmen und wieder nach Niesky zu verlegen. Auch das Naturalienkabinet, die Bibliothek, das Unitäts-Archiv kamen nach Niesky. Die Unitätsdruckerei wurde aufgehoben und die Buchhandlung nach Gnadau verlegt. Damit mußte sich auch das kleine Gemeinlein in Barby auflösen. Nun stand das Schloß und die dazu gehörigen Gebäude leer. Die Erbpacht ohne die Vorwerke noch länger aufrecht zu halten, schien zwecklos und kostspielig. Wohl ohne rechte Überlegung und weil man im Blick auf die neuen Verhältnisse im Königreich Westphalen den Mut verloren hatte, bot man dem überraschten und verwunderten Dietze leichten Kaufes die Erbpacht des Schlosses an. Nur

Döben, das man schon früher in Erbpacht genommen, blieb Unitätsgut. Am 6. Mai 1809 ward das Schloß übergeben, und am 20. August hielt Schloßprediger Hüffel, nun nach U. A. C. berufen, die letzte Brüderversammlung in Barby. Sechzig Jahre hindurch war Barby ein bedeutungsvoller Sitz der Brüderunität gewesen, und reicher Segen ist von dieser Stätte ausgegangen. Das Aufgeben dieses denkwürdigen Ortes erregte innerhalb der Brüdergemeine allgemein das tiefste Bedauern. Auch der französisch-westphälische Präfekt in Magdeburg sagte: „Wozu war das nötig? Wir hätten die Brüder geschützt, und es hätte ihnen kein Leid geschehen sollen!" Und in der That: bei Marienborn machte die Lage der Dinge des Aufgeben nötig, bei Barby nicht. Was hätte Barby unter der späteren preußischen Herrschaft für die Unität werden können, zunächst wenigstens in finanzieller Hinsicht! Doch die Güter dieser Welt sind ein gefährliches Ding, zumal für eine Gemeine mit geistlichem Beruf. Das hat die Brüderunität in späteren Jahren noch öfters zu ihrem Schmerz erfahren müssen.

Auch die Wirksamkeit der Brüdergemeine nach außen, ihre Diasporathätigkeit, war in den ersten zwei Jahrzehnten des Jahrhunderts eine mangelhafte und kümmerliche. Man suchte die bisherigen Distrikte der Thätigkeit einigermaßen aufrecht zu erhalten, neue Anknüpfungen fanden nicht statt. In der Schweiz und in einigen Teilen von Süddeutschland war christliches Leben in verschiedenen Formen neu erwacht. Das machte sich jetzt neben der Brüdergemeine geltend, und die erweckten Kreise bedurften ihrer nicht mehr. Von seiten der Brüdergemeine suchte man damals auch keine Fühlung mehr mit diesen christlichen Kreisen, sondern schloß sich ab. Und so ging manches Feld der Thätigkeit verloren. Der etwas kümmerliche Anbau von Königsfeld ist ein Beweis dafür. Auch in Norddeutschland isolierte sich die Brüdergemeine mehr und mehr. Sie nahm zwar noch immer eine geachtete Stellung ein, aber sie trat innerlich den kirchlich gläubigen Kreisen ferner. Das zeigte sich auch bei den tiefgehenden Bewegungen, die sich für die evangelische Kirche an die

Feier des Reformationsjubiläums im Jahr 1817 anschlossen. Die Brüdergemeine blieb von denselben, wenigstens für die nächste Zeit, fast unberührt. — Merkwürdig aber war, daß während in Deutschland die Thätigkeit der Brüdergemeine außerhalb ihres Kreises eher zurückging, ihr in den russischen Ostseeprovinzen gerade jetzt plötzlich und unvermutet die Thüren weiter aufgethan wurden. Kaiser Alexander I. wollte in wahrhaft landesväterlichem und christlichem Sinn für die geistige Hebung seiner Letten und Esten sorgen. Durch einflußreiche Freunde auf die Thätigkeit der Brüder unter diesem Volk aufmerksam gemacht, wünschte er diese Thätigkeit nun mit allen Mitteln zu fördern, nachdem er durch den siegreichen Krieg nach außen Ruhe gewonnen. Auf Aufforderung des russischen Staatsrates Popow stellte der in Petersburg wohnende Agent für Sarepta, Joseph Mortimer, aus den sareptischen Privilegien diejenigen zusammen, welche sich für die Ostseeprovinzen eigneten, und fügte noch die Bitte, Schulen anlegen zu dürfen, hinzu. Aus diesen Aufzeichnungen formte Popow einen Ukas, und der Kaiser unterschrieb ihn am 27. Oktober 1817. Darin wird den Brüdern das Recht, öffentliche Versammlungen zu halten, neue Bethäuser zu bauen ꝛc. in ausgedehntester Weise zuerkannt. Die Brüder dürfen einen eigenen Agenten für das livländische Werk in Petersburg haben, und dieses ganze Werk wird unter den Minister des Innern gestellt. Das bedeutete im Verhältnis zur bisherigen Art der Arbeit einen großen Umschwung. Denn seit 1750 hatte man diese Arbeit nach dem sogenannten „stillen Plan" betrieben. Die Bethäuser waren geschlossen. Die Versammlungen der Letten und Esten wurden von den Nationalhelfern in ihren Häusern gehalten. Die aus Deutschland hingesendeten Brüder durften nicht öffentlich auftreten, sondern hielten nur Konferenzen mit den Nationalarbeitern und leiteten in der Stille das ganze Werk. Es konnte fraglich erscheinen, ob die neue Form mit ihren weitgehenden Privilegien dem Werk innerlich heilsam und förderlich sein werde. U. Ä. C. hatte auch die ersten in dieser Richtung ihr vorgelegten

Fragen abgewiesen. Ihr schien, daß einem solchen freien Werk innerhalb der lutherischen Kirche feste, vom Staat erteilte Privilegien nur schaden würden. War doch auch der bisherige stille Gang durchaus gesegnet gewesen. Aber der Zar und seine Räte hatten es eilig. Durch den ungewöhnlich raschen Gang der Verhandlungen gedrängt, gab U. A. C. schließlich nach, ohne jedoch dem Plan mit Freudigkeit zuzustimmen. Man sah die Konflikte mit der lutherischen Kirche voraus, die auch nicht ausgeblieben sind. Aber ein ergebenes Dankschreiben sandte U. A. C. an den Kaiser Alexander, das dieser sehr gnädig aufnahm.

Während in jener Zeit, wie wir gesehen haben, die Diasporathätigkeit der Brüdergemeine in Deutschland allmählich zurückging und von geringerer Bedeutung wurde, hatte der Herr ihr ein anderes Feld segensreicher Arbeit zugewiesen, das, früher ihr ganz unbekannt, erst in den letzten Jahrzehnten des vorigen Jahrhunderts in Angriff genommen worden war, die Erziehungsanstalten für auswärtige Zöglinge. Dieses Werk nahm jetzt einen unerwarteten Aufschwung, und durch dasselbe wurde wohl der evangelischen Kirche in dieser Zeit mehr Segen zugeführt als durch die Arbeit in der Diaspora. Man fand auch jetzt in Pestalozzi einerseits und in den englischen Sonntagsschulen andrerseits eine noch wirkungsvollere Anregung und ein besseres Vorbild als einst in Männern wie Basedow und Salzmann. So wurden denn die bisherigen Erziehungsanstalten für Knaben und Mädchen erweitert und vervollkommnet, und wo noch keine bestanden, wurden solche gegründet. Und an mehreren Orten begann man, die fremden Zöglinge auf Wunsch der Eltern vor ihrem Austritt aus der Anstalt zu konfirmieren. Hier konnte die Brüdergemeine das Segenserbe der Väter noch in voller Kraft verwerten. Unter den Knabenanstalten war wohl die blühendste das Pädagogium in Groß-Hennersdorf unter Frühauf, aber auch die Neuwieder Anstalt erfreute sich eines gesegneten Fortgangs, wo unter Fr. Ludw. Kölbing, dann unter Joh. Plitt erst aus der Schweiz, später vom

Die Erziehungsthätigkeit der Brüdergemeine, eine Arbeit im Reiche Gottes.

Niederrhein und aus Holland die Zöglinge kamen. In Kleinwelke unter Joh. Ludw. Herbst und in Gnadenfeld unter Phil. Jak. Röntgen waren die Anstalten für fremde Knaben und Mädchen mit den Ortsschulen für die Gemeindekinder verbunden und hatten großen Zulauf. In Gnadenfeld bekam man die Zöglinge nicht nur aus Schlesien, sondern auch aus Österreich und Polen, ja man nahm sogar Katholiken auf. Mädchenanstalten bestanden auch außerhalb der Gemeinorte, so in Montmirail in der Schweiz unter P. Curie und in Neuwelka in Livland unter Ewald. Aber die blühendsten Mädchenanstalten der Brüdergemeine, die sich auch eines großen Rufes in weiten Kreisen erfreuten, waren die zu Gnadenfrei und Gnadenberg. Hier wurde der geistliche Einfluß der Prediger — in Gnadenberg war es eine Zeitlang J. B. v. Albertini — noch besonders durch ausgezeichnete Schulvorsteherinnen gefördert. Daß die Anstalten der Brüdergemeine und besonders die Mädchenanstalten einen solchen Ruf genossen, erklärt sich ja daraus, daß die Brüdergemeine mit einer etwas höheren Bildung für Mädchen damals voranging, während außerhalb derselben noch wenig dafür gethan wurde. Das erkannte auch die preußische Regierung. Und auf die Stellung, welche die Brüdergemeine mit ihren Anstalten damals in den Augen der Regierung einnahm, wirft folgender Vorgang ein charakteristisches Licht. Im Dezember 1817 erschien in Gnadenfrei nach vorhergegangener Ankündigung, von der Landesregierung in Reichenbach gesendet, ein Schulrat als Regierungskommissar und nahm genaue Einsicht von der Anstalt. Er machte auch verschiedene Ausstellungen und tadelte den Mangel an Plan und an einheitlichem Charakter der Anstalt. Sofort beklagte sich U. A. C. beim preußischen Ministerium der geistlichen Angelegenheiten und berief sich darauf, daß in der königlichen Konzession für Gnadenfrei das Kirchen- und Schulwesen der Gemeine unter die Bischöfe der mährischen Kirche gestellt sei, die ohne Eingriff von Zwischenbehörden nur mit dem Ministerium zu thun haben sollten, und daß auch seither die Anstalt von ihrer

Gründung an dieses Recht unbehelligt genossen habe. Im Grunde war diese Berufung wohl nicht ganz gerechtfertigt. Denn die Konzession hatte augenscheinlich nur den Unterricht der in der Brüdergemeine geborenen Kinder im Auge, nicht aber einen durch die Brüdergemeine erteilten Unterricht für Kinder aus der evangelischen Landeskirche Schlesiens. Dennoch erhielt die U. A. C. ein Antwortschreiben aus dem Ministerium Altenstein des Inhalts, daß die Pensionsanstalten der Brüderunität der Aufsicht und Kenntnisnahme des Staates sich nicht entziehen dürften, daß der Staat aber in das Innere dieser Anstalten nach Lehrpersonal und Methode sich nicht einmischen wolle und daß solches der Regierung zu Reichenbach zur Nachachtung erklärt worden sei. Daraufhin verlangte die Landesregierung von der Gemeindirektion in Gnadenfrei nur, daß ihr die öffentlichen Prüfungen rechtzeitig angezeigt werden möchten. Das Ministerialreskript aber war für sämtliche Schulen und Anstalten der Brüdergemeine im preußischen Staat von allgemeiner Geltung und darum von großer Wichtigkeit. — Die Erziehungsthätigkeit als ein Werk im Reiche Gottes wurde aber von der Brüdergemeine nicht nur in Deutschland ausgeübt. Auch in England standen die Erziehungsanstalten in großem Segen. In Fulneck blühten sie schon seit dem Ende des vorigen Jahrhunderts, und nun wurden solche auch in Fairfield und Okbrook angelegt. In Nordamerika standen die Mädchenanstalten zu Bethlehem und Salem, damals die einzigen Institute der Art in den Vereinigten Staaten, in hoher Blüte und genossen von allen Seiten große Anerkennung. Die Brüdergemeine lernte selbst ihren Beruf zur Jugenderziehung allenthalben immer mehr kennen und bewährte ihn je länger je mehr in den Augen aller.

Nur an ihrem eigenen Herd und grade da, wo es sich um die Heranbildung künftiger Diener der Gemeine handelte, bewährte sie damals diesen ihren Beruf nicht. Das Pädagogium der Brüderunität hatte sich in Barby während der ersten Jahre des Jahrhunderts noch

Die Unitätsinstitute zur Heranbildung künftiger Gemeindiener 1801—1818.

eines lieblichen Gedeihens im Inneren erfreut, während
gleichzeitig das theologische Seminarium in Niesky seine Bestimmung in keiner Weise erfüllte. War hier auch an die
Stelle der Philosophie die Naturwissenschaft getreten, und
ging die Philosophie, wo sie noch getrieben wurde, mehr in
dem Gewande von Fries als in dem von Kant einher, so
fehlte es doch nach wie vor grade an der Hauptsache, an
der Theologie, und außerdem am tieferen Verständnis der
Brüdergemeine und ihrer Aufgaben, wie es nur aus deren
Geschichte geschöpft werden konnte. Zwar stand der ausgezeichnete Jugendlehrer J. B. von Albertini damals als
Lehrer am Seminarium, aber soviel der Mann in exakter
Wissenschaft und praktischer Seelsorge geleistet, so war doch
grade die Theologie nicht sein eigentliches Feld. Und daß
sie grade ihm fehlte, ist ein charakteristisches Zeichen dafür,
daß der Mangel in der Brüdergemeine ein allgemeiner war.
So stand denn das theologische Seminarium nicht auf der
Stufe, die es für seinen Zweck in der Brüdergemeine hätte
einnehmen sollen. Aber man drückte es noch tiefer herab.
Im Jahr 1808 wurde das Pädagogium von Barby nach
Niesky zurückverlegt und hier mit dem Seminarium, das
in seinem damaligen Bestande zuvor aufgelöst worden, zu
einem Institut vereinigt. Aber soviel auch der Inspektor
dieses kombinierten Instituts, Friedr. Ludw. Kölbing, sich
der Erziehung seiner Zöglinge widmete, die Einrichtung
war doch weder dem Pädagogium noch dem Seminarium
zum Heil. Es war die Zeit der tiefsten Erniedrigung der
wissenschaftlichen Institute der Brüdergemeine. Und das
Bewußtsein, herabgedrückt zu sein, wirkte lähmend wie auf
den wissenschaftlichen Eifer, so auch auf das Wachstum des
innern Menschen und die Herzenstreue der jungen Leute.
Am meisten litt das Pädagogium. Es waren nicht nur der
Puder und die Kniehosen der Barbyschen Zeit, die mit der
Übersiedelung nach Niesky fielen. Auch die innere Zucht
und die kindliche Gewissenhaftigkeit gingen in Niesky verloren. Die Knaben des Pädagogiums wollten es den
Seminaristen gleich thun. Schlaffheit, Ungebundenheit und

Genußsucht waren die Folge davon. Der Zweck, echte Gemeindiener heranzubilden, wurde in diesem Rieskyer Institut von 1808—1818 nicht erreicht.

In der Unitäts-Ältesten-Konferenz war damals das Wort und der Einfluß eines einzelnen Mannes von großem Gewicht: dieser Mann war Gottfried Cunow. Als Gregor am 6. November 1801 gestorben war, ward er (1802) nach U. Ä. C. berufen; und nach Rislers Tod (1811) ward er deren Präses. Er leitete hauptsächlich die Unitätsanstalten, hat aber auch häufige Visitationen in den verschiedenen Gemeinen ausgeführt. Er sah die Dinge vorherrschend unter äußerem Gesichtspunkt, und jedem Übelstand glaubte er in erster Linie mit äußeren Mitteln begegnen zu können. In die Anschauungen anderer konnte er sich nur schwer versetzen. Er machte daher seine eigenen Urteile mit Nachdruck und mit stark entwickeltem Selbstbewußtsein geltend. Wohl meinte er es treu mit der Gemeine, aber für das innerste Wesen eines Menschen, für die Bedürfnisse des Herzens hatte er wohl zu wenig Verständnis. Daher entbehrte seine Wirksamkeit des rechten inneren Einflusses und somit des tieferen Segens.

Es liegt uns jedoch fern, einzelne Persönlichkeiten für den Rückgang des inneren Gemeinlebens in jener Zeit verantwortlich zu machen. Vieles wirkte zusammen, um jenen geistigen Stillstand herbeizuführen, der die Brüdergemeine in den ersten zwei Jahrzehnten des Jahrhunderts charakterisiert. Es zeigten sich jetzt immer mehr die Folgen von dem, was wir früher (vgl. Seite 125) als die Ursache des beginnenden Sinkens bezeichnet hatten. Die Erscheinung war eine allgemeine und trat fast auf allen Gebieten des Gemeinlebens hervor. Und so mag auch die öffentliche Verkündigung des Wortes in jener Zeit matt und kraftlos gewesen sein. Man redete weiter in der alten Sprache, aber der lebendige Herzensglaube, der die Worte wirksam macht, begann zu fehlen. Wohl gab es grade auch unter den jüngeren Dienern der Gemeine gar manche, die den bestehenden Zustand mit Schmerz wahrnahmen und gern zur Besserung helfende Hand angelegt hätten. Aber es fehlte damals in auffallender Weise die Fühlung zwischen den geistlichen Dienern der Gemeine und dem Volk. Die ersteren, grade je mehr sie denkend und geistig angeregt waren, lebten vom wirklichen Leben abgezogen in stiller Gedankenwelt, indem sie auf Grund der Friesschen Philosophie Idee und Wirklichkeit weit auseinander hielten. Dadurch bildete sich unter ihnen, in fleißigem Austausch von Briefen und Aufsätzen gefördert, eine ideale Anschauung von Zinzendorf und der Brüdergemeine aus, die weder mit der Geschichte noch mit der Gegenwart in wirklicher Berührung stand, an der aber der einzelne, über die trüben Erscheinungen hinwegsehend, sich stärkte. Man hat diese Richtung später den Ideal-Herrnhutianismus genannt. Daß diese Männer damit unmittelbar der Gemeine nicht aufhelfen konnten, ist klar. Aber sie haben sich in der Schule des göttlichen Geistes erziehen lassen, und als sie später zum Teil in leitender Stellung vor die praktischen Fragen gestellt wurden, haben sie wohl verstanden, was der Gemeine not that, und haben in treuer und tüchtiger Hingebung ihr gedient. Und der Herr, als er in der Gemeine hie und da neues Leben zu wecken begann, hat grade in diesen Männern die geeigneten Werkzeuge zur Arbeit gefunden.

Drittes Kapitel.
Die Zeit der Wiederbelebung.
1818—1857.

Haben wir die ersten zwei Jahrzehnte des Jahrhunderts als eine Zeit bezeichnen müssen, da Geist und Leben der Gemeine herabsanken, und da das Feuer der alten Zeit dem Verlöschen nahe war, so können wir vom Jahr 1818 an die ersten leisen Spuren einer inneren Erneuerung wahrnehmen. Es geht nicht mit Riesenschritten bergauf. Vielmehr ist das Wachsen ein sehr langsames und allmähliches. Aber ein Wachsen ist unverkennbar da, und wir wollen im folgenden versuchen, es in seinen einzelnen Momenten nachzuweisen. *Charakter der Zeit.*

Erst im Jahr 1818 wurde wieder eine **Synode** gehalten. Es lag eine lange Zeit zwischen dieser und der vorhergegangenen. Das hing aber nicht mit dem schlaffer gewordenen Gemeingeist zusammen. U. A. C. hatte sich schon lang vorher mit dem Gedanken der Berufung einer Synode getragen. Aber alle darauf bezüglichen Losfragen wurden verneinend beantwortet. Erst im Januar des Jahres 1814 erhielt sie eine bejahende Antwort, und zwar für das Jahr 1818. Inzwischen hatten sich die allgemeinen Verhältnisse in Deutschland günstig gestaltet. Ruhe und Friede war eingekehrt, und in der evangelischen Kirche ließen sich die Spuren einer beginnenden Erneuerung wahrnehmen. Die Synode der Brüdergemeine, die am *Die 3 Synoden von 1818, 1825 u. 1836 in ihrem allgemeinen Verlauf.*

1818. 1. Juni 1818 zusammentrat, bot ein anderes Bild dar als die früheren Synoden. Das ältere Geschlecht war ausgestorben. Die Männer, die jetzt das Wohl der Gemeine beraten sollten, waren noch nicht in der Erfahrung herangereift. Überdies fiel ihre Knaben- und Jünglingszeit in die neunziger Jahre, und weder brüderische Theologie noch Verständnis für die Gemeine war ihnen durch das vorbereitende Studium mitgeteilt worden. Statt dessen lebten sie in der Gedankenwelt des idealen Herrnhutianismus. Nur Gottfried Cunow, der einstimmig und ohne Losbestätigung zum Präses der Synode gewählt wurde, vertrat noch in seiner Weise die alte Zeit. Mit großem Eifer und herzlicher Liebe zur Gemeine widmete sich die Synode ihren Aufgaben. Sie prüfte das Gebäude der Unität nach allen Seiten. Aber ihre Vorschläge zur Besserung beruhten meist auf einer gutgemeinten Theorie und entbehrten der Grundlage, die die Erfahrung bietet. Dazu kam, daß die lebendige Fühlung mit der Gemeine fehlte. Stand doch auch die Gemeine damals mit einer gewissen Gleichgiltigkeit hinter der Synode. Und charakteristisch war es, daß man sich jetzt schon nicht mehr in eigentlichen Klagen über Verweltlichung und mangelnden Gemeinsinn erging wie 1789 und 1801, sondern sich aussprach: ob wir noch eine Gemeine des Herrn sind, ob wir noch lebendige Glieder in unsrer Mitte haben, das weiß allein der Herr. Nachdem die Synode ihr Werk gethan, erhielt sie im Los die Weisung vom Herrn, U. A. C. solle die nächste Synode für das Jahr 1825 berufen. Das geschah. Und die Synode,

1825. die sich nun am 30. Mai 1825 in Herrnhut versammelte, zeigte bereits ein wesentlich anderes Bild. Nicht nur daß die Erfahrung in den letzten sieben Jahren deutlich geredet hatte und nun in gereifteren Anschauungen zur Geltung kam, sondern die Anfänge einer inneren Erneuerung machten sich hier bereits in sehr segensreicher Weise bemerklich. Viel lebendiger und herzlicher war der Anteil, den die Gemeine an den Verhandlungen nahm, viel innerlicher und gründlicher erfaßte die Synode ihre Aufgabe. Sie erlebte besondere Segens- und Weihetage, die der Herr ihr bereitete, und es wehte wieder Gemeingeist. Auch hatte der Herr ihr durch Losentscheidung einen besonders tüchtigen und einflußreichen Präses gegeben in Friedrich Ludwig Kölbing, der mit Klarheit und Wärme der Überzeugung oftmals die Verhandlungen in die richtige Bahn leitete. — Wiederum ward am Schluß durch Losentscheidung die nächste Synode vorausbestimmt, und zwar auf das Jahr 1836. Aber ehe dieselbe zusammentrat, zeigten sich in den Gemeinen, zumal in Herrnhut, einige nicht unbedenkliche Erscheinungen. Hier hatten die politischen Bewegungen des Jahres 1830 und besonders die gewaltsam herbeigeführte konstitutionelle Verfassung in Sachsen die Gemüter aufs heftigste ergriffen und mit der Hoffnung erfüllt, auch für das Verfassungsleben der Gemeine davon Gewinn zu ziehen. Eine dem Wesen der Gemeine sehr zuwiderlaufende Bewegung machte sich geltend und gewann an Boden. Doch müssen wir zwei Strömungen unterscheiden. Die eine war ultraradikal. Sie stellte für die Verfassung der Einzelgemeinen die demokratischsten Forderungen und wollte andrerseits in kirchlicher Beziehung das eigentümlich Gemeinmäßige beseitigt sehen. Von der Feier des 13. November, von der Stellung des Herrn als des Ältesten in der Gemeine, wollte sie nichts wissen und verlangte in allem möglichste Konformität mit der sächsischen Landeskirche. Weit gemäßigter war eine andere Strömung. In einer Eingabe an die Synode stellten die ihr angehörigen Bürger zum Teil ganz billige Forderungen, wie z. B. die Forderung eines gedruckten Synodalverlasses, aber im ganzen zeigten doch auch sie, obgleich sie ihre Liebe zur Gemeine und deren Verfassung bezeugten, wenig Verständnis für den eigentlichen Charakter und das innerste Wesen der Gemeine. Diesen Strömungen gegenüber trat die Synode von 1836, eröffnet am 30. Mai, mit taktvoller Mäßigung auf und überwand sie, nicht durch schroffe Zurückweisung wie die Synode von 1801, sondern durch ihr tieferes und besseres Verständnis von der wahren Bedeutung der Gemeine, das in den Verhandlungen mit Klarheit und Wärme hervortrat und überzeugte. Denn die Männer, die hier in den Beratungen den Ausschlag gaben, waren, ausgehend von der damals in der evangelischen Kirche auftretenden gläubigen Theologie, auch zu tieferer Wertschätzung des Brüdertums gelangt. Jene oppositionelle Strömung war in der Synode selbst durch keinen einzigen Deputierten vertreten. Man hätte sie also unbeachtet lassen oder durch einfache Abstimmung verwerfen können. Aber man setzte sich mit ihr auseinander. So sprach die Synode in Bezug auf den 13. November (16. September 1741) eigentlich zum ersten Mal, berechtigten Bedenken entgegenkommend, es aus, daß die Brüdergemeine, wenn sie den Heiland als ihren Ältesten erkenne, keineswegs ein Recht beanspruche, das andere Kirchengemeinschaften nicht hätten; sie habe den Herrn vielmehr ganz in derselben Weise, wie er das Haupt seiner Kirche auf Erden und jeder einzelnen Gemeinschaft sei; aber sie habe mit dieser Wahrheit vollen Ernst gemacht, sie sich im Glauben angeeignet und lebendig in ihr Bewußtsein aufgenommen, und dadurch sei sie eines großen und reichen Segens teilhaftig geworden. Indem die Synode so mit der Gemeine in lebendige Fühlung trat, berechtigten Wünschen entgegenkommend (der Verlaß der Synode wurde wenigstens im Auszug im Jahr 1838 gedruckt) und das Gebäude der Unität zeitgemäß ausbauend, aber das Wesen der Gemeine fest und klar erfassend und den Unverstand siegreich überwindend, hat sie einen großen und nachhaltigen Einfluß auf das Leben der Gemeine gehabt. Sie hat die Gemeine gebaut und gefördert, hat sie wieder fähig gemacht, der evangelischen Kirche die Hand zu bieten und mehr wie bisher mit ihr gemeinsam das Reich Gottes zu bauen. Auch ließ es der Herr nicht an Bestätigung durch offenkundige Zeugnisse fehlen. Die ultraditale Partei fiel auseinander und verlor auch bürgerlich ihre Stellung. Ihr hauptsächlicher Anführer wurde gerade am 13. November in das Schuldgefängnis zu Bautzen abgeführt, wo er später gestorben ist.

Haben wir so an dem allgemeinen Charakter der drei genannten Synoden gesehen, daß ein neuer Geist die Gemeine zu tragen, neues Leben durch ihre Organe zu strömen begann, so können wir das Gleiche wahrnehmen, wenn wir nun auf die einzelnen Gebiete des Gemeinlebens unsre Aufmerksamkeit richten. Wir überblicken dabei die gesamte Entwickelung von 1818—1836 und knüpfen die Darstellung an die Beschlüsse der einzelnen Synoden an.

Ein betrübendes Bild zeigte die **ökonomische Lage der Unität im Jahr 1818**. Zwar die Unität als Ganzes stand seit 1801 gut. Aber die Unität sollte doch auch für die verschuldeten Diakonieen der Einzelgemeinen eintreten und ihnen helfen, emporzukommen. Und gerade hier war der Schaden tief. (Vgl. S. 130.) Wie sollte geholfen werden? Zunächst verteilte die Synode von 1818 den seit 1801 aus Überschüssen des U. V. C. gesammelten Fonds auf die einzelnen Diakonieen. Dadurch aber wurden dieselben nur zu geringem Teil erleichtert. Und die Hauptsache war doch, der weiteren Verschuldung vorzubeugen. Hier war man ratlos. Es wurden einige allgemeine Direktiven prinzipieller Art gegeben. Die einzelnen Gemeinen sollten mit ihren Diakonieen wieder etwas mehr auf sich selbst gestellt, die Selbsterhaltung ihnen mehr zur Pflicht gemacht werden. Nur im äußersten Notfall sollte U. V. C. unterstützend eingreifen. Dadurch hoffte man, Fleiß und Eifer in Betreibung der Geschäfte anzuspornen und dem trägen Gehenlassen Schranken zu setzen. Denn allerdings hatten sich die einzelnen Gemeinen und ihre Vorsteher allzusehr auf die Unterstützung durch U. V. C. verlassen. Ferner sollte zwischen Gemeindiakonie=Rechnung und Kommunalrechnung überall scharf geschieden werden. Zu dem Zweck sollte eine neue Instruktion für die Vorsteher und für die Aufseherkollegien ausgearbeitet werden. Und letztere besonders sollten darauf achten, daß die Brüderhausgewerbe sorgfältiger und energischer betrieben würden. Also Maßregeln in Fülle, aber mit den wirklichen Verhältnissen und den Personen war nicht genug gerechnet. Das

Ökonomischer Stand der Gemeinen im Jahr 1818.

zeigte sich in den nun folgenden sieben Jahren. Die Dinge lagen bei Eröffnung der Synode von 1825 um nichts besser. Aber jetzt suchte man der Sache in praktischer Weise beizukommen. Christlieb Reichel, früher Protokollist bei U. V. C., seit 1820 Mitglied des Helfer- und Erziehungsdepartements, beantragte in den Vorberatungen des ökonomischen Komitees zwei Maßnahmen, einmal die Anlegung eines neuen Tilgungsfonds und zweitens eine Zinsreduktion der bei U. V. C. und den Gemeindiakonieen angelegten Kapitale von 4 auf 3½ Prozent. Nur mit Widerstreben machte das Komitee diese Anträge zu den seinigen. Aber auch in der Synode fanden sie wenig Anklang. Man glaubte nicht an die Willigkeit der Gemeinen, und der Tag, an welchem darüber verhandelt wurde, Sonnabend der 9. Juli, endete unter allgemeiner Ratlosigkeit und großer Besorgnis. Indessen an diesem und dem folgenden Tag wurde im Stillen für die Reichelschen Vorschläge geworben und der Versuch gemacht, Subskriptionen für beides, sowohl für den Tilgungsfonds als für freiwillige Zinsreduktion, zu sammeln. Und mit ungeahntem Erfolg. Albertini stellte sich an die Spitze dieser Bewegung. Hoffnungsfreudig eröffnete man die Verhandlungen am 11. Juli, und die Losung des Tages: „Fürchtet euch nicht, stehet fest und sehet zu, was für ein Heil der Herr heute an euch thun wird" (2 Mose 14, 13.) gab allen eine getroste Zuversicht. Die Anträge wurden von der Synode in kühnem Glauben zu Beschlüssen erhoben, und der Herr ließ den Glauben nicht zu Schanden werden. Die Zeichnungen für den Tilgungsfonds stiegen rasch, namentlich auch die Beteiligung der Handlung Abraham Dürninger & Cie. Und Kapitale zu 3½ Prozent wurden dem U. V. C. in Menge angeboten. Auch in die Verwaltung der Diakonieen kam jetzt mehr Ordnung. Einige tüchtige jüngere Vorsteher, wie Just und Breutel, hatten ihre Aufgabe klar erkannt, indem sie mit Hebung der Diakonieen die Sorge für das Ganze der Unität verbanden. Sie fanden an manchen Orten verständnisvolle Nacheiferung, und Christlieb Reichels öftere

Visitationen (er war seit 1825 Mitglied des U. B. C.) hielten die begonnene Arbeit in gutem Gang. So stieg der Kredit, die Lage besserte sich, und die Synode von 1836 konnte nur freudig bestätigen, was 1825 angeordnet worden. Zwar auch jetzt war die Besserung nur eine langsame, aber sie war doch vorhanden und stieg weiter. Bis zum Jahr 1862 ist der Tilgungsfonds durch Zuschlag der Zinsen gestiegen. Von da ab sind die Zinsen direkt zur Unterstützung bedürftiger Diakonieen verwendet worden. Unterstützungsbedürftige Diakonieen hat es seitdem immer gegeben. Aber es konnte ihnen auch stets aus den Gesamterträgen soweit geholfen werden, daß ihr Status sich wieder besserte. Das ist das Ergebnis der Maßnahmen von 1825, die sich unter dem Segen Gottes in steigendem Maß bewährt haben.

Ökonomischer Stand im Jahr 1836.

Man fühlte unter den ökonomischen Beratungen von 1825 oft drückend die Last der Diakonieen. Und mit den Diakonieen wieder im engsten Zusammenhang standen die Ortsgemeinen. Auch sie boten in der Aufrechthaltung ihrer Verfassung viel Not und Verlegenheit. Da wurde alles Ernstes der Gedanke geäußert, das ganze System der Ortsgemeine mit all ihren Diakonieen als unhaltbar fallen zu lassen. Aber Ludwig David v. Schweinitz, merkwürdigerweise grade der Vertreter von Nordamerika, sprach die Stimmung der gesamten Synode aus, indem er sagte: „Die Ortsgemeinen sind wohl unser Kreuz, aber sie sind auch unsre Krone!" Und in der That, erst wo sie fehlen, lernt man den Segen derselben würdigen. Der deutsche Teil der Unität hat, wenn auch unter mancherlei Modifikationen, die Ortsgemeinen mit gutem Bedacht bis heute aufrecht erhalten.

Die Ortsgemeinen.

Viel wurde schon auf der Synode von 1818 darüber gesprochen, wie man die äußere Form der Gemeinen, grade auch der Ortsgemeinen, mit neuem Leben erfüllen könne, und was man thun müsse, um das vorhandene Leben zu schützen. Anfangs meinte man, an den unsichtbaren Kern der Gemeine müsse man glauben. Bald aber trat Gottfr.

Versuche zur Förderung des inneren Gemeinlebens.

Cunow — es war gleichsam sein letztes Werk — mit einem neuen Gemeinplan auf, nach welchem Kirche und Gemeine scharf geschieden werden sollten. Der Plan leuchtete, hauptsächlich um der Theorie willen, der Synode ein und ward zum Beschluß erhoben. Folgendes sind die Grundzüge. Die Gemeine bildet gleichsam zwei konzentrische Kreise. Der äußere ist die Brüderkirche. In diese treten die Glieder ein durch Geburt und Taufe, zu der ergänzend die Konfirmation tritt. Ebenso von auswärts diejenigen Erwachsenen, welche sich melden und als solche zunächst „Erlaubnis zur Gemeine" erhalten. Für diese, ebenso wie für die konfirmierten Gemeinkinder, besteht die Erlaubnis, viermal im Jahr am Abendmahl der Gemeine teilzunehmen. Innerhalb dieses Kreises nun giebt es einen „engeren Bund", die eigentliche Gemeine. Zum Eintritt in diesen Bund gehört ein ausgesprochen ernster religiöser Sinn. Wer eintreten will, muß sich darüber erklären und um Aufnahme bitten. Die Aufnahme geschieht erst auf Grund einer Losfrage. In diesem engeren Bund wird das Abendmahl vierwöchentlich gefeiert, finden die Chorabendmahle statt. Nur die Glieder dieses Bundes sind wählbar für den Gemeinrat und das Aufseherkollegium. Außer diesen beiden Kreisen können auch solche, die nicht zur Gemeine gehören, als „Fremde" im Ort wohnen gegen einen Revers, in welchem sie sich zum Halten gewisser äußerer Ordnungen verpflichten. — Diese Scheidung war sehr klar gedacht, zeigte sich aber in Wirklichkeit doch sehr bedenklich. Das Bewußtsein, durch Los einem engeren Kreis gleichsam von Auserwählten anzugehören, spornt nicht immer den Eifer ernster Heiligung, sondern führt auch zu falscher Sicherheit und hochmütiger Verachtung anderer. Auf der Synode von 1825 betonte man nicht mehr die Theorie der Scheidung, ließ aber den Gebrauch in der Praxis bestehen, daß die in der Gemeine Geborenen sich im erwachsenen Alter zur Aufnahme freiwillig melden und dann durch das Los für die Gemeine bestimmt werden. Dieser Gebrauch hat bis zum Jahr 1848 bestanden. Seitdem gilt jeder in der Gemeine Geborene und Getaufte im erwachsenen Alter ohne besondere Aufnahme als vollberechtigtes Glied der Gemeine. Nur fügte die Synode von 1836 die Bestimmung hinzu, daß die jungen ledigen Brüder und Schwestern vor der Aufnahme einen Unterricht empfangen sollten über Verfassung und Bestimmung der Gemeine, und daß sie sich nach diesem Unterricht über Willigkeit zur Aufnahme erklären und sodann auf die Gemeinordnungen durch Handschlag verpflichtet werden sollten. Diese Bestimmung hat heute noch ihre Giltigkeit bei Aufnahme in die Chöre der Erwachsenen. Die „Gemeinordnungen" sind hervorgegangen aus den „Unitätsstatuten", die von Gottfr. Cunow verfaßt durch die Synode von 1818 angenommen und nun zum ersten Mal als solche Statuten durch den Druck veröffentlicht wurden.

Die drei genannten Synoden haben sich auch eingehend mit dem Losgebrauch in der Gemeine beschäftigt. Hier hat zuerst die Synode von 1818 einen klaren Grundsatz ausgesprochen. Der Losgebrauch, sagte sie, darf nicht mit dem Regiment des Heilandes als des Ältesten in der Gemeine vermengt werden. Beides ist vielmehr streng zu scheiden. Das Regiment des Heilandes als des Ältesten in der Gemeine ist eine Grundanschauung, die zum Wesen der Gemeine gehört, mit der sie steht und fällt. (Näher erläutert auf der Synode von 1836 vgl. S. 148). Hingegen der Losgebrauch ist eine Form gesellschaftlicher Einrichtung, die dem Wandel unterworfen ist. Und dieser Grundsatz ist seitdem bis heute festgehalten worden. Darum haben sich denn auch die einzelnen Synoden zum Los freier gestellt. Bei Ämterbesetzungen, so sprach sich die Synode von 1818 aus, ist der Losgebrauch für U. A. C. Regel. Doch kann im einzelnen Fall, wo die Verhältnisse auch ohne das ganz klar liegen, eine Ausnahme gemacht werden. Ebenso bei anderen wichtigen Entscheidungen. Das haben dann die folgenden Synoden im wesentlichen bestätigt. — Eine brennende Frage aber bildete das Los bei Heiraten. Wir haben gesehen, daß dieser Gebrauch bis dahin

Der Losgebrauch seit 1818.

Heiratslos.

bestand und daß die Synode von 1801 aufs strengste an demselben festgehalten hatte. Jetzt aber, im Jahr 1818, verlangten die **amerikanischen** Deputierten auf Grund von Besprechungen in den amerikanischen Gemeinen die Freigebung des Heiratsloses. Es solle einfach in die Glaubensfreudigkeit der Geschwister gelegt aber nicht gefordert werden. Dieser einmütigen Kundgebung des Volkswillens gegenüber wollte die Synode es nicht halten und beschloß: In den europäischen Ortsgemeinen bleibt das Heiratslos Regel, hingegen in den Stadt- und Landgemeinen und in den amerikanischen Gemeinen wird es freigestellt. Dieser Beschluß erregte große Verwunderung in den deutschen Gemeinen. Man habe das Los bei Heiraten für unabänderlich gehalten. Falle es in Amerika, dann solle man es auch in Deutschland nicht halten. Petitionen in diesem Sinn wurden der Synode eingereicht. Sie beschloß daher, der U. A. C. die Sache zur Erwägung und Beschlußfassung nach der Synode zu übergeben. Das ist denn auch geschehen, und im Jahr 1819 gab die U. A. C. das Heiratslos auch für die deutsche Provinz **frei**. Da man aber bei verheirateten Dienern der Gemeine die Frau auch als am Gemeindienst mitbeteiligt ansah, wurde die Bestimmung getroffen, daß die in unmittelbarem Gemeindienst stehenden Brüder sich nicht ohne Losentscheidung verheiraten dürften. Das blieb aber nur bis zur Synode von 1825. Diese gab das Los bei Heiraten auch für die im Dienst der Gemeine stehenden Brüder frei. Nur für die Missionare blieb es einstweilen noch in Geltung.

Veränderungen in den gottesdienstlichen Einrichtungen seit 1818. An den gottesdienstlichen Einrichtungen der Gemeine wurde durch die genannten Synoden im ganzen wenig geändert. Doch ist einiges von Bedeutung zu nennen. Seit alter Zeit bestand in der Brüdergemeine auf Grund von Joh. 13, 14. 15 das **Fußwaschen**, zwar nicht als ein vom Herrn eingesetztes Sakrament, aber doch als ein gottesdienstlicher Gebrauch innerhalb der einzelnen Chöre oder besonderer Gemeinschaften. Nun war es aber schon vor 1818 vielfach außer Gebrauch gekommen, und als die Synode von

1818 es den einzelnen Gemeinkonferenzen freistellte, ob sie es beibehalten oder abstellen wollten, ist es thatsächlich in allen Gemeinen gefallen. Dagegen trat durch die Synode von 1836 eine Bereicherung der gottesdienstlichen Versammlungen ein, die einerseits ein Zeichen des wachsenden Lebens war, andererseits dasselbe aufs neue förderte und vertiefte. Bis dahin waren in der Gemeine trotz eines reich entwickelten liturgischen und gottesdienstlichen Lebens noch keine öffentlichen **Bibelstunden** gehalten worden. Wir haben gesehen, wie überhaupt im religiösen Leben der Gemeine gerade die Bibel viel zu sehr zurückgetreten war. Jetzt empfahl die Synode von 1836 bringend das Halten solcher Bibelstunden, aber erst allmählich, namentlich erst seit Anfang der vierziger Jahre, hat man dieser Empfehlung thatsächlich Folge gegeben. Ferner hatte die Gemeine zwar für ihr eigenes Missionswerk regen Sinn und Eifer, aber mit der Ausbreitung des Reiches Gottes im ganzen hatte sie doch seither zu wenig in Berührung gestanden. Nun war aber mit der allmählichen Wiederbelebung des echten Gemeingeistes auch die Teilnahme für andere Arbeiten im Reiche Gottes geweckt worden. Und so war es ein entsprechender Ausdruck dafür, daß die Synode von 1836 eine **Gebetsversammlung** an jedem ersten Montag des Monats einrichtete, in welcher teilnehmend und fürbittend des Reiches Gottes im ganzen und seiner Ausbreitung gedacht werden sollte. Diese Versammlung ist denn auch alsbald in Aufnahme gekommen und seitdem ein Band lebendiger Gebetsgemeinschaft für weite Kreise geworden. — Zur Belebung der liturgischen Gottesdienste diente eine neue Ausgabe des Liturgieenbuches. Sie wurde von der Synode 1818 beschlossen und Karl Bernhard Garve zur Ausführung übertragen. Dieser, früher Lehrer am theologischen Seminar (vgl. Seite 122), damals Prediger in Neusalz, war ein sehr begabter Dichter geistlicher Lieder, die auch außerhalb der Gemeine machen Anklang gefunden haben.

Wie schon in den ersten Jahrzehnten, so blühte auch

Das Erziehungswerk der Brüdergemeine. 1818—1836. jetzt das **Erziehungswerk** der Brüdergemeine, und namentlich standen die Pensionsanstalten für auswärtige Zöglinge im Segen. Durch sie hatte die Brüdergemeine mit den seit 1817 wiederbelebten Kreisen der evangelischen Kirche eine lebendige Fühlung und arbeitete ihnen in die Hände. Eine verbesserte Ausgabe des brüderischen Katechismus („Hauptinhalt der Heilslehre") gab dem biblischen Religionsunterricht eine gute Grundlage. Man kann wohl die Mitte der zwanziger Jahre als den damaligen Höhepunkt der brüderischen Erziehungsanstalten bezeichnen. Ende des Jahres 1823 zählte man in sämtlichen Anstalten der Brüdergemeine zusammen 1300 fremde Zöglinge. Das Werk war schon 1818 so gewachsen, daß seine Leitung einen besonderen Zweig der U. A. C. bilden mußte. Die Synode von 1818 sprach das aus, indem sie aus dem bisherigen „Helfer-Departement" der U. A. C., dem hauptsächlich die kirchliche und geistliche Leitung der Gemeine anvertraut war, ein „Helfer- und Erziehungsdepartement" schuf. Seit 1820 bildeten dasselbe Friedr. Ludw. Kölbing, J. B. v. Albertini und Christlieb Reichel, drei hervorragende Männer, jeder in seiner Weise ausgezeichnet und tüchtig, und durch innige Freundschaft unter einander verbunden. Sie hatten großen Einfluß, wie in U. A. C. so in der ganzen Gemeine. Waren die Zeitverhältnisse jetzt auch gang andere, so erinnerte die Stellung dieser drei eng verbundenen Männer an die Zeit, da die U. A. C. unter Spangenbergs Einfluß gestanden hatte. Es war wieder etwas von jener Weite des Gesichtspunktes, von jenem tieferen Verständnis der Zeit und des Reiches Gottes vorhanden, und das wurde in den Gemeinen wohlthuend empfunden. Gottfried Cunow, seit 1818 im Missionsdepartement, war jetzt meist kränklich und trat mit seinem Einfluß ganz zurück. Er starb 1824. Auch seine Schöpfung, die Kombinierung des Pädagogiums und Seminariums in Niesky, war durch die Synode von 1818 wieder aufgehoben worden.

Und grade hierbei müssen wir noch ein wenig verweilen, denn dieser Beschluß der Synode von 1818, das theologische Seminarium betreffend, ist grundlegend für die neue Zeit und von tiefer Bedeutung für die Weiterentwickelung der Brüderunität. Die Synode von 1818 erkannte es mit klarem Blick, daß das Seminarium aus seiner Knechtsgestalt befreit und wieder zu einem eigenen theologischen Institut für die Gemeine gemacht werden müsse. So blieb denn das Pädagogium in Niesky, und das Seminarium wurde nach Gnadenfeld in Oberschlesien verlegt. Hier sollte es in stiller Abgeschiedenheit und doch in einer Ortsgemeine ganz seinem Beruf, der wissenschaftlichen Ausbildung künftiger Gemeintheologen, leben. Auch der rechte Mann war gefunden, um an die Spitze desselben zu treten, Johannes Plitt, bis dahin Inspektor der Erziehungsanstalt in Neuwied. Er stellte nun zunächst die Theologie wieder in den Mittelpunkt des Ganzen. Das Studium der Bibel kam wieder zu seinem vollen Recht, nachdem es Jahrzehnte lang verkümmert und durch andere Wissenschaften zurückgedrängt gewesen. Weiter führte er ein gründliches Studium der Brüdergeschichte in den Collegienplan ein. Dieses neu gegründete Seminarium und diese beiden Hauptzweige des Studiums erwiesen sich nun für die Weiterentwickelung der gesamten Gemeine als ungemein segensreich. Freilich können wir nicht sagen, daß gleich von Anfang an der Geist unter den Studierenden ein wesentlich anderer gewesen sei als vorher. Hier blieben vielmehr noch große Mängel auch in der Folgezeit zu beklagen. Der innere Umschwung war ein sehr langsamer. Plitt selbst blieb dem Institut nicht lang erhalten. Schon 1825 wurde er Mitglied der U. Ä. C. im Vorsteherdepartement. Aber von Bedeutung ist eben die Grundlegung als solche. Auf dieser Grundlage konnte weitergebaut werden, konnte ein neues Geschlecht von Theologen der Brüdergemeine heranwachsen. Und es ist herangewachsen durch Gottes Gnade.

Aus dem neu geschaffenen theologischen Seminarium

in Gnadenfeld erwuchs allmählich eine neue Zeit für die Gemeine. Es ist die eine Wurzel des neuen Lebens, das seitdem durch die Gemeine geht. Wir können aber noch eine andere gleichzeitige Wurzel aufweisen, die überdies schon in damaliger Zeit sich weit deutlicher als solche erwies. Das sind die Segenstage des Jubelfestes 1822.

Das Jubelfest der Brüdergemeine 1822.
Im Jahr 1822 feierte die Brüdergemeine ihr hundertjähriges Bestehen, denn am 17. Juni 1722 war durch Chr. David der erste Baum zum Anbau von Herrnhut gefällt worden. Die Synode von 1818 hatte auf dieses bevorstehende Jubelfest mit Nachdruck hingewiesen und eine ernste Vorbereitung empfohlen. Zu dieser Vorbereitung half vor allem ein ausgezeichnetes Werk von Friedrich Ludwig Kölbing: „Die Gedenktage der erneuerten Brüderkirche." Er hatte es im Jahr 1820 nach archivalischen Quellen ausgearbeitet, und 1821 erschien es im Druck. Zum ersten Mal wurde der Gemeine ein brüdergeschichtliches Werk in die Hand gegeben. In seiner geschichtlichen Treue, in seiner warmen Liebe zum Gegenstand, in seiner klaren, schönen und weihevollen Sprache machte es einen tiefen Eindruck. Es war auch besonders geeignet zum öffentlichen Vorlesen in den Versammlungen. Das geschah denn auch von Ostern 1822 ab in allen Gemeinen. Dazu wurde mehrfach in besonderen Reden auf die Bedeutung der bevorstehenden Feier hingewiesen. Die Feier selbst war in den meisten Gemeinen eine zweitägige, in Herrnhut dehnte sie sich auf drei Tage aus. Eine große Menge von Festgästen, darunter hochgestellte Personen, hatten sich teilnehmend in Herrnhut eingefunden. Der erste Tag, der 17. Juni, galt der Gegenwart, der dankbaren Vergleichung dieses Tages mit dem vor 100 Jahren. Ein feierlicher Zug hinaus zum Denkstein mit Rede und Gebet am denkwürdigen Ort gab dem Gefühl des Dankes den rechten Ausdruck, den Albertini in der Gemeinstunde am Abend noch einmal zusammenfaßte. Der zweite Tag galt der Erinnerung, dem Blick auf das ganze verflossene Jahrhundert. Friedrich Ludwig Kölbing gab diesem Gedanken Ausdruck in

einem geschichtlichen Rückblick, den er der Gemeine im Vormittagsgottesdienst vorlegte. Nachmittags hielt die Gemeine ein großes Liebesmahl und sang einen Festpsalm von Albertini. Der dritte Tag endlich war der Zukunft gewidmet, und an diesem Tag hielt Albertini eine Rede an die Jugend, als die Hoffnung der Zukunft, und namentlich an das zur Feier des Tages von Niesky herübergekommene Pädagogium. Diese Rede war von tiefgreifender Wirkung. Hier erhielt die Jugendschar unauslöschliche Eindrücke, die sie festhielt und unter denen sie heranwuchs für den künftigen Gemeindienst. Aber nicht nur die Nieskyer Jugend hatte von diesem Tag bleibenden Gewinn. Das Fest war für die ganze Gemeine von der allergrößten Bedeutung. Ströme des Segens sind von diesen Tagen ausgegangen, den alten Sauerteig ausfegend und neues Leben weckend. Und wenn auch nicht mit einem Schlag alles neu wurde, so ist's doch ganz unverkennbar von diesen Tagen an aufwärts gegangen. Schon daß die Gemeine mit tief innerer Vorbereitung, mit warmer und reger Herzensbeteiligung dem Fest entgegenging, war ein gutes Zeichen; auf empfänglichem Boden konnte der Herr weiter bauen. Weiter ist das von Bedeutung, daß augenscheinlich an dem Blick auf die Zeit der geisteskräftigen Väter die Kraft und der Glaube der Gemeine sich stärkte. Gerade dieser Blick war der Gemeine während der letzten Jahrzehnte abhanden gekommen, und darunter hatte sie gelitten. Nun knüpfte sie bei der eigenen Geschichte wieder an, und aus ihrem reinen und gesunden Quell schöpfte sie die Kraft zu gesundem Wachstum. Die Hauptsache aber ist, daß der Herr sich seines Volkes erbarmte, es wieder zurückrief und bei der Hand nahm, um es neuen Aufgaben entgegenzuführen.

Der Mann, der nach Gottes Rat und Willen an der Wiederbelebung der Gemeine besonders thatkräftig mitgearbeitet, Joh. Baptist von Albertini, wurde am 6. Dezember 1831, 63 Jahr alt, vom Herrn heimgerufen. Er war seit 1820 in U. A. C. und seit 1824 deren Präses.

Albertini.

Ein Mann von weitgreifendem, überaus segensreichem Einfluß jedesmal da, wo er thätig war, und am meisten während der letzten Jahrzehnte seines Lebens. Ein Mann der That war er nicht, auch nicht ein Mann der theologischen Wissenschaft, obgleich er einst am theologischen Seminar gelehrt hatte. Seine Hauptstärke lag, wenn wir so sagen dürfen, im Gemütsleben. Von da aus wirkte sein Einfluß als Lehrer der Jugend, als Seelsorger, als Prediger, als Leiter der Gemeine. Er war einst die Seele jenes Kreises jüngerer Gemeindiener gewesen, der sich ein ungeschichtliches Idealbild von Zinzendorf und der Gemeine geschaffen und darin gelebt hatte. Aber eben dadurch hatte er sich und seine Genossen zu einer Zeit, da Theologie und wissenschaftliches Verständnis der Geschichte noch fehlten, mit dem ganzen Herzen und Gemüt an die Gemeine geklammert und sich ihr erhalten. Er und seine Freunde wurden dadurch hinübergerettet in die neue Zeit, in welcher sie der Gemeine mit ganzer Hingebung und bewußter Kraft dienen konnten. Wenn er selbst einst im Blick auf Schleiermachers Austritt aus dem Seminar, mit dem ihn jugendliche Freundschaft verband, von sich gesagt hat, ihn habe „der Menschensohn in Gethsemane" bei der Gemeine gehalten, so spricht er damit seine innere Stellung sehr wahr und sehr bezeichnend aus. Durch seine Reden wie durch seine geistlichen Lieder hat er viele Seelen gestärkt und erbaut, überall aber hat er am meisten Eindruck gemacht durch seine gewinnende, von der Liebe Christi durchdrungene Persönlichkeit. Damit hängt auch die charakteristische Erscheinung zusammen, daß er jedes Amt, das er bekleidete — und er hat deren sehr verschiedene gehabt — mit ganzer Seele ausfüllte und bei jedem neuen Amtsantritt entsprechende Seiten seines geistigen Wesens entfaltete, die man vorher nicht an ihm gekannt hatte. Er hat, nachdem Zinzendorf und Spangenberg dahin gegangen, im Verein mit gleichgesinnten Brüdern die neue Zeit der Gemeine heraufgeführt. Sein Andenken soll unter uns unvergessen bleiben. — Ihm folgte am 13. Dezember 1840 sein Freund und thätiger Genosse Friedrich Ludwig Kölbing. An Genialität und kühnem Aufschwung des Geistes dem Freunde nicht ebenbürtig, aber in seiner klaren Erkenntnis, in seinem gesunden Urteil, in seiner ruhigen Thatkraft für die Gemeine von hohem Wert. Er war seiner Zeit ein Licht, und ein hell leuchtendes, das vielen in der Gemeine den Weg gezeigt hat aus der alten in die neue Zeit, denn er vertrat mit besonderer Klarheit den ruhigen Fortschritt bei unerschütterlichem Festhalten an den grundwesentlichen Gütern der Gemeine. Seit 1818 war er Mitglied der U. Ä. C. und seit 1832 deren Präses. — Und noch eines dritten Mannes müssen wir hier gedenken, der bald nach Kölbing aus dem Kreis der Gemeindiener schied. Am 29. Juli 1841 entschlief Johannes Plitt. Er hatte, wie wir gesehen, das neue theologische Seminar der Brüdergemeine ins Leben gerufen und dadurch ein sehr wesentliches Stück am Bau der neuen Zeit gegründet. Von 1825—1836 war er Mitglied der U. Ä. C. und zwar im Vorsteherdepartement gewesen. Von 1836 an bekleidete er die Stelle eines Unitätsarchivars. Obgleich in Sachen äußerer Geschäfte ein Mann von Verständnis und Urteil und darum auch bei Visitationen und Verhandlungen mit Staatsbehörden von großem Wert, hatte er doch stets die idealen Ziele der Gemeine im Auge und wußte auch die Jugend dafür zu begeistern. Von größter Bedeutung für die Unität ist er durch sein Studium der Brüdergeschichte geworden. Er hinterließ ein handschriftliches Werk in 14 Bänden: „Denkwürdigkeiten aus der Geschichte der Brüder-Unität", an welchem er vom Jahr 1828 bis zu seinem Tode gearbeitet hat. Aus verschiedenen Gründen ist das Werk zur Veröffentlichung durch den Druck nicht geeignet, aber allen späteren Arbeiten auf diesem Gebiet dient es zur wesentlichen Grundlage.

Greifen wir noch einmal auf den Gesamtcharakter des vorliegenden Zeitabschnittes zurück. Es ist die Zeit des Erwachens, allmählicher innerer Erneuerung. Das Fest vom 17. Juni 1822 war ein Anfang. Wir haben gesehen, wie der Segen jenes Tages leise fortgewirkt hat. Aber es ist gottlob! nicht bei dieser ersten Anregung geblieben. Der Herr hatte Größeres im Sinn. Albertinis Rede am 19. Juni war vorzugsweise an das Pädagogium, als die Erziehungsstätte künftiger Gemeindiener, gerichtet gewesen. Aber so segensreich auch die Eindrücke im einzelnen waren, ein Umschwung im gesamten Leben des Pädagogiums erfolgte daraufhin noch nicht. Äußerlich angesehen blieb alles, wie es war, ja der Geist des Pädagogiums, wie er in der Kombinationszeit von 1808—1818 gewesen (vgl. S. 142.) trat während der zwanziger Jahre noch unverhüllter zu tage. Schlaffheit, Gewissenlosigkeit, ja Spott über das Ehrwürdige und Heilige war ganz an der Tagesordnung. Da ward im Jahr 1832 Friedrich Emanuel Kleinschmidt als Pfleger und Mitinspektor an das Pädagogium berufen. Und von diesem Zeitpunkt an bereitet sich etwas Neues vor. Kleinschmidt hatte nicht die jugendliche Frische und zugleich etwas soldatische Art eines Forestier (vgl. S. 121), aber sein Einfluß griff noch tiefer. Er war von zäher Willenskraft, unbeugsam in dem, was er für Recht erkannt hatte. Ernst und streng, in seinen Anschauungen fest auf der Bibel stehend, ein ausgeprägt religiös-sittlicher Charakter. Seine theologischen Anschauungen, zum Teil etwas eigentümlich ausgeprägt, verfocht er mit Schärfe und Klarheit. Er forderte unbedingte Pflichterfüllung, erklärte aber zugleich, daß es ohne Wiedergeburt unmöglich sei, den Willen Gottes zu thun. Bei den Zöglingen rief sein Wirken zunächst mehr offenen Gegensatz, ja Feindschaft hervor. Andere wichen seinen einbringlichen Fragen furchtsam aus und griffen zur Lüge. Am meisten in die Augen fallend war seine segensreiche Wirksamkeit zunächst unter Lehrern und Erziehern. Hier entstand durch seinen Einfluß Eintracht und Gemeinsamkeit des Handelns, klareres Erfassen des religiösen Zieles, Gebetsgemeinschaft. Als er im Jahr 1839 aus dem Amte schied, hatte er in vielen jugendlichen Seelen statt der Schlaffheit den Kampf hervorgerufen. Jeder, der unter seiner Pflege gestanden,

Die Erweckung im Pädagogium, November 1841. 163

wußte klar, was von ihm gefordert wurde und wo die Kraft zur Erreichung lag. Die folgenden anderthalb Jahre war er Mitprediger in Riesky und hat von da aus durch seine Predigten und Bibelstunden auch unter der Jugend weiter gewirkt. Im Pflegeramt am Pädagogium folgte ihm Ernst Reichel, von ganz anderer Gemütsart, theologisch weniger schroff, aber ebenso lauter, wahrhaftig und treu, die Herzen in schlichter Wärme zum Heiland weisend. Und diese Arbeit setzte seit dem Sommer 1841 in gleichem Geist mit großer Ruhe, Nüchternheit und tiefer Erfahrung Gustav Tietzen fort. Auf ein so vorbereitetes Pädagogium goß der Herr im November 1841 den Strom seines Geistes und rief eine tiefgreifende, alles umwandelnde Erweckung hervor. Die Bewegung hatte ihren äußerlich nachweisbaren Anfang. Vom Sterbelager des Fürsten Reuß = Stohnsdorf, Heinrich 63., kehrten dessen Söhne, die in Riesky erzogen wurden, tief ergriffen ins Pädagogium zurück. Im Gespräch mit ihren Freunden wurden die Herzen auf die Ewigkeit und die Unerläßlichkeit der Buße und der Vergebung der Sünden hingewiesen. Das Fest des 13. November, des Jubelgedächtnisses von 1741, vorbereitet und gefeiert unter lebendiger Gebetsgemeinschaft der Aufseher des Pädagogiums, brachte für viele jugendliche Seelen die entscheidende Wendung, die Gewißheit erlangter Gnade und Gotteskindschaft. In den folgenden Tagen und Wochen wurde die Zahl derer, die zum lebendigen Glauben kamen, immer größer. Auch in der Knabenanstalt breitete sich die Erweckung aus. Überall waren Lehrer und Erzieher Wegweiser und Gehilfen der Freude. Aber den kräftigsten Einfluß übte der Pfleger des Hauses, Gustav Tietzen. Er hatte in allgemeinen Versammlungen wie im Privatgespräch für jeden das rechte Wort und leitete die Geretteten, die Kämpfenden und die noch nicht Ergriffenen, wie ein jeder dessen bedurfte. Seinem Einfluß ist es durch Gottes Gnade zuzuschreiben, daß alles Schwärmerische der Bewegung durchaus fern blieb. Die Erweckung hatte durchgängig den Charakter unbefangener kindlicher Freude.

11*

Man ergriff die dargebotene Vergebung, freute sich herzlich des Friedens für sich und andere, und im Gebetsumgang mit dem Heiland wuchs der neue Mensch heran. (Vgl. S. 40.) Dabei wurde von heiterem Spiel, von unbefangener fröhlicher Jugendlust nicht das mindeste weggenommen oder zurückgedrängt. In dieser Beziehung blieb der Charakter des Jugendlebens unverändert. Aber wer tiefer blickte, sah alsbald eine völlige Wandelung sich vollziehen. Der leichtsinnige Spott verstummte, an die Stelle der Gewissenlosigkeit trat ernste Pflichterfüllung, statt Trägheit und Genußsucht zeigte sich ernster Studienfleiß. Und das nicht nur bei einzelnen. Wie früher jene Untugenden, so bildeten jetzt diese Tugenden den Gesamtcharakter des Hauses. Auch waren die Früchte durchaus nachhaltig. Jener alte Geist, wie er vor der Erweckung gewesen, ist seitdem nie wieder zur Herrschaft gelangt. — Von großer Bedeutung ist, daß der Herr die Erweckung gerade im Pädagogium hervorrief. Von da aus ging sie durch viele Kanäle über in das gesamte Gemeinleben. Die Lehrer trugen sie als spätere Pfleger in die Brüderhäuser, die Aufseher auf die Mission oder in die Diaspora; durch die Zöglinge aber wurde sie nach und nach in alle Kreise der Gemeine getragen. Und in der That erwies sich der Segensstrom von 1841 für das Leben der Gemeine noch viel weiter gehend, noch viel mehr das Alte ausfegend und ein Neues schaffend als die Anregung, die von der Festfeier des Jahres 1822 ausgegangen war. Und doch knüpfen sich beide Momente in schöner Weise aneinander. Denn nicht nur sind es beide Male die Erinnerungen an die alte Zeit, an die Thaten Gottes zur Zeit der Väter, an deren festliche Auffrischung der Segen sich knüpft (1722. 1741.), sondern eben die Männer, die jetzt in der Hand Gottes die Werkzeuge zur Erweckung wurden, Kleinschmidt, Ernst Reichel, Tietzen, sie hatten als Knaben das Jubelfest von 1822 mitgefeiert, sie hatten aus Albertinis Munde die herzbewegenden Worte vernommen, mit denen er die Jugend auf die Aufgabe der Zukunft und auf die nimmer

versiegende Kraft des lebendigen Gottes hinwies. So baut
Gott die Geschichte der Gemeine und seines Reiches auf
Erden, indem er das Kleine mit dem Großen, das Einzelne
mit dem Ganzen, das Neue mit dem Alten lebendig
verknüpft.

Nachdem diese innere Erneuerung in weitere Kreise
auch des bürgerlichen Gemeinlebens eingedrungen, wurde
wieder eine S y n o d e gehalten. U. A. C. hatte sie einer
Anweisung im Los zufolge auf das J a h r 1848 gesetzt.
Gleich im Ausschreiben wurde eine durch die Umstände
notwendig gewordene Neuerung angeordnet. Im Jahr
1844 war für Sachsen eine neue Landgemeindeordnung erschienen, nach welcher in den sächsischen Ortsgemeinen
zwischen Gemeine und Kommune scharf geschieden wurde.
Damit im Zusammenhang standen weitere Verhandlungen
der U. A. C. mit der sächsischen Regierung wegen des
Güterbesitzes der Unität. Das Resultat derselben war, daß
die Unität den Besitztitel für ihre in Sachsen gelegenen
Güter erhält, unter der Bedingung, daß sie für diese
Güter einen Generalbevollmächtigten ernennt und der Regierung präsentiert. Das kann aber die Unitätsdirektion
nur thun, wenn sie selbst als dazu berechtigt sich ausweist.
Folglich muß ihre Einsetzung gerichtlich beglaubigt sein.
Nun wird sie verfassungsmäßig durch die Synode eingesetzt.
Also müssen die einzelnen Abgeordneten eine gerichtlich be-
glaubigte Vollmacht mitbringen, daß sie wirklich von ihren
Gemeinen gewählt und beauftragt sind, im Namen der Gemeine bindende Beschlüsse zu fassen. Das erforderte also
in allen Gemeinen eine gerichtlich geleitete Wahlhandlung.
Und eben das wurde seitens der U. A. C. im Synodal-
ausschreiben angeordnet. Das ging anfangs nicht ohne
Widerspruch und Mißverständnis ab, aber allmählich hat
sich die Gemeine in diese neue Weise gefunden. Sie ist
nach und nach noch mehr aus ihrer Unabhängigkeit heraus-
getreten und hat sich zum konstitutionellen Staat in ein
bestimmtes Verhältnis setzen müssen. — Die in Aussicht

Allgemeiner Charakter der Synode. stehende Synode weckte nun überall die lebhafteste Bewegung, und eine Menge Eingaben und Memoranda liefen ein. Aber sie atmeten alle die herzlichste Liebe zur Gemeine. Nirgends machte sich ein innerer Widerspruch gegen die wesentlichen Grundlagen der Gemeine geltend. Vielmehr begleitete man die Synode von allen Seiten mit liebender Teilnahme und frohen Hoffnungen. Auch Forderungen und Wünsche der nordamerikanischen Gemeinen, wenn auch vom Bewußtsein der Selbständigkeit ausgehend und Neuerungen enthaltend, wichen nicht ab vom wahren Unitätsgeist. Am 29. Mai ward die Synode eröffnet. Charakteristisch für die neue Zeit war schon das, daß nach Beschluß der Synode die Sitzungen ö f f e n t l i c h sein sollten, ein gegen den früheren Gebrauch unerhörter Gedanke. Aber grade das war notwendig. Dadurch wurde die Fühlung zwischen Gemeine und Synode, die jetzt schon weit stärker war als früher, erst wahrhaft lebendig, und die öffentlichen Verhandlungen trugen viel dazu bei, die Kluft zwischen den Geistlichen der Gemeine und dem Volk, wo sie noch da war, zu überbrücken. Diese Synode hatte nicht mehr das Bewußtsein, wie manche frühere, als eine Versammlung von Geistlichen oder Beamten der Unität im G e g e n s a t z zu stehen gegen bürgerliche Interessen und bürgerliche Wünsche der Gemeinen. Darum konnte sie auch ganz anders auf die geäußerten Wünsche der Gemeinen eingehen. Hier findet zum ersten Mal ein lebhafter Verkehr statt zwischen den Gemeinen und der Synode, und die Beschlüsse haben weit mehr als früher den Charakter des Zusammenwirkens beider Teile. U. Ä. C. hatte überdies direkt dazu aufgefordert, auch Deputierte aus bürgerlichen Kreisen zu wählen, und in einigen Gemeinen war das denn auch geschehen. Für das Präsesamt wurden 3 Brüder gewählt, und dann einer aus ihnen durch das Los bestätigt, Gottlieb Herrmann aus Bethlehem in Nord-Amerika, seit 1845 Mitglied der U. Ä. C. Diesmal beschloß die Synode gleich von vornherein den Druck des ganzen Synodalverlasses und zwar so, daß jedes Kapitel, sogleich ausgearbeitet, der Synode zur Bestätigung vorgelegt und dem Druck übergeben werden sollte. Es gehörte das mit zu dem jetzt angenommenen Prinzip der Öffentlichkeit. Ehe in die eigentlichen Beratungen eingetreten wurde, schenkte der Herr noch besondere Weihestunden auf Grund gegenseitiger bußfertiger Aussprachen und Herzensbekenntnisse, und diese Stunden gaben der Synode von vornherein den Geist und die Richtung.

Heben wir nun noch einzelne Beschlüsse der Synode hervor, die von besonderer Wichtigkeit geworden sind. Sie wurden meist in der Richtung gefaßt, die Verhältnisse der Gemeine gesunder und naturgemäßer zu gestalten und sie in die neue Zeit lebenskräftig einzugliedern. Namentlich hatte man das Bewußtsein, es müsse eine lebendigere Beziehung zur evangelischen Kirche hergestellt werden. Das fand nicht nur darin seinen Ausdruck, daß die Synode, der Aufforderung von Bethmann-Hollwegs folgend, die Teilnahme der Brüdergemeine am Wittenberger Kirchentag (September 1848) beschloß und zwei Brüder zu diesem Zweck abordnete, sondern man wollte auch aus der engen Abschließung der Ortsgemeine mehr und mehr heraustreten. Daher beschloß die Synode, daß auch in Deutschland Stadt- und Landgemeinen gegründet werden sollten, wo Bedürfnis danach vorhanden sei, und daß jede Ortsgemeine in ihrer unmittelbaren Umgebung eine auswärtige Gemeine ins Leben rufen könne, deren Mitglieder kirchlich der Brüdergemeine, in kommunaler Beziehung aber ihrem jedesmaligen Wohnort angehören sollten. Es ist übrigens in der Folgezeit von diesem Beschluß nicht so viel Gebrauch gemacht worden, als man damals erwartete. Die Synode hielt in einem gewissen Enthusiasmus der Ausbreitung das Bedürfnis danach für größer, als es wirklich war. — Auf der anderen Seite erkannte man an, daß die in der Gemeine geborenen Kinder auch von Gott der Gemeine zugewiesen seien als ihre Mitglieder. Daher sollten sie künftig nicht mehr, wenn sie in das erwachsene Alter getreten seien, um Aufnahme in die

Beschlüsse der Synode.

Gemeine bitten, sondern diese solle nach der Konfirmation von selbst erfolgen und zwar ohne Los. Nur für die, welche von auswärts kommend Aufnahme in die Gemeine wünschten, sei die Losentscheidung erforderlich. So in Deutschland. In England und Amerika hingegen sollte der ausgesprochene Wunsch der in der Gemeine Geborenen nach Aufnahme in dieselbe abgewartet werden, die Aufnahme selbst aber solle dann, bei Fremden wie bei Einheimischen in gleicher Weise, ohne Los erfolgen. — Obgleich man ein Zusammengehen mit der evangelischen Kirche lebhaft wünschte, wollte man doch, eben im Sinn der wahren Union, den wesentlichen Charakter der Brüdergemeine in allen Stücken aufrecht erhalten. Man wollte durchaus nicht einem etwaigen Aufgehen der Brüdergemeine in die evangelische Kirche die Bahn bereiten. So faßte die Synode die Stelle im Synodalverlaß, welche vom Ältestenamt des Heilands in der Gemeine handelt, etwas schärfer und kühner, als es die Synode von 1836 gethan (während die folgenden Synoden wieder vorsichtiger im Ausdruck geworden sind), und bei der Frage nach der Stellung zur Augsburgischen Konfession erklärte die Synode: Wir bekennen uns zur Augsburgischen Konfession, weil wir in ihr die Lehre der heiligen Schrift ausgedrückt finden, aber eine Verpflichtung auf den Buchstaben leiten wir daraus nicht her, behalten uns vielmehr die immer erneute Prüfung an der Schrift vor. Ausdrücklich wurde erklärt, daß die Artikel, welche die lutherische Abendmahlslehre enthalten, für die Mitglieder des reformierten Tropus, also namentlich für die Gemeinen in England und Amerika, nicht bindend seien. — Nicht unwichtig war ferner eine Änderung in der bisherigen Begräbnis- und Osterlitanei. Dort war der Ausdruck so gewesen, daß die Seligkeit aller in der Brüdergemeine Gestorbenen vorausgesetzt schien. Das hatte den Gleichgiltigen wohl oft zu falscher Beruhigung gedient und war eben um deswillen von den Ernstgesinnten angefochten worden. Nun wurde durch die Synode eine Änderung beschlossen, welche den

Anstoß beseitigte. Zugleich erhielt die Osterlitanei eine wesentliche Ergänzung, indem das Bekenntnis zu Gott dem Vater hinzugefügt und dem zum Sohn und zum heiligen Geist vorangestellt wurde. — Von hoher Bedeutung war die Stellung, welche die Synode zum **theologischen Seminarium** und damit überhaupt zur **Theologie der Brüdergemeine** einnahm. Jetzt war es nicht mehr das Schmerzenskind der Unität, wie um die Wende des Jahrhunderts. Die Hoffnung der Väter von 1818 war in Erfüllung gegangen, und die damals ins Leben gerufene Neuschöpfung hatte sich bewährt. War schon die Neugestaltung gläubiger evangelischer Theologie seit den breißiger Jahren von bedeutendem Einfluß auf das brüderische Seminar gewesen, so hatte die Erweckung von 1841 auch ein lebendiges persönliches Glaubensleben der Studierenden geschaffen, und damit auch den Geist des Seminariums als einer Lebensgemeinschaft studierender Brüder von Grund aus umgestaltet. Nun konnte die Synode getrost den Beschluß fassen, das theologische Studium in Gnadenfeld aus einem zweijährigen zu einem **dreijährigen Kursus** zu erweitern. Dieser Beschluß ist für das Gesamtleben der Gemeine, für ihre tiefere Eingründung in die Schrift von den segensreichsten Folgen gewesen. — Schließlich sei noch erwähnt, daß die Synode mit großem Dank von dem **besseren ökonomischen Stand der Gemeine** Kenntnis nahm. Die Schulden der einzelnen Diakonieen hatten sich erheblich gemindert, der Tilgungsfonds war ansehnlich gewachsen. In richtiger Anerkennung der Umsicht, die hier zu tage getreten, und der energischen Arbeit die hier geleistet worden war, sprach die Synode dem bewährten Mitglied des Vorsteherdepartements, Christlieb Reichel, ihren besonderen Dank aus. Die Beschlüsse der Synode in Bezug auf die Verfassung sowie auf die Ausbreitung des Missionswerkes erwähnen wir später in anderem Zusammenhang.

Die Synode schloß mit glaubensfreudigem Ausblick in die Zukunft. Wohl war bei den Verhandlungen derselben mehr Kampf zu tage getreten als auf früheren Synoden.

Rückblick auf die Synode.

Eine Richtung, die das Alte als solches mit Zähigkeit festhalten wollte, gab sich nicht leichten Kaufes überwunden. Aber die gesunde Weiterentwickelung wurde gerade von denen verteidigt, die zugleich das neu erwachte Glaubensleben energisch vertraten und geltend machten. Sie kämpften mit den Waffen der heiligen Schrift und des kräftig erwachten sittlichen Bewußtseins. Darum fiel ihnen der Sieg zu. Die amerikanischen Abgeordneten waren voll Verwunderung. Sie hatten, wie sie selbst sagten, geglaubt zur Leichenbestattung der Unität gekommen zu sein. Statt dessen sahen sie überall, zumal in der jüngeren Generation, ein neu erwachtes Leben, das alle Einzelfragen in seine mächtige Strömung zog. Die Synode von 1848 ist der klare Ausdruck und zugleich die energische Förderung jener **inneren Erneuerung der Brüderunität**, die mit dem Jahr 1818 leise begann und sich dann in immer stärkeren Wellenbewegungen bis in die Gegenwart fortgesetzt hat.

Wirksamkeit der Brüdergemeine nach außen. Diaspora.

Gleichzeitig mit dieser inneren Erneuerung und durch dieselbe bedingt war auch die **Thätigkeit der Brüdergemeine nach außen** gewachsen. Manche neue Gebiete der Diasporathätigkeit waren zu den alten hinzugekommen, so namentlich in Russisch-Polen, im Netz- und Warthebruch. In der Lausitz und in Schlesien hatte sich die Thätigkeit ausgebreitet, und auch in Süd- und West-Deutschland war sie wieder lebendiger geworden. In den vierziger Jahren, wo die religiösen Bewegungen mannigfaltiger Art den Bestand der Landeskirchen zu erschüttern drohten, wurde die Brüdergemeine in ihrem freien, vom Staat so völlig unabhängigen Wirken von seiten erweckter Kreise in der Kirche sehr gesucht und ihre Arbeit begehrt, so daß eine Erweiterung des Diasporawerkes sich ganz von selbst ergab. Nur in den russischen Ostseeprovinzen führten die Bestimmungen des Ukases von 1817 (vgl. S. 138), wie zu erwarten war, in unabsehbare Kämpfe mit der lutherischen Kirche, zumal seitdem letztere durch Kaiser Nikolaus 1832 gesetzlich organisiert worden war. Diese Kämpfe sind durch verschiedene

Schwankungen hindurchgegangen. Sie machten jedesmal dann einem frieblichen Einvernehmen Platz, wenn die Letten und Esten von seiten der griechischen Kirche bearbeitet wurden und die unter brüderischem Einfluß stehenden der evangelischen Kirche treu blieben. Aber der Kampf entbrannte immer wieder, sobald die griechische Kirche sich still verhielt. In neuerer Zeit geht die politische Russificierung und die Propaganda der griechischen Kirche Hand in Hand und bedrängt die lutherische Kirche in gleicher Weise wie die Arbeit der Brüder. Der Ausbreitung und dem Gedeihen der letzteren ist daher für jetzt Stillstand geboten, obgleich in vielen Teilen des Landes die still bauende Thätigkeit der Brüder noch immer von großem Segen für die einzelnen Seelen ist.

Es bleibt uns noch übrig, einen kurzen Blick zu werfen auf die Thätigkeit der Brübergemeine in der Heidenmission während der ersten Hälfte des Jahrhunderts. Im vorigen Jahrhundert hatte die Brüdergemeine auf diesem Gebiet bahnbrechend gearbeitet und fast allein gestanden. Jetzt standen seit dem Beginn des Jahrhunderts andere namentlich englische Gesellschaften in der gleichen Arbeit neben ihr. Davon hatte sie zwiefachen Gewinn. Einmal konnte sie durch Austausch von Erfahrungen lernen, erhielt vielfache Anregung und ihr Eifer wurde angespornt. Ferner aber flossen ihr jetzt, wo in weiten Kreisen der Missionssinn erwachte, viel reichlichere Gaben als bisher von auswärtigen Freunden zu. Aber so sehr sie auch ihren Blick erweiterte, sie blieb doch ihren ursprünglichen Grundsätzen in der Arbeit getreu. Nicht auf die Christianisierung ganzer Länder und Völker war sie bedacht. Für sie blieb die Herzensbekehrung der einzelnen das ins Auge gefaßte Ziel. Und wo sich solche Seelen wirklich bekehrt hatten, da wurden sie zu Gemeinen gesammelt und weiter gepflegt, wobei denn Civilisation und Kultur ganz von selbst folgten.

Das Missionswerk der Brüdergemeine in der ersten Hälfte des Jahrhunderts.

Allgemeiner Charakter des Missionswerkes.

Im ganzen ist auch während der ersten Hälfte des Jahrhunderts ein fröhliches und gesegnetes Fortschreiten der Missionsarbeit wahrzunehmen, und auch von dem all-

Fortschritte des Missionswerkes.

gemeinen Stillstand während der ersten zwei Jahrzehnte hat gerade die Mission unter allen Arbeiten der Gemeine wohl am wenigsten zu leiden gehabt. Freilich zurück ging die Indianermission, zumal seit David Zeisberger, der große Indianerapostel, 1808 gestorben war. Nach ihm hat keiner mehr die Sprache der Indianer gelernt. Sie mußten sich alle der Dolmetscher bedienen. Aber die eigentliche Schädigung der Missionsarbeit lag in dem Vorbringen der Weißen und in dem immer vollständigeren Zurückgedrängtwerden der Indianer. — In Grönland dehnte sich die Arbeit aus. Von Lichtenau aus machte Kleinschmidt (sen.) eine Rekognoscierung nach dem Süden und fand viel Verlangen. 1824 wurde Friedrichsthal angelegt und die Zahl der Getauften wuchs rasch auf dem neuen Platz. Später kamen dorthin auch Grönländer von der Ostküste. — In Labrador entstand im ersten Jahrzehnt eine mächtige Erweckung unter den Eskimos, nachdem 30 Jahre hindurch mit wenig Erfolg gearbeitet worden war. Jetzt erst bildeten sich wirklich christliche Eskimogemeinen, unter denen Kohlmeister in großem Segen arbeitete. Mehrmals wurden auch Entdeckungsreisen nach dem Norden gemacht, von wo oft Eskimos nach Okkak gekommen waren. Die Folge davon war die Anlegung von Hebron 1831. — In Suriname mußte die einst so gesegnete Arbeit unter den Arawaken 1807 und unter den Buschnegern 1813 aufgegeben worden. Die Arawaken hatten sich feindlich aufgelehnt und die Station Hoop in Brand gesteckt. Die Verbindung mit den Buschnegern war zu schwierig und bei der Wildheit der Leute auch kaum aufrecht zu halten. Aber die Arbeit unter den Negersklaven ging im Segen fort und wurde auch von der Kolonialregierung sehr geschätzt. Seit 1825 nahm dieselbe einen bedeutenden Aufschwung, und namentlich in den vierziger Jahren breitete sie sich über viele neue Plantagenstationen aus. Auch eine Gehilfenschule für Negerjünglinge wurde eingerichtet, die dereinst als Lehrer dem eigenen Volk dienen sollten (1851). Ja selbst die Buschnegermission wurde 1840 durch Rasmus

Schmidt wieder aufgenommen und Bambey an der oberen
Suriname gegründet. Freilich starb Schmidt schon 1845,
aber die Arbeit wurde durch andere fortgesetzt. — In West-
Indien nahm die Arbeit einen guten Fortgang. Auf den
dänischen Inseln nahmen Handel und Gewerbe zum Nutzen
der Mission einen bedeutenden Aufschwung, auf den englischen Inseln die Schulen, namentlich seit der Sklaven-
Befreiung im Jahr 1834. — In Süd-Afrika blühte das
Werk in besonders schöner Weise empor, zumal seit England im Jahr 1815 dauernd Besitz vom Lande ergriffen.
Eine große Anzahl neuer Stationen wurden von Gnaden-
thal aus angelegt, und unter Hallbecks tüchtiger Leitung
wurde auch den Schulen besondere Sorfalt zugewendet.
Er gründete 1838 ein Schullehrerseminar. Auch unter den
Kaffern im Osten wurde die Arbeit begonnen. Im Jahr
1828 wurde die Station Silo gegründet und 1850 Gosen.
Seit dem Kaffernkrieg von 1834 war das Gebiet von Silo
englisch. Diese Besitzergreifung in Verbindung mit der
Sklaven-Befreiung wirkte sehr fördernd auf die Missionsarbeit. Freilich haben spätere Kaffernkriege in den vierziger
und fünfziger Jahren die Station hart bedrängt und geschädigt, doch konnte sie sich in Frieden immer wieder
bauen. — Noch sei erwähnt, daß in den Jahren 1815 bis
1823 die Brüdergemeine einen Missionsversuch unter den
Kalmücken in Asien von Sarepta aus unternahm. Aber
infolge der Ungunst der russischen Regierung verlief die
Sache erfolglos.

Sehen wir von dem Rückgang der Indianermission *Jubelfeier*
und dem eben erwähnten verfehlten Versuch unter den *des*
Kalmücken ab, so müssen wir sagen, daß ein gesegneter *Missons-werkes 1832.*
Fortschritt und namentlich **seit 1818 ein allgemeines
Aufblühen der Mission** auf allen Gebieten sich zeigt.
Dieses Aufblühen steht im engsten Zusammenhang mit der
damals beginnenden inneren Erneuerung der Brüdergemeine
und ist das erste äußere Hervortreten derselben. So konnte
denn im Jahr 1832 überall in der heimischen Gemeine wie
draußen auf den Missionsgebieten ein fröhliches und dank-

erfülltes Jubelfest der Brüdermission, die nun 100 Jahre bestand, gefeiert werden. Zu diesem Fest hatte Friedrich Ludwig Kölbing eine „Übersicht der Missionsgeschichte" geschrieben, die die Zeit von 1732—1832 umfaßt. Sie trug wie einst die „Gedenktage" desselben Verfassers sehr viel dazu bei, die Liebe zur Brüdergemeine und das Verständnis für ihre Aufgaben zu wecken und namentlich den Missionssinn in der Gemeine zu fördern.

Förderung des Missionswerkes durch die Synode von 1848. Diese Förderung zeigte sich auf der Synode von 1848, die denn auch dem Missionswerk besondere Aufmerksamkeit widmete. Man freute sich, daß die Zahl der Stationen seit 1836 von 44 auf 62 gewachsen war. Die Synode brachte auch den Gedanken in Anregung, fortan jährliche Missionsfeste in den Gemeinen mit möglichster Beteiligung der Freunde aus der näheren und weiteren Umgebung zu feiern, wozu doch die bisherige Feier des „Heidenfestes" am 6. Januar, so schön sie auch der Idee nach war, sich kaum eignete. Das Anwachsen des ganzen Werkes veranlaßte die Synode weiter, die Zahl der Mitglieder des Missionsdepartements der U. Ä. C. von drei auf vier zu erhöhen. — Besonders folgenreich aber war es, daß die Synode von 1848 auch die Anregung zu weiterer Ausdehnung des Werkes gab. Auf der Moskitoküste in Central-Amerika war im Jahr 1847 eine hoffnungsvolle Untersuchung von Jamaika aus vorgenommen worden. Die Synode beschloß daraufhin die Inangriffnahme dieser Mission, und 1849 wurde die Station Bluefields gegründet, der bald andere Stationen folgten. Ebenfalls beschloß die Synode eine neue Mission auf dem Festlande von Australien. Sie wurde unter sehr günstigen Umständen durch Schenkung von Land seitens eines reichen englischen Freundes eingeleitet und fand große Teilnahme in der Gemeine. Indes der thatsächliche Anfang in den Jahren 1850—1856 verlief ungünstig. Die dort angestellten Brüder gaben ohne Erlaubnis der U. Ä. C. eigenmächtig ihre Station am Boga-See auf und kehrten heim. Aber bald wurde sie aufs neue begonnen und mit gutem Erfolg

(Ebenezer) weitergeführt. Die dritte neue Missionsunternehmung der Brüdergemeine in jener Zeit, im weiteren Sinn ebenfalls eine Folge der Anregung von 1848, war die in Lahoul an der Grenze von Tibet. Gützlaff hatte im Jahr 1850 die Anregung gegeben zu einer Mission unter den Mongolen, und U. Ä. C. war gern darauf eingegangen. Im Jahr 1853 reisten die ersten Missionare, nachdem sie vorher Studien in der mongolischen Sprache gemacht hatten, dahin ab und nahmen ihren Weg durch Indien. In Ladak sahen sie die Unmöglichkeit weiteren Vordringens, und nachdem sie bei Missionar Prochnow in Kothgur die tibetische Sprache erlernt, ließen sie sich mit Erlaubnis der U. Ä. C. unter der tibetischen Bevölkerung in Lahoul nieder und gründeten die Station Kyelang (1856). Ihnen wurde in demselben Jahr zum Zweck weiterer Sprachstudien und namentlich der Bibelübersetzung der außerordentlich sprachbegabte Pfleger am Pädagogium, Heinrich August Jäschke, als Missionar nachgesendet. Die Arbeit war eine mühevolle aber nicht ganz erfolglose.

So ist das Werk der Heidenmission, das der Brüdergemeine bald nach ihrem Entstehen vom Herrn zugewiesen wurde, durch das Jubelfest von 1832 und durch die Synode von 1848 mächtig gefördert, bis in die Gegenwart hinein stetig gewachsen. Aus ihm hat die Brüdergemeine zugleich immer neue Anregung ihres geistlichen Lebens erhalten. Es ist ihr Lebenswerk, mit dem sie steht und fällt.

Die Mission ein Lebenswerk der Gemeine.

Viertes Kapitel.
Der Kampf um die Verfassung.
1857 bis auf die Gegenwart.

———+‡+———

<small>Allgemeiner Charakter dieses letzten Abschnittes.</small> Mit dem Jahr 1857 treten wir ein in den letzten Abschnitt unsrer Geschichtsdarstellung. Dieser Abschnitt liegt aber für uns noch nicht abgeschlossen vor, er reicht vielmehr bis in die unmittelbare Gegenwart hinein. Infolge dessen können wir diese Zeit auch nicht als Geschichte darstellen, eine eigentliche Entwickelung in derselben nicht nachweisen. Wir beschränken uns darauf, einige Hauptzüge hervorzuheben.

Eine spätere Darstellung unsrer Geschichte dürfte sich möglicherweise veranlaßt sehen, mit dem Jahr 1857 den **dritten Zeitraum** derselben zu beginnen. Dann würde die Zeit von 1775—1857 als zweiter Zeitraum erscheinen, und man würde ihn bezeichnen als die Zeit der ungeteilten, von Deutschland aus geleiteten Unität. Denn auf der Synode von 1857 verlangt und erhält der nordamerikanische Zweig der Unität seine Selbständigkeit. Er tritt aus dem Kolonialverhältnis heraus und wird zur selbständigen Provinz. Das Gleiche wird auch dem britischen Zweig der Unität zu teil. Dadurch aber hat die Unität einen Stoß erlitten, der noch heute namentlich in ihrem Centrum nachzittert. Noch ist der deutsche Zweig der Unität darüber nicht zur Ruhe gekommen, noch hat er sich nicht eine den veränderten Verhältnissen entsprechende, die Gewähr der

Dauer in sich tragende Verfassung geben können. Und auch sein Verhältnis zu den anderen Teilen der Unität — einerseits, wie es geschichtlich gegeben ist, Mutterland und Vorort, andrerseits eine den andern Provinzen gleichgestellte Provinz — hat in der Verfassung noch nicht seinen endgiltigen Ausdruck gefunden.

Wir wenden uns zunächst der Synode von 1857 zu. Doch müssen wir, um die damals gestellten Forderungen und die gefaßten Beschlüsse zu verstehen, noch einmal in die vorangegangenen Jahrzehnte zurückgreifen.

Schon seit dem Unabhängigkeitskampf der nordamerikanischen Staaten, der mit der Losreißung vom britischen Mutterland 1783 endete, zeigt sich in den amerikanischen Gemeinen allmählich ein anderer Charakter. Sie tragen nationales Gepräge, und ein Zug nach Unabhängigkeit, nach Geltendmachung der Eigenart tritt immer deutlicher hervor. Als sodann im Anfang des gegenwärtigen Jahrhunderts England längere Zeit durch die Kontinentalsperre vom Kontinent geschieden wird, macht sich eine ähnliche Entfremdung des britischen Zweiges der Unität vom deutschen und eine gleichzeitige Annäherung an den amerikanischen geltend. Damals begann man bereits charakteristischerweise von den „drei Unitätsprovinzen" zu reden. — Auf den Synoden der Unität war Amerika und ebenso England stets nur durch verhältnismäßig wenige Mitglieder vertreten. Und bei der Wahl der Unitäts-Ältesten-Konferenz hatte demnach der deutsche Zweig der Unität jedesmal weitaus das Übergewicht. Für die Besetzung vakanter Stellen in U. A. C. während der Zeit zwischen zwei Synoden hatte die Synode von 1818 folgende Bestimmung getroffen: Der deutsche Zweig der Unität hat in seinen 16 Gemeinkonferenzen 16 Stimmen und dazu kommen 3 Stimmen der U. A. C. England hat 8 Stimmen, Amerika 6. Darin war das Übergewicht des deutschen Mutterlandes sehr entschieden zum Ausdruck gebracht. Auf den folgenden Synoden errangen die außerdeutschen Provinzen Schritt für Schritt einige Stimmen mehr, und die Synode von 1848

Die Stellung der amerikanischen Provinz vor 1857.

gab bereits England 12 und Amerika 11 Stimmen, dafür aber erhielt U. Ä. C. 6 Stimmen statt der früheren 3. Es kam auch einzelne Male vor, daß ein Bruder aus den amerikanischen Gemeinen Mitglied der U. Ä. C. wurde. Im ganzen aber war und blieb doch die U. Ä. C. eine rein deutsche Behörde. — Was nun die Verwaltung der außerdeutschen Provinzen betrifft, so war in alter Zeit ein „Provinzialhelfer" für England und ebenso einer für Amerika eingesetzt worden. Solche Provinzialhelfer wurden aber auch innerhalb der deutschen Provinz gelegentlich durch U. Ä. C. eingesetzt, so für Schlesien, für die Lausitz und andere Gebiete. Sie vertraten die U. Ä. C. und handelten in ihrem Auftrag. In England und Amerika entwickelte sich daraus mit der Zeit ein Kollegium von 3 bis 5 Brüdern; man nannte es die Provinzial-Helfer-Konferenz. Aber diese Konferenz wurde von U. Ä. C. eingesetzt und war ihr vollständig untergeordnet, in der Weise wie noch heute in größeren Missionsgebieten die Helferkonferenz vom Missionsdepartement eingesetzt und ihm untergeordnet ist. Im Jahr 1818 sandte z. B. die U. Ä. C. einen deutschen Bruder, Christian Gottl. Hüffel, als Präses der amerikanischen Helferkonferenz nach Bethlehem. — Auch Provinzial-Synoden wurden in England und Amerika gehalten. Aber sie hatten nur die Bedeutung der Vorbereitung auf die allgemeine Synode. Es wurden die Wünsche der Provinz für die allgemeine Synode besprochen und formuliert. Einen kleinen Schritt zur Selbständigkeit der amerikanischen Provinz hatte indessen die Synode von 1848 gethan. Der nördliche Distrikt der nordamerikanischen Provinz (Pennsylvanien) erhält eine aus 3 Brüdern bestehende Provinzial-Helferkonferenz. Der eine wird von U. Ä. C. ernannt und ist zugleich Administrator der Unitätsbesitzungen (Ländereien) in Amerika. Die beiden andern werden von der pennsylvanischen Provinzialsynode gewählt, müssen aber durch das Los bestätigt werden. Außerdem ernennt U. Ä. C. den Präses. Ähnlich wird die Verwaltung in dem südlichen Distrikt (Nord-Carolina) eingerichtet. — Man sieht aus alledem deutlich, wie das Streben der amerikanischen Gemeinen auf Unabhängigkeit und Selbstverwaltung ging. Aber bis zum Jahr 1848 war davon noch nicht viel erreicht worden. Das sollte nun mit dem Jahr 1857 anders werden.

Im Jahr 1855 hielten die nordamerikanischen Gemeinen eine Provinzialsynode zu Bethlehem in Pennsylvanien. Hier wurde als Forderung aufgestellt: völlige Selbständigkeit der amerikanischen Provinz in allen rein provinziellen Angelegenheiten. Diese Selbständigkeit soll sich darin zeigen, daß die Provinzialsynode wirklich gesetzgebende Gewalt hat für die Provinz, und daß die Verwaltungsbehörde der Provinz von der Provinzialsynode gewählt wird und ihr allein verantwortlich ist. Eine weitere Forderung war die, daß auf der Generalsynode alle drei Unitätsprovinzen gleichmäßig vertreten sein sollten. — Als diese Forderungen in Deutschland bekannt wurden, erregten sie einen Sturm der Entrüstung. Man glaubte nicht anders, als daß eine vollständige Losreißung Amerikas von der Unität bevorstände. Und in den deutschen Gemeinen wurde vielfach das, was Amerika forderte, als falsche Unabhängigkeitssucht angesehen und hart beurteilt. Die Unitäts-Ältesten-Konferenz schrieb daraufhin eine allgemeine Synode aus für das Jahr 1857, zuvor aber berief sie für Deutschland eine Provinzialsynode für 1856. Diese deutsche Provinzialsynode war, wenn wir von einer solchen unter anders gearteten Umständen gehaltenen im Jahr 1769 absehen, die erste in ihrer Art seit dem Bestehen der Unität. Sie prüfte die amerikanischen Forderungen und kam zu dem Resultat, die Vorschläge der amerikanischen Gemeinen seien unannehmbar und könnten von der deutschen Provinzialsynode nicht empfohlen werden. Würden sie bewilligt, so sei eine organische Verbindung zwischen dem deutschen und amerikanischen Zweig der Unität fortan unmöglich.

So traten die beiden Teile in ihren offiziellen Organen einander scharf gegenüber, und eine Trennung schien unvermeiblich. Im Grunde hatte Amerika nicht ganz unrecht. Wir haben oben gesehen, wie wenig von etwaiger Selbständigkeit die Provinz bis dahin erreicht hatte. Dazu kam, daß seit Jahrzehnten keine eigentliche Visitation in Amerika seitens der Unitäts-Ältesten-Konferenz gehalten worden war. Überdies hatten die bisherigen Synoden eine Menge Bestimmungen getroffen und im Synodalverlaß niedergelegt, die für Amerika faktisch keine Geltung hatten. Es war ein Zustand, der in der That nicht länger ertragen werden konnte. Der Entwickelung der amerikanischen Gemeinen mußte in irgend welcher Weise verfassungsmäßig Rechnung getragen werden. Aber darin hatte die amerikanische Provinzialsynode augenscheinlich gefehlt, daß sie das ganze Verhältnis fast nur unter logisch-juribischem Gesichtspunkt betrachtet, den engen geistigen Zusammenhang der Unität, die geschichtliche Stellung des deutschen Teils derselben und seine thatsächliche Leistung für die Gesamtheit jedoch allzusehr aus den Augen gelassen hatte. Die deutsche Provinz wiederum hatte darin entschieden recht, daß sie die geistige Einheit der Unität stark hervorhob und als etwas hinstellte, daß unter allen Umständen aufrecht erhalten werden müsse, und daß sie es klar und bestimmt aussprach, die Verfassung der Unität nach logischen oder politischen Voraussetzungen gestalten zu wollen, sei durchaus unstatthaft. Aber der Fehler der deutschen Provinz und ihrer Vertretung lag darin, daß sie das überlieferte Herkommen einseitig festhielt und sich in die geschichtliche Entwickelung amerikanischer Verhältnisse nicht recht finden konnte. Die Lage war schwer und ernst. Wenn beide Teile auf ihren Anschauungen einseitig beharrten, so trat ein Bruch ein, dessen Folgen noch nicht übersehen werden konnten. Aber durch Gottes Gnade brachte die Synode von 1857 in der That die höhere Einheit und damit den Frieden. Einige Jahrzehnte zuvor wäre das wohl kaum möglich gewesen. Aber jetzt zeigte sich's denn doch, daß man zwar mit sehr verschiedenen Anschauungen, aber doch beiderseits von Gottes Geist neu belebt und innerlich neu geworden einander gegenüber stand.

Daß in den deutschen Gemeinen seit 1841 ein tief greifender Umschwung sich vollzogen hatte, das ward klar, sobald die Getrennten sich persönlich zur Beratung zusammenfanden. Und ebenfalls durfte man spüren, daß auch die Brüder in Amerika, wenn auch in etwas anderer Weise und von anderen Einflüssen her, inzwischen einen neuen Geist von oben empfangen hatten.

Der inneren Verständigung und dem Ausgleich beider Teile hatte, bereits ehe die Synode zustande kam, ein Schreiben vorgearbeitet, das von der deutschen Provinzialsynode 1856 an die amerikanischen Gemeinen erlassen worden war. Gustav Tietzen hatte es im Auftrag der Provinzialsynode verfaßt. Dieses Schreiben war von einem echt christlichen Geist, dem Geist der Versöhnlichkeit, durchweht und redete in einem so herzerquickenden Ton wahrer Bruderliebe, daß es wohl über die Stimmung der deutschen Provinzialsynode ein wenig hinausging, aber eben darum seine Wirkung nicht verfehlen konnte. Mit einem tiefen Bedürfnis nach Frieden und Versöhnung trat die Generalsynode in ihre Beratungen ein. *Schreiben der deutschen Provinzial-synode an die amerikanischen Gemeinen.*

Am 8. Juni begann die Synode. Sie erkannte alsbald die Berechtigung der amerikanischen Forderungen und setzte eine Kommission von 21 Mitgliedern ein, welche die Grundzüge einer neuen Verfassung ausarbeiten sollte. Diese Verfassung wurde dann im wesentlichen von der gesamten Synode angenommen. Freilich ist ihr Charakter im Vergleich zur bisherigen der der Decentralisation. Aber das war unvermeidlich. Folgendes sind die entscheidenden Bestimmungen. *Die Synode von 1857. Neue Verfassung.*

Die Generalsynode steht nach wie vor an der Spitze der gesamten Unität und hat die letzte Entscheidung in allen die Unität betreffenden Fragen. Aber ihre Zusammensetzung ist eine andere wie bisher. **Die drei Unitätsprovinzen sind gleichmäßig auf derselben vertreten und zwar durch neun Abgeordnete aus jeder Provinz.** Diese Abgeordneten werden nicht von den Gemeinen, sondern von den Provinzialsynoden gewählt.

Zu den 27 gewählten Mitgliedern der Synode treten dann noch von Amts wegen die Mitglieder der U. A. C., die Bischöfe, je ein Abgesandter der britischen und amerikanischen P. A. C. und etliche Brüder, die allgemeine Unitätsämter bekleiden. Auch beruft U. A. C. einige Missionare. Alle diese sind stimmberechtigt. — Die Aufgaben einer solchen Generalsynode sind durchaus allgemeiner Art. Sie hat die Grundzüge für Lehre und Leben festzustellen, über der Gesamtverfassung zu wachen, die U. A. C. zu wählen und dergleichen.

Die Provinzialsynoden haben die oberste Entscheidung in allen die Provinz betreffenden Angelegenheiten und also die gesetzgebende Gewalt für die Provinzen. Ihre Beschlüsse dürfen nicht in Widerspruch treten mit den Bestimmungen der allgemeinen Synode; aber Gemeineinrichtungen, Ausbreitung, Wirksamkeit innerhalb der Provinz ist ihre Sache. Außerdem wählt die amerikanische und die britische Provinzialsynode ihre jedesmalige Provinzial-Ältesten-Konferenz, als die Verwaltungsbehörde der Provinz.

Die Unitäts-Ältesten-Konferenz bleibt nach wie vor die oberste Verwaltungsbehörde der ganzen Unität. Sie wird durch die Generalsynode gewählt und ist dieser verantwortlich. Ihre Gliederung in drei Departements bleibt die gleiche wie bisher, nur wird im Blick auf die öfteren Visitationen, die ihr zur besonderen Aufgabe gemacht werden, die Zahl ihrer Mitglieder auf 12 erhöht. — In Betreff der Zwischenwahlen bei Vakanzen bleibt es im wesentlichen bei den Bestimmungen von 1848.

An die Stelle der bisherigen von U. A. C. abhängigen Provinzial-Helfer-Konferenzen in Amerika und England treten fortan Provinzial-Ältesten-Konferenzen. Sie bilden die oberste Verwaltungsbehörde der Provinz, werden von der Provinzialsynode gewählt und sind dieser verantwortlich. Doch steht die englische Provinzial-Ältesten-Konferenz fürs erste noch in einem direkteren Abhängigkeitsverhältnis zur Unitäts-Ältesten-Konferenz; letztere ernennt auch ihren Präses. Ähnlich steht es vor der Hand noch im südlichen Bezirk (Nord-Carolina) der nordamerikanischen Provinz, deren eines Mitglied, als Administrator der Unitätsbesitzungen, von der Unitäts-Ältesten-Konferenz ernannt wird. Hingegen ganz selbständig steht die Provinzial-Ältesten-Konferenz des nördlichen Bezirks (Pennsylvanien) der nordamerikanischen Provinz. Sie ist nur ihrer Provinzialsynode, die sie wählt, verantwortlich und wählt ihren Präses selbst aus ihrer eigenen Mitte. — Die deutsche Provinz erhält keine eigene Provinzial-Ältesten-Konferenz, sondern die Unitäts-Ältesten-Konferenz ist zugleich deutsche Provinzial-Ältesten-Konferenz, in ersterer Eigenschaft der Generalsynode, in letzterer Eigenschaft der deutschen Provinzialsynode verantwortlich, obgleich nicht von dieser gewählt.

Mit dieser Trennung der drei Unitätsprovinzen in Bezug auf die Verfassung geht nun Hand in Hand die Trennung in Bezug auf das Vermögen. Die deutsche Provinz übernimmt das ganze seitherige Unitätsvermögen, auch die Güter in der Wachau (Nord-Carolina), und zahlt dafür eine bestimmte Summe als Kapital an die beiden andern Provinzen, woraus diese ihre allgemeinen Bedürfnisse bestreiten. Als wirkliches Unitätseigentum bleiben außer der Missionsdiakonie nur noch gewisse Fonds bestehen zur Deckung der Kosten der Generalsynode und der Visitationsreisen der U. Ä. C.

Teilung des Unitätsvermögens.

Somit hatte die Synode von 1857 ein Werk geschaffen, das die Einheit der Unität noch festhielt. Freilich der Stoß war geschehen und wurde empfunden. Und die Einheit hatte bereits den Charakter einer Föderation. Aber der drohende Bruch war doch vermieden. Und besonders verheißungsvoll war es, daß in den Verhandlungen der Synode ein Geist brüderlicher Offenheit und herzlicher Einmütigkeit gewaltet hatte. Man hatte sich gegenseitig verstehen und lieben gelernt, und das Band, das die Unität innerlich umschließt, war fester geknüpft worden. Freilich mußte sich nun zeigen, ob diese Verfassung auch der ent-

Festhalten der Einheit bei notwendiger Decentralisation.

sprechende Ausdruck des thatsächlichen Verhältnisses war, und ob das Leben der Unität unter dieser Verfassung gedeihen konnte. Noch war manches an dieser Verfassung mangelhaft, und die folgenden Synoden haben sich bemüht, das Werk gleichmäßig und organisch auszubauen, ohne jedoch bis jetzt ein allseitig befriedigendes Resultat erreicht zu haben.

Weiterer Ausbau.

Verhältnismäßig unerheblich waren zunächst noch die Veränderungen, welche die General synode von 1869, die erste, welche nach der neuen Verfassung gewählt wurde, vornahm. Sie bezogen sich mehr auf die britische Provinz und deren Gleichstellung mit Amerika, ebenso auf den südlichen Bezirk der nordamerikanischen Provinz und auf genauere finanzielle Auseinandersetzungen. Die Stellung der deutschen Provinz zur Unität und zur Unitäts-Ältesten-Konferenz blieb bis auf den Modus der Wahl in Bakanzfällen unberührt. — Einschneidender waren die Beschlüsse der General synode von 1879. Das Unvollkommene der Verfassung von 1857 war auf dem Wege der praktischen Ausübung doch mehr und mehr gefühlt worden und zum Bewußtsein gekommen. Einmal fühlte die amerikanische Provinz das Bedürfnis, eine Appellationsbehörde zu haben, an die sie sich wenden und bei der sie sich eine vorläufige Entscheidung holen könne, wenn einmal in der Zeit zwischen zwei Generalsynoden, einem Zeitraum von 10 Jahren, schwerwiegende und von der Provinz allein nicht zu lösende Differenzen vorliegen sollten, wie es in jener Zeit auch thatsächlich der Fall gewesen war. Die Unitäts-Ältesten-Konferenz als solche genügte dazu nicht, zumal wenn sie zu zwei Dritteilen von der deutschen Provinz gewählt wurde. Eben dies war aber jetzt die unabweisbare Forderung, die die deutsche Provinz stellte. Logisch klar wäre es ja gewesen, wenn man jeder Provinz zur Verwaltung der provinziellen Angelegenheiten eine Provinzial-Ältesten-Konferenz gegeben und außerdem eine Unitäts-Ältesten-Konferenz eingesetzt hätte, die, von der Generalsynode gewählt, alle generellen Entscheidungen auf

Mängel der Verfassung von 1857.

sich nahm und darüber der nächsten Generalsynode Rechenschaft ablegte. Zu einer solchen allgemeinen Oberbehörde hätte sich auch scheinbar das bisherige Missionsdepartement sehr wohl geeignet, denn gerade die Heidenmission war eigentlich das einzige Werk, das von der Unität als solcher betrieben wurde, und an welchem alle drei Provinzen in gleicher Weise teilhaben wollten. Indessen, so einleuchtend dieser Gedanke auf den ersten Blick auch erschien, thatsächlich war er unausführbar, ja jeglicher Weg, in dieser Richtung eingeschlagen, war unmöglich. Denn das Werk der Heidenmission, wie es einst von Herrnhut ausgegangen, wurzelte nach Anschauung der Synode von 1879 so tief in der deutschen Provinz und war mit derselben so fest und innig verwachsen, daß die Behörde, welche es leitet, in der **deutschen Provinz**, ja recht eigentlich in der **Verwaltung** dieser Provinz stehen mußte. Und diese Anschauung war für die Synode von 1879 um so unbestreitbarer, als damals in den siebziger Jahren die britische und die amerikanische Provinz an dem Missionswerk sich thatsächlich noch bei weitem nicht in dem Maß beteiligten, wie es seitdem in den achtziger Jahren geschehen ist. Indem nun die Synode von 1879 aus allen diesen Schwierigkeiten einen Ausweg suchte, faßte sie folgenden Beschluß. Die **Unitäts-Ältesten-Konferenz bleibt wie bisher die leitende Oberbehörde der gesamten Unität und zugleich deutsche Provinzial-Ältesten-Konferenz**, aber sie wird zu zwei Dritteilen (Erziehungsdepartement und Vorsteherdepartement) von der jedesmaligen die allgemeine Synode vorbereitenden **deutschen Provinzialsynode gewählt**. Nur das übrige Dritteil, das **Missionsdepartement, wird von der Generalsynode gewählt**. Damit aber die Einheitlichkeit der Behörde gewahrt werde und damit sie verfassungsmäßig ununterbrochen bestehe, kooptiert das Missionsdepartement nach der deutschen Provinzialsynode die neu gewählte deutsche Provinzial-Ältesten-Konferenz und ergänzt sich durch diese zur Unitäts-Ältesten-Konferenz, während die Generalsynode, nachdem sie das neue Missionsdepartement gewählt hat, die von der vorhergegangenen deutschen Provinzialsynode gewählte deutsche Provinzial-Ältesten-Konferenz zu Mitgliedern der Unitäts-Ältesten-Konferenz ernennt. — Um nun aber auch den Wünschen der beiden außerdeutschen Provinzen nach einer geeigneten Appellationsbehörde Rechnung zu tragen, wird ein neues Departement geschaffen, das Unitätsdepartement. Dieses wird aber aus denselben Personen gebildet, die schon in der U. Ä. C. sind und zu dem einen oder anderen ihrer Departements gehören. Es besteht nämlich aus dem Missionsdepartement und aus zwei Mitgliedern der übrigen deutschen Provinzial-Ältesten-Konferenz, die von der Generalsynode in das Unitätsdepartement gewählt werden. Das Unitätsdepartement wacht über der gesetzestreuen Ausführung der Beschlüsse der Generalsynode in der britischen und amerikanischen Provinz und trifft vorkommenden Falles in den genannten Provinzen Entscheidungen, vorbehaltlich der Bestätigung durch die nächste Generalsynode. — Dem entspricht auch die Ersatzwahl in Vakanzfällen. Daß bei Vakanzen im Helfer- und Erziehungsdepartement nur die deutsche Provinz durch ihre Gemeinkonferenzen wählt, hatte schon die Synode von 1869 festgesetzt. (Vgl. oben S. 184.) Nun beschloß die Synode von 1879, daß bei einer Ersatzwahl für das Unitätsdepartement von jeder Provinz 17 Stimmen abgegeben werden sollten, zu denen dann die U. Ä. C. ihre 6 Stimmen hinzulegt. — So war den Wünschen der einzelnen Provinzen nach Möglichkeit Rechnung getragen worden. Dennoch war die deutsche Provinz nicht befriedigt. Ihr genügte die Provinzial-Ältesten-Konferenz, wie sie durch die Synode von 1879 organisiert worden war, nicht. Sie war eben doch nur zu zwei Dritteilen von der deutschen Provinzialsynode gewählt und nicht ganz. Deshalb ging die Generalsynode von 1889 noch einen Schritt weiter. Sie schied die Unitäts-Ältesten-Konferenz in zwei koordinierte Teile: Missionsdepartement und deutsche Provinzial-Ältesten-Konferenz. Nur die letztere, aus zwei Departements (Erziehungsdepartement und Vorsteherdepartement) bestehend, leitet die Angelegenheiten der deutschen Provinz. Missionsdepartement nimmt zwar an ihren Beratungen teil, hat bei zu fassenden Beschlüssen aber kein Stimmrecht. Nur bei wirklichen Unitätsangelegenheiten beschließt die Unitäts-Ältesten-Konferenz als Ganzes.

Das sind die wesentlichsten unter den Verfassungsänderungen, welche, veranlaßt durch die Beschlüsse von 1857, durch die folgenden Synoden vorgenommen wurden. Aber schon aus diesen Stücken erhellt genügend, wie mühevoll die Unität danach ringt, den Stoß von 1857, die Trennung der Provinzen, zu überwinden und den dort angeregten Gedanken verfassungsmäßig durchzuführen. Noch ist sie nicht ans Ziel gelangt. Die Bestimmungen von 1879 sind ungemein kompliciert und charakterisieren sich als Versuche, ein erträgliches Interim herzustellen. Solange der gute Wille auf allen Seiten vorhanden ist, läßt sich damit regieren. Wenn aber ernstere Gegensätze, tiefere Bewegungen Platz greifen, so zerbricht ein so künstliches Gefäß. Die Verfassung einer Kirche ist aber ebenso wie die eines Staates etwas sehr wesentliches. Eine gesunde Verfassung soll das Leben der Gemeinschaft fördern, indem sie den treibenden Kräften, so weit sie aus dem Wesen der Gemeinschaft hervorgehen, die Wege der Entfaltung bietet. Sie soll aber auch andrerseits ein Damm sein, an welchem alle dem Wesen der Gemeinschaft nicht entsprechenden, daher verderblichen und zerstörenden Strömungen nachhaltigen Widerstand finden und zerschellen. Augenscheinlich geht die Entwickelung der Unität seit 1857 auf einen Kirchenbund mit selbständigen Provinzen. Es gilt nun, die in dieser Richtung liegenden, das innere Leben der Unität erhaltenden und fördernden Einrichtungen zu finden.

An die obige Darlegung der Verfassungsentwickelung während der letzten Jahrzehnte knüpfen wir nun noch einige geschichtliche Notizen von allgemeinerer Bedeutung.

Ziel der Verfassungsbewegung.

Aufhebung des amtlichen Losgebrauchs.

Ein wichtiger Beschluß, um das gleich hier voranzustellen, ist von der Synode 1889 gefaßt worden in Bezug auf den Gebrauch des Loses. Bis dahin bestand noch immer, wenn auch in sehr beschränkter Ausdehnung, ein amtlicher Gebrauch des Loses. In der Unitäts-Ältesten-Konferenz wurde bei Besetzung wichtiger Ämter, auch wohl sonst bei Entscheidung wichtiger Fragen der direkte Wille des Herrn zu erforschen gesucht durch Anwendung des Loses, soweit nicht etwa ohne das durch die Umstände schon ein bestimmter Weg vom Herrn gewiesen wurde. Auch die Synode selbst pflegte in einzelnen Fällen sich des Loses zu bedienen. Man berief sich für diesen Gebrauch einerseits auf Apostelgesch. 1, 26, andrerseits auf Matth. 18, 19. 20. Indessen die freie Glaubensüberzeugung war doch mit dem Gebundensein an Verfassungsbestimmungen in Bezug auf den Gebrauch des Loses unvereinbar, und deshalb beschloß die Synode die vollständige Beseitigung des amtlichen Loses.

Zahl und Ausbreitung.

Ausbreitung und Wachstum der Brüdergemeine ist in dem vorliegenden Zeitabschnitt stetig vorwärts gegangen. Nicht nur die Wirksamkeit nach außen weist eine steigende Ausdehnung auf, auch die Zahl der Mitglieder der Gemeinen ist in beständigem Wachsen begriffen. Um das Jahr 1857 zählte die Brüdergemeine in allen drei Provinzen zusammen 19 600 Mitglieder. Im Jahr 1892 belief sich diese Zahl vor der Trennung Sareptas auf 33 800. Die hauptsächliche Vermehrung fällt dabei auf die amerikanische Provinz. Diese zählte im Jahre 1857 etwa 8000 Gemeinmitglieder, im Jahr 1892 dagegen nahe an 19 000. Die deutsche Provinz ist während dieser Zeit von 6400 auf 8500 gewachsen. Am geringsten ist das Wachstum in der britischen Provinz. Dort zählte man 1857 etwa 5100 und heute 5660. Ja im letzten Jahrzehnt war die Zahl der Mitglieder daselbst stetig gefallen, nämlich von 5788 im Jahre 1879 auf 5336 im Jahr 1890. Erst die letzten zwei Jahre zeigen wieder ein erfreuliches Wachstum.

Das verschiedenartige Wachstum in den einzelnen Provinzen steht mit dem besonderen Charakter derselben in nahem Zusammenhang. Das rasche Anwachsen der Mitgliederzahl in der amerikanischen Provinz beruht nämlich nicht nur auf den dortigen anders gearteten kirchlichen Verhältnissen, sondern ebenso auf der Anwendung eines ganz anderen Princips bei der Aufnahme. In Amerika steht die Brüderkirche mitten unter anderen Freikirchen, zum Teil umgeben von solchen, die sich noch keiner Kirche angeschlossen haben. Unter diesen errichtet sie Predigtplätze und erklärt eine so gesammelte Schar, sobald sie sich zu genügenden Beiträgen verpflichtet, zu einer Gemeine der Brüderkirche. Solchen Gemeinen fehlt aber natürlich die innere Zugehörigkeit, fehlt brüderischer Charakter und Verständnis für die Brüdergemeine. Dadurch treten amerikanische und deutsche Gemeinen in Charakter und Wesen immer weiter auseinander. Um die Fühlung wieder herzustellen und zu erhalten, sind in dem vorliegenden Zeitabschnitt zweimal amtliche Visitationen durch einen Bruder aus U. A. C. in Amerika gehalten worden. Auch die Generalsynoden knüpfen die Verbindung stets wieder an. Endlich siedeln einzelne deutsche Gemeinglieder dann und wann nach Amerika über. Dennoch bleibt die Verschiedenheit eine große und unleugbar eine wachsende. Nicht viel anders steht es zwischen den deutschen und englischen Gemeinen. Ja hier ist die Entfremdung fast noch größer. Daß in England das Wachstum der Gemeinen ein so äußerst geringes ist, rührt wohl daher, daß im dortigen Lande die Diasporathätigkeit von Anfang an keinen Boden gewinnen konnte, denn jede religiöse Bewegung findet dort ihre bestimmte kirchliche Ausprägung neben und außer der Landeskirche, und die vorhandenen Typen religiösen Lebens entsprechen dem nationalen Charakter mehr als das Brüdertum. In Deutschland hat die Brüdergemeine ihren Zuwachs teilweis noch aus der Diaspora, wenn auch in weit geringerem Maß als früher. Denn Erweckte finden heut zu Tage auch in der Landeskirche Anschluß und Befriedigung. Dennoch würde sie sich rascher vermehren können, wenn sie nicht im wohlverstandenen eigenen Interesse sehr vorsichtig zu Werke ginge in der Prüfung der Beweggründe derer, die die Aufnahme nachsuchen.

Neue Gemeinen in Schlesien und der Schweiz.

Aber abgesehen von der Zahl der Mitglieder in den einzelnen Gemeinen hat sich die Brüdergemeine deutscher Provinz ausgedehnt durch Gründung neuer Gemeinen. Diese haben jedoch nicht die Gestalt der Ortsgemeinen angenommen, sondern sind das, was man früher Stadt- und Landgemeinen nannte. (Vgl. S. 134 u. 167.) Sie entstanden zumeist in Schlesien: Goldberg 1858, Hausdorf im Eulgebirge 1873, Breslau, Anfangs Filial von Gnadenfrei, selbständig geworden 1892. Von diesen ist jedoch Goldberg bis auf einen kleinen Rest wieder eingegangen. In ähnlicher Weise bildeten sich Gemeinen in der französischen Schweiz im Jahr 1873. Es waren das ursprünglich Diasporagemeinschaften gewesen, die sich aber dann, veranlaßt durch die kirchlichen Verhältnisse in den betreffenden Schweizer Kantonen, der Brüderkirche anschlossen. Freilich hat die deutsche Provinz, was die Zahl ihrer Gemeinen betrifft, auch wieder einen schmerzlichen Verlust erlitten.

Trennung Sareptas von der Brüderunität.

Im Jahr 1892 schied Sarepta im südlichen Rußland aus dem Verband der Unität aus und hat seitdem Anschluß an die lutherische Kirche Rußlands gesucht. Die innere Zugehörigkeit dieser Gemeine zur Brüderunität war schon während der letzten Jahrzehnte stark im Schwinden. Das Streben, alles im russischen Reich russisch zu machen, hatte sich auch eines großen Teils der ursprünglich deutschen Einwohner Sareptas bemächtigt, und dadurch war der Riß zwischen dieser Gemeine und der deutschen Unität immer tiefer geworden. Die Anhänglichkeit einzelner Familien an die Unität war nicht stark genug, den Riß aufzuhalten. Dazu kam das Eingreifen der russischen Regierung in die inneren Angelegenheiten der Gemeine, wodurch eine fernere Leitung derselben durch die deutsche Provinzial-Ältesten-Konferenz zur Unmöglichkeit wurde.

Eine ansehnliche Erweiterung hat auch die Brüder-Unität erfahren durch das von ihr unternommene Evangelifationswerk in ihrem Stammlande Böhmen und Mähren. Es wurde begonnen in den sechziger Jahren unsres Jahrhunderts, und die erste sichtbare Frucht war die Gründung der Gemeine Pottenstein in Böhmen am 16. Oktober 1870. Bald breitete sich dieselbe aus und eine Anzahl Filialgemeinen entstanden in ihrer Nähe. Im Jahr 1872 bildete sich eine zweite Gemeine in Dauba im deutsch redenden Teil Böhmens, und 1892 begann die Bildung einer Gemeine in Herzogwald in Mähren. Die Zahl aller Gemeinglieder in Böhmen und Mähren beläuft sich gegenwärtig auf etwa 400. Diese böhmischen Gemeinen erhielten eine feste und gesicherte Grundlage durch die staatliche Anerkennung der „Brüderkirche in Österreich" (Gesetz vom 30. März 1880). Die Gemeinen in Böhmen und Mähren bilden aber nicht wie die in der Schweiz einen Teil der deutschen Provinz. Sie sind vielmehr ein gemeinsames Werk der drei Unitätsprovinzen, und ihre Organisation unterliegt der Generalsynode.

Gemeingründung in Böhmen u. Mähren.

Die Brüdergemeine deutscher Provinz hat ihr Diasporawerk auch in der zweiten Hälfte des gegenwärtigen Jahrhunderts weiter gepflegt wie vor alters. Aber es hat in dieser Zeit mehr und mehr einen anderen Charakter angenommen. Der festgeschlossenen Gemeinschaften sind weniger geworden, und überhaupt steht die Gemeinschaftspflege nicht mehr eigentlich im Vordergrund. Was die Brüdergemeine früher in dieser Richtung gethan, ist nach und nach Gemeingut der evangelischen Kirche geworden. Sie hat damit dem religiösen Gesamtzug der heutigen Zeit, wie er sich im Vereinswesen kund giebt, vorgearbeitet und ihm Weg und Richtung gezeigt. Freilich besteht ein großer Unterschied zwischen den heutigen „Vereinen" und jenen ehemaligen „Gemeinschaften", und zwar, was Tiefe und Festigkeit betrifft, nicht zu Gunsten der heutigen Zeit. Doch sagt gerade der modernen Christenheit das Vereinswesen mehr zu, und in folgedessen hat die eigentliche Diasporathätigkeit der Brüdergemeine an Boden verloren. Sie hat sich aber den veränderten Verhältnissen anbequemt und ar-

Diasporathätigkeit

beitet jetzt vielfach so, daß sie verwandte Evangelisations=
bestrebungen innerhalb der Kirche mit unterstützt; und
überall sucht sie, auch auf dem Weg der Einzelbesuche,
lebendiges Herzenschristentum und persönliches Glaubens=
leben zu fördern. Sie freut sich besonders, solchen Bestrebungen ihre Unterstützung angedeihen lassen zu können,
in denen sie ihr eigenstes Wesen wiederfindet. Das gilt
insonderheit von der im Jahr 1888 ins Leben gerufenen
Gnadauer Pfingstkonferenz für evangelisches Gemeinschafts=
leben. — Auf dem Diasporawerk in den russischen Ostsee=
provinzen liegt leider heutzutage derselbe Druck, den alles
evangelisch kirchliche Leben daselbst empfindet, und der in
dem gewaltsamen, nationalen und nationalkirchlichen Vorgehen der russischen Regierung seinen Grund hat.

Erziehungs-
thätigkeit. Das Erziehungswerk der Brüdergemeine, wie es
besonders in den Erziehungsanstalten für fremde Zöglinge
seine Aufgabe sieht, um hier am inneren Aufbau der evangelischen Kirche mitzuarbeiten, ist auf einzelnen Punkten
zurückgegangen und hat im ganzen kaum mehr die Ausdehnung wie früher. Aber der Charakter der Thätigkeit ist
der gleiche wie in älterer Zeit, und auch die segensreichen
Erfolge dürften nicht geringer geworden sein. Freilich
empfindet es die Brüdergemeine heutzutage als hindernde
Fessel, daß der Staat sein gesetzliches Aufsichtsrecht in
immer ausgedehnterem Maße geltend macht. Jene Freiheit
und Unabhängigkeit, wie sie noch im Jahr 1818 zu Recht
bestand (vgl. S. 141), und deren sich die Brüdergemeine
thatsächlich bis 1870 erfreut hat, ist in den letzten zwei
Jahrzehnten vollständig geschwunden. Die Forderungen,
welche der Staat in Bezug auf die Lehrkräfte stellt, können
von seiten der Brüdergemeine aus ihrer eigenen Mitte
heraus im vollen Umfang nicht erfüllt werden. So muß
sie in ihrem Erziehungswerk, namentlich auf den höheren
Stufen, vielfach mit fremden Kräften arbeiten. Sie hat
aber auch in ihrer eigenen Mitte Bildungsanstalten für
Lehrer und Lehrerinnen errichtet, welche unter Staatsaufsicht stehen. (Lehrerseminar in Niesky 1872, Lehrerinnen-

Bildungsanstalt in Gnadau 1875). Es kann auch nicht geleugnet werden, daß für den Unterricht der Gemeinjugend in den Ortsschulen die Staatsaufsicht sich vielfach hebend und fördernd erwiesen hat. Und selbst das Pädagogium in Niesky fühlt sich durch das energische Eingreifen des Staates seit dem Ende der achtziger Jahre in Charakter und Ziel des Unterrichts nicht wesentlich beeinträchtigt. Die Brüdergemeine weiß sich schließlich auf verschiedenen Gebieten den neu an sie herantretenden Verhältnissen einzugliedern, ohne ihr Wesen aufzugeben, und gerade darin erweist sie ihre Lebenskraft.

Das größte Werk unter denen, die die Brüdergemeine treibt zum Aufbau des Reiches Gottes, ist das **Missionswerk**. Und gerade dieses Werk ist in der zweiten Hälfte des Jahrhunderts unter dem Segen Gottes stetig gewachsen und hat sich räumlich über neue Gebiete ausgedehnt. Unter den Ereignissen, die die Arbeit innerlich gefördert haben, erwähnen wir die wunderbaren Erweckungen, zuerst in Jamaika in den sechziger Jahren und dann auf der Moskitoküste im Anfang der achtziger Jahre. Erweiterungen erfuhren S u r i n a m e in seiner B u s c h n e g e r m i s s i o n, die durch Vermittelung des Negers Joh. King im Anfang der sechziger Jahre zu den Matuarinegern an der Saramatta gebracht, und die vor kurzem (1892) auch auf die Aukaneger an der oberen Cottica ausgedehnt wurde, und der ö s t l i c h e Teil von S ü d = A f r i k a, wo im freien Kaffernlande Baziya unter den Tembus 1863 und dann mit Anfang der siebziger Jahre die Mission unter den Hlubis (Tinana 1876) gegründet wurde. Ausgedehnt hat sich auch das Werk am H i m a l a y a in Asien, indem zur ersten Station Kyelang noch Poo in Kunawur (1865) und Leh in Ladak (1885) hinzukamen, aber die Zahl der gewonnenen Seelen ist im dortigen Lande bis jetzt klein geblieben. Ein V e r s u c h zu weiterer Ausdehnung geschah in A u s t r a l i e n, wo vier Brüder bis in das Innere vordrangen und an der Cooperscreek östlich vom Eyre = See eine Station (Kopperamana) gründeten (1866). Aber Un-

Die Heidenmission seit 1857.

empfänglichkeit der wilden Papuas und die große Schwierigkeit der Verproviantierung der Station sowie der Wassermangel nötigten dazu, die Station schon 1868 wieder aufzugeben. In der Kolonie Viktoria wurde Ramahyuk in Gippsland angelegt (1863) und an den dort in der Kolonie lebenden aber nach und nach aussterbenden Papuas weitere mühevolle Arbeit gethan. Im letzten Jahrzehnt sind **neue Gebiete** für die Missionsthätigkeit der Brüdergemeine eröffnet worden und zwar in eigentlichen **Heidenländern**. Zuerst in **Alaska** im nordwestlichen Nordamerika im Jahr 1885. Es ist das ein Missionsunternehmen, das speziell von der nordamerikanischen Provinz aus betrieben wird. Dann auf der die Westküste der Halbinsel York in **Nord-Queensland** (Australien) im Jahr 1891. Dieses Unternehmen ist ausgegangen von den vereinigten presbyterianischen Synoden in Victoria, New-Süd-Wales und Queensland, und die Brüdergemeine hat diesen nur die Missionare gestellt. Endlich in **Deutsch-Ostafrika**, nördlich vom Nyassa-See, ebenfalls im Jahr 1891. — Von Erfolgen kann auf diesen letzten Gebieten heut noch nicht die Rede sein. Aber der Segen Gottes, der die Missionsarbeit der Brüdergemeine allenthalben begleitet hat, wird zu seiner Zeit auch diesen neuen Gebieten nicht fehlen. — Unter die Mission im weiteren Sinn kann aber auch die Pflege der **Aussätzigen in Jerusalem** gerechnet werden. Dieses Werk, von einer deutschen Baronin im Jahr 1866 begonnen, wurde der Brüdergemeine im Jahr 1881 übergeben und ist seitdem, namentlich unterstützt durch Freunde in England, von ihr weitergeführt worden, indem mit der leiblichen Pflege Evangelisation und Mission sich verbindet.

Um den Brüdern, welche in den Missionsdienst berufen werden, eine gründlichere Vorbereitung zu geben, ist im Jahr 1869 eine **Missionsschule in Niesky** errichtet worden mit einem dreijährigen Kursus. Eine Vorstufe zu derselben, namentlich für solche junge Leute, die der Brüdergemeine noch nicht angehören, bildet die 1892 errichtete **Schule in Königsfeld**.

Fragen wir zum Schluß: Ist die Brüdergemeine ihrem Wesen treu geblieben von den Tagen ihrer Gründung an bis auf die Gegenwart? Eine Gemeinschaft, durchweg aus wahren Kindern Gottes bestehend, ist sie nicht. Das ist sie nie gewesen, hat auch nie behauptet, es zu sein. Es giebt in ihr tote und lebendige Seelen wie in jeder kirchlichen Gemeinschaft. Aber ihren Beruf, das Leben aus Gott, das Leben der Wiedergeburt und des lebendigen Glaubens innerhalb wie außerhalb ihres Kreises zu wecken und zu pflegen und unter den Erweckten Gemeinschaft zu stiften, hält sie noch heute hoch und übt ihn aus wie in den Tagen ihrer Jugend. Die Brüdergemeine hat kein bestimmtes Bekenntnis der Lehre, wodurch sie sich von anderen Gemeinschaften unterschiede. Sie macht auch nicht eins der vorhandenen evangelischen Bekenntnisse schlechthin zu dem ihrigen. Sie steht aber fest auf dem Boden der heiligen Schrift. Diese ist für sie alleiniger Lehrgrund und alleinige Richtschnur des Lehrvortrags. Wie sie die Schrift auffaßt und was sie aus derselben hervorhebt, das ist ausgesprochen im Verlaß der allgemeinen Synode von 1889 (S. 11—16.). Auch giebt das Gesangbuch der Brüdergemeine und unter den Liturgieen insonderheit die Liturgie für den Ostermorgen klar und deutlich Zeugnis davon, in welcher Weise die Lehre der heiligen Schrift im Bewußtsein der Gemeine lebt. Im Blick auf ein etwa zu formulierendes Bekenntnis hat Zinzendorf auf dem Synodus zu Marienborn im Jahr 1740 unter Zustimmung seiner Mitarbeiter und der übrigen Synodalen ein Wort gesagt, das für die Brüdergemeine noch heute in vollem Umfang gilt. „Jede Gemeinschaft im Reiche Gottes, sagte er, hat ihre Einsichten. Schreibt man sie auf, so wirds ein Glaubensbekenntnis. Das können wir gelegentlich auch thun. Es wird aber für uns kein Symbolum, wie die der lutherischen Kirche, so daß man es in künftigen Zeiten nie ändern könnte. Wir wollen uns im Gegenteil die Freiheit behalten, daß der Heiland von Zeit zu Zeit uns unsre Lehre ausklären könne." Lernen also will die Brüdergemeine, lernen aus der Schrift und immer tiefer in die Erkenntnis derselben eindringen. Und in dieser demütigen Lernwilligkeit, in dem Bewußtsein, die Wahrheit nicht für sich allein zu haben und alle Erkenntnis nur stückweise zu besitzen, gestattet sie die Freiheit der **Lehrtropen** in ihrer eignen Mitte. (Vgl. S. 76.) Das aber, woran sie unverbrüchlich festhält und das sie immer wieder in den Vordergrund stellt, ist die **Versöhnung des Sünders mit Gott durch den Kreuzestod des Gottessohnes**. In diesem Stück liegt für sie alles: Buße und Bekehrung, Glaube und Heiligung. Das ist für sie der Grund der Lebensgemeinschaft mit dem gekreuzigten und auferstandenen Heiland, die sie von jedem, der zum Glauben gekommen ist, fordert. Und davon zeugt sie denn auch in der öffentlichen Verkündigung wie in der privaten Seelsorge, in Wort und Schrift, wo und soweit sie es vermag.

Predigtweise. In Form und Ausdruck der Verkündigung hat sie nicht immer dieselbe Weise durch alle Zeiten festgehalten. In der älteren Zeit und bis gegen die Mitte des gegenwärtigen Jahrhunderts war der Grundtypus in fast allen Reden der gleiche. Es gab eine bestimmt hergebrachte Form, von den Erfahrungen des Herzens zu reden. Man setzte bei den Zuhörern den lebendigen Glauben und die Wiedergeburt als Gemeingut voraus. Man individualisierte wenig oder gar nicht und ließ den einzelnen in der Gemeinschaft verschwinden. Daher trat auch das erweckende, Buße und Umkehr fordernde Zeugnis ganz und gar zurück hinter dem Zeugnis von der Seligkeit des begnadigten Sünders. Das ist anders geworden seit den vierziger Jahren unsres Jahrhunderts. Bahnbrechend in dieser Hinsicht war **Friedrich Emanuel Kleinschmidt** (Pfleger des Pädagogiums und Prediger in Niesky, später in Gothenburg, Berlin und Zeist, gest. 1882). Er forderte mit Entschiedenheit die Bekehrung des einzelnen, schilderte die verschiedenen Herzenszustände seiner Hörer und drang mit Nachdruck darauf, ein jeder müsse wissen, daß er Vergebung seiner Sünden habe. Und obgleich er mit großer Ruhe und Nüchternheit sprach und seinen Gegenstand immer rein sachlich behandelte, übte er doch eine gewaltige Wirkung aus. (Vgl. S. 162.) Noch bedeutender und originaler in der Redeweise war Ernst Reichel (geb. 1806, Prediger in Ebersdorf und Niesky, seit 1850 Mitglied der U. A. C., gest. 1878). Er ging auf dem von Kleinschmidt angebahnten Wege weiter, überragte ihn aber an Mannigfaltigkeit und Tiefe der Gedanken wie an geistvoller Schriftauslegung. Ernst Reichel griff wie keiner vor ihm in das praktische Leben ein und erfaßte mit unwiderstehlicher Gewalt den einzelnen in seiner jeweiligen inneren Stellung. Die gewaltige Kraft seiner Beredsamkeit hatte denn auch eine tiefgreifende Wirkung. Und die Predigtweise anderer hat sich seitdem, ohne Nachahmung zu sein, vielfach an ihn angeschlossen. Seitdem ist aus der Predigtweise der Brüdergemeine jene frühere Gleichförmigkeit verschwunden. Jeder redet nach seiner besonderen Art und Gabe, und es hat sich allmählich eine sehr anregende Mannigfaltigkeit herausgebildet. Auch die Voraussetzung, die Zuhörerschaft bestehe durchgängig aus wirklich gläubigen Christen, ist gefallen. Aber bei aller Mannigfaltigkeit ist und bleibt der Inhalt der Predigt doch immer, wenn auch nicht ausschließlich so doch vorherrschend, das Lamm Gottes, das die Sünde der Welt und unser aller Sünde getragen hat.

So hat die Brüdergemeine seit ihrem Entstehen sich gewandelt in Form und Verfassung, im Handeln und Auftreten, und ist doch ihrem innersten Wesen nach sich selbst treu geblieben bis auf den heutigen Tag. Sie soll und will, wie in ihrer eigenen Mitte so nach außen, wohin immer ihre Wirksamkeit reicht, über alle trennenden Meinungen hinweg den persönlichen Herzensglauben pflegen und die Gläubigen zu herzlicher Gemeinschaft untereinander und mit dem Herrn führen. Einigkeit im Geist, Eintracht und Gemeinschaft ist ihr Ziel. Für diesen Beruf findet sie überall Boden heut wie vor 150 Jahren, denn es ist der Auftrag, den ihr der Herr zugewiesen hat. Die Verfassungsstürme mußten über sie

Beruf der Brüdergemeine in der Gegenwart.

hereinbrechen, das lag im notwendigen Gang der Entwickelung. Aber wie denkwürdig ist es, daß der Herr, ehe die Stürme kamen, die Gemeine innerlich erneuert und gefestigt hat! Dadurch hat er gezeigt, daß er ihre Arbeit brauchen will auch in den ernsten Zeiten, die der Kirche Gottes auf Erden noch vorbehalten sind.

Register.

(Die beigefügten kleingedruckten Ziffern bezeichnen die Seitenzahlen.)

Abendmahlsstreit unter den böhm. Brüdern im Anfang. 11; später vermieden 18.
Abel, Stellung desselben in der alten Brüder-Unität. 16; 18; 23; 25; 27.
Administrativ-Kollegium zur Ausführung der Laubenheimer Beschlüsse 82.
Alaska, Missionsanfang 194.
Albertini, J. B. v., Prediger in Gnadenberg 140; Lehrer am theolog. Seminar 142; auf der Synode von 1825 150; Mitglied des Erziehungsdep. seit 1820 156; thätig bei dem Jubelfest 1822 158; 159; Heimgang und geschichtliche Bedeutung 159; 160.
Ältestenamt. Anfänge desselben in Herrnhut 41; Bedeutung für die Gemeine Jesu im Gegensatz zum Bischoftum der mährischen Kirche 61; 62; in der Gemeine thatsächlich ausgeübt durch den Heiland 64; Bedeutung dieser Auffassung 65; 148; 168.
Ältesten-Konferenz, Leitung der Einzelgemeine 88; 93.
Ältestenrat in der alten Brüder-Unität neben den Bischöfen 13.
Amerika (Nord-Amerika). Wirksamkeit der Brüdergemeine daselbst angef. 63. Fortgang 71; 96; Abgeordnete der amerikanischen Gemeinen zum erstenmal auf der Synode 109; Teilnahme an der Missionsthätigkeit durch Stiftung der Gesellschaft zur Ausbreitung des Evangeliums unter den Heiden 117; Charakter d. amerik. Gemeinen am Ende des vor. Jahrh. 124; 125; Chorhäuser u. Chordiakonieen aufgehoben 132; Erziehungsanstalten gegründet 141; Streben nach Unabhängigkeit vom deutschen Mutterland 177; Stellung zur Gesamtheit d. Unität vor 1857 177—179; darauf gegründete Forderungen 179; 180; Stellung der amerikanischen Provinz seit 1857 182; 183; Wachstum u. Charakter d. amerik. Gemeinen seit 1857 188; 189; Beteiligung am Missionswerk 185; Mission in Alaska 194.
Amos, Amositischer Streit in der alten Brüder-Unität 14; 15.
Amos Comenius s. Comenius.

Anstalten (Pensionsanstalten) zur Erziehung anvertrauter, nicht zur
   Brüdergem. geh. Jugend 37; 118; 119; 133; 134; 139 u. ff.
   156; 192.
Anstaltenhaus in Herrnhut, Grundsteinlegung 37; 38.
Arawakenmission 97; 116; 172.
Aufnahme in die Gemeine der in der Gemeine Geborenen 152;
   153; 167; 168; solcher, die von auswärts kommen 168.
Aufseherkollegium in den einzelnen Gemeinen aus d. Gemeinrat
   durch Wahl hervorgegangen 93; 133.
Augsburgische Konfession, Stellung der Brüdergemeine zu
   derselben 168.
Augusta, Joh., Bischof der alten Brüderkirche. Bekanntschaft mit
   Luther 17; gefangen genommen 19; freigegeben 21; Stellung
   zum Ältestenrat 21.
Australien. Mission daselbst 174; 175; 193; 194; in Nord-
   Queensland 194.
Auswanderung der Brüder aus Böhmen im Jahr 1548 19; im
   Jahr 1627 27; einzelner Familien aus Mähren nach Sachsen
   35; mehrt sich 46; erscheint staatlich bedenklich 49; 51; aus
   Herrenhaag 73.
„Auswärtige Gemeinen", Beschlüsse der Synode von 1848 167.
„Auswärtige Geschwister und Freunde" sollte statt Diaspora
   gesagt werden 113; 114.

Banden, Gemeinschaftsform in Herrnhut 43.
Barby von der kursächs. Regierung der Brüdergemeine in Pacht ge-
   geben 74; allgemeine Unitätssynode daselbst 92—94; als Gem.
   bestehend 1775 94. Sitz des theolog. Seminariums 95; 121;
   Sitz der U. Ä. C. 95; ökonomische Musterwirtschaft 104; Sitz
   des Pädagogiums 121; als Gemeine aufgegeben 136; 137.
Basler Concil und Basler Compaktaten 8.
Bekenntnis, Stellung der Brüdergem. zum Bekenntnis 195; 197.
Berlin als Gemeine bestanden 1775 95.
Berthelsdorf, Zinzendorfs Familiengut 34; erste Stätte der Wirk-
   samkeit Zinzendorfs fürs Reich Gottes 37; Parochie für Herrn-
   hut 40; 45; 46; 52. Zinzendorfs Wohnsitz in seinen letzten
   Lebensjahren 84. Sitz der U. Ä. C. 106; 109; Synode daselbst
   im Jahr 1782 109.
Beruf der Brüdergemeine in der Gegenwart 195; 197.
Bethlehem in Nord-Amerika, gegründet 96; stiftet d. Gesellsch. zur
   Ausbr. des Evangeliums u. d. H. 117; Erziehungsanstalt für
   Mädchen 141.
Bethlehemskirche in Prag gegründet 7.
Bibelstunden unter den Gottesdiensten d. Gem. eingeführt 155.

Bischofsweihe der alten Brüderkirche, erste 13; unterbrochen während Augustas Gefangenschaft 21; erhalten in der reform. Kirche Polens 20; nach dem Untergang der alten Brüderkirche erhalten durch Comenius 28; übertragen auf Dav. Nitschmann in Herrnhut 52; auf Zinzendorf 59.

Bischoftum der erneuerten Brüderkirche, ursprünglich nur f. die Miff. 52; erster Schritt zu kirchlicher Selbständigkeit 52; 59; 60; bedeutet nicht Leitung der Gem. 59; 93; Gegensatz zum Ältestenamt 61.

Blahoslaw, Bischof der alten Brüderkirche 21; übersetzt das Neue Testament ins Böhmische 23.

"Blutiger Landtag" in Böhmen 18.

"Blutgericht", Prager 26.

Böhler, Petrus, in England thätig, Einfluß auf Wesley 66; 95.

Böhmen, Anfänge d. Christianisierung 6; Sieg d. Christentums 7; im Kamf gegen Rom 7; im Aufstand gegen Kg. Ferdinand I 18; mit völliger Religionsfreiheit unter Rudolf II. 24; im Aufstand gegen Ferdinand II geschlagen und unterworfen 26; katholisch gemacht 27; Evangelisation in Böhmen durch die Brüdergem. 190; 191. Gemeinen d. ern. Brüder-U. in B. 191.

Böhmischer Aufstand im Jahr 1547 18; im Jahr 1619 26.

Britisch Indien, Mission daselbst Anfang 175. Fortgang 193.

Britische Provinz f. England.

Brüdergarten in Trankebar 115.

Brüdergeschichte fehlte einst im Unterricht der Gemeinjugend 132; 133; (vgl. 125); eingeführt durch J. Plitt im theol. Seminar 157; (vgl. 161); für die Gem. durch d. "Gedenktage" 158; 159.

Brüderkirche in Österreich, staatliche Anerkennung 191.

Brüder-Unität, alte, national beschränkt 5; erster Zusammenschluß 11; Ausbreitung ums Jahr 1500 16; Druckschriften 16; repräsentiert die geistige Kraft der Nation 23; vom Staat anerkannt unter Rudolf II. 25; innere Wandelung 27; Untergang 26; 27; Reste derselben in Böhmen und Mähren 34.

Brüder-Unität, erneuerte. Verknüpfung mit b. alten 38; 44; Charaktername für die Brüdergemeine seit 1750 79; bildet die höhere Einheit im Gegenf. v. "Mährische Kirche" u. "Gemeine" 80; Geltendmachung nach innen zum Tragen der gemeinsamen Last 80; ist nicht nur Kirche, sondern auch wirtschaftlich verbundene Gesellschaft 83; so endgiltig festgestellt durch b. Synode 92; ihre Stellung als Kirche zur evangelischen Kirche 93; 94.

Büdingen, reichsunm. Grafschaft, Verhandlung wegen Anlegung von Herrnhaag 56; wegen Auflösung von Herrnhaag 73.

Büttner, Joh., Bischof d. alten Brüderkirche polnischen Zweigs 28.

Calvin, Verbindung mit der alten Brüderkirche 17; 18.
Carey, Will. Baptistenmissionar in Indien, sein Verhältnis zur Brüdermission. 103; 116.
Cerny, Bischof der alten Brüderkirche. 21.
Cerwenka, Bischof der alten Brüderkirche. 21.
Cheltschiß, Peter von, durch seine Schriften von Einfluß auf die böhmischen Brüder. 10; 14.
Choralbuch der Brüdergem., durch Chr. Gregor herausg. 107.
Chöre als Gemeinschaftsformen in Herrnhut. 43.
Chorhäuser (u. Chordiakonieen). Anfang in Herrnhut 43; Gegenstand b. Sorge um 1801 131; in Nordamerika fallen gelassen 132.
Christiansfeld, als Gem. bestehend 1775 95; Anstalten 119.
Clemens, Gottfr. Begründer des theologischen Seminars. 121.
Comenius, Amos, Bischof der alten Brüderkirche. 28.
Cranz, David, Brüdergeschichte, Missionsgeschichte. (Grönland). 109.
Cunow, Gottfr., auf der Synode von 1801 128; in U. Ä. C. 143; Präses der Synode von 1818 146; sein Gemeinplan 152; Heimgang 156.
Curie, P. Fr., Inspektor der Anstalt in Montmirail 140.
Cyrill, in Mähren thätig, starb in Rom. 6.

Dauba in Böhmen, gegründet 191.
David, Christian, Geburt, Erziehung, Erweckung, 35; durch Rothe mit Zinzendorf bekannt, führt die ersten mährischen Exulanten nach Sachsen 35; fällt den ersten Baum z. Anbau v. Herrnhut 36; arbeitet mit S. an der Einigung b. Mähren 32. († 1751.)
Dähne, Missionar unter den Arawaken. 97.
„Deutsche Christentumsgesellschaft" neben der Brüdergem. u. in gleichem Sinne thätig. 113.
Deutsch-Ostafrika, Missionsanfang. 194.
Diakonieen, s. Gemeindiakonieen.
Diakonieenverband von 1775. 92.
Diasporaarbeiter-Konferenz 1785. 112.
Diasporathätigkeit (u. Evangelisation) Anfang 47; Bestand im Jahr 1775 98; 99; in der Zeit b. Rationalismus 102; 103; 111—114; Versuch den Namen zu ändern 113; 114; Rückgang 114; von 1801—1818 137; 138; seit 1818 170; seit 1857 191; 192.
Direktorialkollegium zur Verwaltung des Unitätsvermögens 82.
Direktorium als Leitung der U. durch d. Syn. 1764 eingesetzt 88.
Dober, Leonh. Oberältester in Herrnhut 42. Anschluß an Herrnhut 46; Missionar 47; 48; Generalältester 62; legt sein Amt nieder 64; Mitglied der Generalkonferenz 65; Vorsitzender d. Synode von 1764 87. († 1766.)

Dober, Martin, (Bruder des vorigen). 46; 76.
Dürninger, Abrah. & Cie. übernimmt b. Rest b. Unitätsschuld 129; beteiligt sich am Tilgungsfonds für verschuldete Diakonieen 150.

Ebersdorf. Synodus im Jahr 1739 60; 61; als Gemeine bestanden im Jahr 1775 94; Anstalten 119.
Eibenschütz in Mähren, Mittelpunkt altbrüderischer Wirksamkeit 21.
Emmaus, Kloster in Prag für slavischen Gottesdienst 7.
„Engere Bund", der, Beschluß der Synode von 1818 152.
England. Erste Wirksamkeit der Brüder daselbst 66; weiterer Fortgang 74; 75; 95; 96; Anerkennung der mährischen Brüderkirche durch das Parlament 75; Abgeschlossene Gemeinen in England 96; gegens. Förderung b. Missionswerkes 103; durch b. Besitzergreifung b. Kaplands bedeutungsvoll f. das Missionswerk 117; 118; Gemeinen in England am Ende des vorigen Jahrh. 124; Ortsgemeinen u. Chorhäuser 132; Englische Abgeordnete auf b. Synode von 1801 133; 134; Erziehungsanstalten 141; Stellung d. Provinz seit 1857 182; 184; Wachstum u. Charakter der englischen Gemeinen in der Gegenwart. 188; 189.
Erweckung in Herrnhut 1727 u. Charakter derselben 40; 41; im Pädagogium im Jahr 1841 163; 164; in Jamaika 193; auf der Moskitoküste 193.
Erziehung der Gemeinjugend 43; 118; 119; 120; 132.
Erziehungsdepartement in U. A. C. seit 1818 156.
Erziehungswerk der Brüdergemeine (ausw. Zöglinge) am Ende des vor. Jahrh. 118—120; von 1801—1818 139—141; seit 1818 156; in der Gegenwart (Eingreifen der Staatsaufsicht) 192; 193.
Ewald, Inspektor der Anstalt Neuwelke in Livland 140.

Ferdinand I., König von Böhmen, sein Verhalten im Jahr 1547 18; beeinflußt durch seinen Sohn Maximilian II. 21. Nachlassen der Strenge im allgemeinen 22.
Ferdinand II., zum König von Böhmen gewählt u. gekrönt 25; durch d. Stände abgesetzt 26; besiegt b. Aufstand b. Böhmen 26.
Finanzielle Bedrängnis der Brüdergemeine in Holland und England nach 1750 79.
Fischer, Joh. Jak., Vorsteher in Suriname 127.
Forestier, Carl v., Pfleger am Pädagogium 121; 162.
Francke, Aug. Herrm., bildet d. Pietismus Speners weiter 31; 32.
Francke, Gottl. Aug., (der jüngere), Gegner Zinzendorfs 49.
Frankfurt am Main, Ausgangspunkt Zinzendorfs für seine Bestrebungen nach der Vertreibung aus Sachsen 55.

Friedrich von der Pfalz, König von Böhmen 28.
Friedrich Wilhelm I., König von Preußen, interessiert sich für Z.
u. schützt ihn 58.
Friedrich II., König von Preußen, stellt wirtschaftliche Hebung des
Staates höher als konfess..Einheit u. giebt Konzessionen für
Brüdergemeinen in Schlesien 67; forbert die Gründung einer
Gemeine in Oberschlesien 114.
Frühauf, Renatus, Lehrer u. Inspektor des Pensionspädagogiums
120; 139.
Fußwaschen als gottesbienstl. Handlung 110; seit 1818 nicht mehr
bestehend 154; 155.

Garve, Karl Bernhard, Lehrer am theolog. Seminar 122. Dichter
geistlicher Lieder 155.
Gebetsverein in Herrnhut („Stundengebet") 44.
Gebetsversammlung für Ausbreitg. d. Reiches G. eingeführt 155.
„Gedenktage der erneuerten Brüderkirche", von F. L. Kölbing 158.
„Gemeine Jesu" nicht gleichbebeut. mit Brüdergem. oder mährische
Kirche 61; ihre Aufgabe im Reiche Gottes 61; 62.
Gemeinbiakonieen, verschuldete, 129; 130; 149; allmähliche
Besserung seit 1825 150; 151; 169.
Gemeinrat, wichtiges Glied in der ersten Verfassung Herrnhuts 42;
43; später in allen Gemeinen 88; 90; 93; 133; 134.
Generalältestenamt in der Gemeine 62; 63.
Generaldiakonen zur Verwaltung der Finanzen der Gemeine von
Zinzendorf eingesetzt 79.
Generalkonferenz, leitende Behörde b. Gemeine nach Zinzendorfs
u. Dobers Rücktritt 64; 65; 66—70.
Generalsynode seit 1857, Zusammensetzung 181; Verhältnis zu
ben Provinzialsynoden 182.
Generalvorsteheramt von Zinzendorf niedergelegt 64.
Gersdorf, Katharina v., auf Großhennersdorf, Zs. Großmutter 31.
Gersdorf, Abraham v., verhandelt mit der preuß. Regierung 68.
Gersdorf, Oberamtshauptmann in Bautzen 80; seine Güter 81; 129.
„Gesang des Reigens von Saron", Auszug aus b. Londoner
Gesangbuch 106.
Gesangbuch der alten Brüderkirche 16; böhmisch u. deutsch her-
ausgegeben 23; 24; herrnhutisches von 1735 45; neues
Gesangbuch der Brüdergemeine von Chr. Gregor herausg. 105;
106; 107; 195.
„Gesellschaft zur Ausbreitung des Evangeliums unter ben
Heiden" in Bethlehem gestiftet 117.
Glaubenslehre, brüberische, Herausg. v. Spangenberg 107; 108.

Gnadau gegründet 94; 95; giebt b. Chordiakonie d. Brüderhauses auf 131; 132; unter westphälischer Herrschaft 136; Gnadauer Pfingstkonferenz 192; Lehrerinnenbildungsanstalt 192.
Gnadenberg gegr. 67; 94; im Krieg v. 1813 134; Anstalt 140.
Gnadenfeld gegr. 68; 114; Anstalten 140.
Gnadenfrei gegr. 67; 94; Anstalten 119; 140; 141.
Gotha, Synodus 60; 61; Neudietendorf unter dem G. Konsist. 24.
Gregor, der Patriarch, Haupt der Erweckten in Prag 9; 10; sammelt seine Freunde in Kunwald 10; entsch. im Abendmahlsstreit 11; in Prag gefoltert 12; Heimgang 14.
Gregor, Christian, Mitglied der U. A. C. giebt in deren Auftrag das Gesangbuch heraus 105—107; Choralbuch 107; „Betrachtungen auf alle Tage im Jahr" 112; auf der Synode von 1801 129; Heimgang 143.
Groß-Hennersdorf, s. Hennersdorf.
Grönland, Missionsanfang 47; Fortgang 96; 97; 172.

Hallbeck, Missionar in Süd-Afrika 173.
Heerendyk, Niederlassung in Holland 56.
Heiz, Joh. Georg, Zinzendorfs Wirtschaftsinspektor in Berthelsdorf, nimmt die Mähren auf 36; veranlaßt den Namen Herrnhut 36; 37; Spannung mit Rothe u. Weggang v. Berthelsdorf 38.
Hennersdorf (Großhennersdorf). Stätte der ersten Erziehung 3s. 33; von Z. später als Familiengut gekauft 81; Pensionspädagogium 120; 139.
Herbst, Joh. Ludw., Inspektor der Anstalten in Kleinwelke 140.
Herrnhaag gegr. 56; Räumung u. Ausw. 73; 74; verkauft 91.
Herrmann, Gottl., Präses der Synode von 1848 166.
Herrnhut, Anbau 36; Name 37; Spaltung u. Krisis 39; Statuten vom 12. Mai 39; der Parochie Berthelsdorf eingegliedert 40; 45; 46; 52; Zusammenschluß zur Gemeine 41; Verfassung 41 u. ff. Bürgerliches Leben 44; 45; Gottesdienste 45; 46; Thätigkeit nach außen 46 u. ff.; in Zs. letzten Lebensjahren 84; 85; Krisis im Jahr 1778 91; eine Gemeine neben den übrigen 56; 94; Sitz der Synoden seit 1789 109; im Krieg von 1813 134; Oppositionelle Strömung gegen d. Verfassung u. Leitung der U. im Jahr 1836 147; 148; Jubelfest der Gemeine Herrnhut 158; 159.
Herzogwald in Mähren, Gründung der Gemeine 191.
Himalaya, Mission, s. Britisch-Indien.
Hirschberg, Synodus 70.
Horn, Bischof d. alten Brüderkirche 17; sein deutsches Gesangb. 23.
Hottentottenmission Anfg. 97; Erneuer. 117; Fortgang 173.

Hutberg, Ansiedelung der ausgew. Mähren 36; giebt dem Ort den Namen 36; 37.
Hus, Joh., Böhmischer Reformator 7; in Kostnitz verbrannt 8.
Husitenkriege 8.
Hüffel, Chr. Gottl., Präses der nordamerikan. Helferkonferenz 178.

Idea fidei Fratrum, Glaubenslehre 108.
Ideal-Herrnhutianismus 144; 146.
Indianermission, Anfang u. Fortgang bis 1775 96; 97; weiterer Fortgang 116; 117; 172.
Irland, Wirksamkeit der Brüdergemeine daselbst 95; 96.
Isenburg, reichsunm. Grafen im westl. Deutschland 55; 58; schließen einen Kontrakt mit der Brüdergem. 68; lösen ihn wieder 73.
Israel, Georg, Bischof der alten Brüderl. polnischen Zweigs 20.
Jablonsky, Peter, Bischof der alten Brüderkirche 28; 51.
Jablonsky, Daniel Ernst, Bischof der alten Brüderl. 28; 51; 52; 58; 59.
Jahreswechsel, Anfang einer liturgischen Feier desselben 15.
Jäschke, Heinr. Aug., Missionar in Brit.-Indien (tibet. Sprache) 175.
Jerusalem, Aussätzigenasyl, ein Werk der Brüdergemeine 194.
Jubelfest der Brüdergemeine 1822 158; 159.
Jugenderziehung, s. Erziehung.
Jungbunzlau, Mittelpunkt der alten Brüder-Unität 16.

Kaffernmission, angefangen 173.
Kalmückenmission, versucht 173.
Lapland, Kapstadt, s. Süd-Afrika.
Karl IV. sorgt väterlich für Böhmen (s. kirchl. Stellung) 7.
Katechismus der alten Brüderkirche (erster) 16.
    der erneuerten Brüderkirche ("Hauptinhalt") 109; 156.
King, Johannes, in Suriname 193.
Kirchengesang der Böhmischen Brüder 23; 24.
Kirchentag in Wittenberg (1848) durch Abgeordnete der Synode beschickt 167.
Kirchenzucht in der alten Brüderkirche durch Lucas v. Prag gestützt 15; allmählich gelockert 27.
Kleinschmidt, Friedr. Em., Pfleger am Pädagogium 162; 164. Mitprediger in Niesky 163; Predigtweise 196; 197.
Kleinwelka, Gemeinort in Sachsen 94; Anstalten 119; 120; 140; im Krieg von 1813 134.
Kommission, sächsische, zur Untersuchung Herrnhuts im Jahr 1732 51; im Jahr 1736 52.
Konfession der Böhmischen Brüder, erste von 1504 16; 17; allgemeine Böhmische vom Jahr 1575 22; 24.

Kopten in Egypten, Mission 98; 115.
Kostka von Postupitz, Adelsgeschlecht in der alten Brüder-U. 27.
Kostnitz, Concil 8.
Köber, Joh. Friedr., bringt Klarheit in die ökonom. Verh. d. U. 80; macht die Notwendigkeit einer Unitätsverfassung klar 88; liebt Spangenbergs Idea 108; Heimgang 111.
Kölbing, Friedr. Ludw., Inspektor d. Kn.-Anstalt in Neuwied 139; des kombinierten Pädagogiums u. Seminars 142; Präses der Synode 1825 147; Mitgl. d. Erziehungsdep. 156; Verfasser der „Gedenktage" 158; u. einer Missionsgeschichte 174; beim Jubelfest 1822 thätig 158; 159. Heimgang u. geschichtliche Bedeutung 161.
Königsfeld gegr. u. von Württemberg an Baden abgetreten 135; Missionsschule 194.
Krajek, Ernst von, auf Jungbunzlau 22; Adelsgeschlecht 27.
Kralizer Bibelwerk, ein Zeugnis altbrüderischer Theologie 23.
Kuhländchen in Mähren, ursprünglich. Wohnort d. ersten Ansiedler von Herrnhut 34; 38.
Kunewalde in Mähren, Wohnort einzelner Reste der alten Brüder-Unität 34; 38.
Kunwald in Böhmen, Ort der Ansiedelung für Gregor u. seine Freunde 10; Zusammenschluß der Brüder-Unität 11. Matthias von K., s. Matthias.

Labrador, Anfang der Mission 97; Fortgang 116; 172.
Lehre der Brüderkirche in ihren Grundzügen übereinstimmend mit der der evangelischen Kirche 93; 195; 196.
Lehrerinnenbildungsanstalt in Gnadau 192.
Lehrerseminar in Niesky 192.
Lehrtropen innerhalb der Brüdergemeine 76; 196.
Lhota, erste Synode der alten Brüder-Unität 12.
Lieberkühn, Sam., Verf. d. Spruchbüchleins („Hauptinhalt") 109.
Lindseyhouse, Schloß an d. Themse, Sitz d. Gemeinleitung 81; verkauft 91.
Linner, Martin, Oberältester in Herrnhut 41; 62.
Liturgieenbuch, neue Ausgabe durch K. B. Garve 155; 196.
Livland (u. Estland), Anfang d. Brüderthätigkeit daselbst 58; weitere Wirksamkeit 98; 99; Erweiterung durch Kaiser Alexander 138; 139; seit 1818 170; 171; seit 1857 192.
London, Synodalkonferenz 63; 64.
Londoner Gesangbuch von Zinzendorf herausgegeben 106.
Loretz, Mitglied der U. Ä. C., Visitation in Westindien 104.
Los bei Bestimmung u. Wahl d. ersten Brüdergeistlichen in Lhota 13; bei Wahl u. Einsetzung d. ersten Ältesten in Herrnhut (Losge-

brauch überhaupt) 42; bei den Rügen, die sich die Synode 1764 vom Herrn erbittet 87; freigegeben bei äußeren Dingen 110; bei Heiraten 110; 133; 134; 153; 154; in den Gemeinkonferenzen 124; Allgemeinheit der Anwendung 133; durch die Synode von 1801 festgestellt 134; Princip, ausgesprochen auf der Synode von 1818, 153; bei Aufnahme in die Gemeine 152; 168; Aufhebung des amtl. Losgebrauchs durch die Synode von 1889 188.

Lostiel, Verfasser von „Etwas fürs Herz" 112.

Losungen, tägliche, Anfang derselben 46.

Lucas von Prag, Eintritt in die (alte) Brüderk. 15; Oberbischof 15; Vertreter der Kirchenzucht 15. Heimgang 17.

Luther in Verbindung mit der alten Brüderkirche 17.

Lutherische Kirche in Böhmen, Ausbr. unter Maximilian II. 22.

Majestätsbrief Rudolfs II. giebt volle Religionsfreiheit 21.

Marienborn in der Wetterau, Zinzendorf z. Wohnsitz angeb. 56; erster Synodus daselbst 57; weitere 76; 126; Sitz der Generalkonferenz 65; im Pfandbesitz der Brüdergem. 68; weitere Pacht des Schlosses nach Räumung der Wetterau 73; erste konstit. Synode von 1764 86; 87; zweite konstit. Synode von 1769 89; Pachtkontrakt abgelaufen 91.

Martin, Friedrich, Missionar in Westindien 47; 60.

Matthias von Kunwald, erster Brüderbischof 13; steht unter dem Einfluß Gregors 14. Heimgang 15.

Matthias, König von Böhmen 25.

Maximilian II. König von Böhmen, seine Stellung zum Protestantismus u. zur Brüderkirche 21; 22.

Mähren (Land), Gründung des Christentums 6; ungestörte Wirksamkeit der Brüderkirche nach 1547 20; 21; Auswanderung aus M. 35; 36; 38; 49; 114; Evangelisation in M. 47; 191.

Mähren, die Gründer Herrnhuts 35; 36; 38; ihre separatistische Neigung u. Zwiespalt durch Z. geeinigt 39; Z. u. die M. 48.

Mährische Kirche, Stützpunkt für Zinzendorfs Arbeit im Reich G. 56; umschließt Herrnhut u. Herrnhaag 56; gewinnt durch Zinzendorfs Bischofsweihe 59; 60; äußere Gestalt der „Gemeine Jesu" 61; ob vorübergehend oder bleibend 62; steigt seit September 1741 in den Augen der Generalkonf. 66; vom preuß. Staat anerkannt 67; von Jsenburg-Büdingen 69; u. von England 75.

Methodismus in England, Verhältnis zur Brüdergemeine 74; 95.

Methodius mit Cyrill in Mähren thätig, in Rom zum Erzbischof geweiht 6.

Michael, Priester in Senftenberg, dann in Kunwald 10; ins Gefängnis gelegt 12; zum Bischof Stephan gesendet u. von diesem zum Bischof geweiht 13; tritt nach der Weihe des Matthias zurück 13.
Militärfreiheit für die Brüdergemeine anfangs vorhanden, später (1815) eingebüßt 134; 135; 136.
Mission (Heidenmission), erster Anfang von Herrnhut aus 47; in Verbindung mit Kolonisation 48; Bestand im Jahr 1775 96 bis 98; 1775—1800 114 bis 118; während der ersten Hälfte des gegenw. Jahrh. 171 bis 175; auf der Synode von 1848 174; 175; seit 1857 193; 194.
Missionsdepartement zur Vertretung der Miss. in U. A. C. 110; konnte 1879 nicht die U. A. C. bilden 185; wird als Dritteil der U. A. C. von der Generalsynode gewählt 185; hat bei Beschlüssen der deutschen P. A. C. keine Stimme 187.
Missionsfeste, seit 1848 mit anderem Charakter 174.
Missionsgeschichte des ersten Jahrh. brüder. Mission von J. L. Kölbing 174.
Missionsjubiläum im Jahr 1782 115; 116; im Jahr 1832 173; 174.
Missionsschule in Niesky u. Königsfeld 194.
Montmirail, Erziehungsanstalt für Mädchen 119; 140.
Mortimer, Jos., Agent für Sarepta in Petersburg 138.
Mosktitoküste, Missionsanfang 174. Erweckung 193.
Mühlberg, Schlacht bei M. von Einfl. auf b. böhm. Aufstand 18.
Mühlheim, Joh. v., Böhmischer Ritter 7.

Neisser, Familie in Mähren 34.
Neisser, Friedr. Wenzel, Dichter geistl. Lieder 76; Generaldiakon 79; Heimgang 111.
Neudietendorf als Gem. bestanden 1775 mit eigent. Stellung 94.
„Neue Gemeinen" in der deutschen Provinz 190.
Neusalz, als Gem. gegr. 67; 94.
Neuwelke in Livland, Erziehungsanstalt 140.
Neuwied als Gem. bestanden im Jahr 1775 95; Anstalten 119; 139.
Niesky gegr., 73; 94; Unitätsknabenanstalt 120; Pädagogium 121; 142; Lehrerseminar 192; Missionsschule 194.
Nikobaren, Mission; 115.
Nitschmann, Familie in Mähren 34.
  zwei dieses Namens starben im Gefängnis in Mähren 47.
Nitschmann, David. Ankunft in Herrnhut 38; Missionar 47.
  Bischof der erneuerten Brüderkirche 52.
Nitschmann, Anna, Ältestin d. leb. Schw.; Zs. zweite Gemahlin 84.
Nord-Amerika, s. Amerika.

Oberältester in Herrnhut 41.
Oldendorp, Verfasser einer Geschichte der westind. Mission 109.
Ortsanstalten (im Gegensatz zu Unitätsanstalten) s. Anstalten.
Ortsgemeine, eine mit Herrnhut auftretende eigentüml. Erscheinung 46; in Anlegung der anderen Gemeinen nachgeahmt, aber später viel Verlegenheit bereitend 151.
Ostermorgen, Anfang einer liturg. Feier 45; Liturgie am Osterm. zeitgemäß verändert 168; Bedeutung der Lit. 195.
Ostindien, Mission (Trankebar u. Nikobaren) 98; 115; 116.
Ostseeprovinzen s. Livland.
Ostrorog, Grafen von, Aufnahme der aus Böhmen ausgew. Br. 19.
Oesterreich, „Brüderkirche in Oesterr.", staatl. Anerkennung 191.
Oetinger, Fr. Christoph, württemb. Theolog, besucht in Herrnhut, hält Bibelbesprechungen mit Zinzendorf u. Spangenberg 50.

Pädagogium in Niesky 120; 121; in Barby 121; wieder in Niesky 142; 159; 162—164; unter Staatsaufsicht 193; in Uhyst s. Pensionspädagogium.
Pennsylvanien, Feld für Zinzendorfs Arbeit 63; Spangenberg in P. 71; Wirksamkeit der Brüdergemeine überhaupt 96; als Bezirk der nordamerik. Unitätsprovinz verhältnism. selbständig seit 1848 178; seit 1857 183.
Pensionsanstalten s. Anstalten.
Pensionspädagogium (für fremde Zöglinge) in Uhyst 120; in Hennersdorf 120; 139.
Philantropische Erziehungsweise. Einfluß auf die Knaben-Anstalt in Niesky 120.
Pietismus, deutscher, Mutterboden für d. erneuerte Brüder-Unität 31; seine kirchliche Bedeutung im allgemeinen 32; im Kampf mit der Orthodoxie 32.
Pilgergemeine von Zinzendorf beabsichtigt 54; Einrichtung 57.
Pilgerruh, Niederlassung in Holstein 56; 63.
Plitt, Joh., Inspektor d. Neuwieder Anstalt 139; Gründer d. theol. Seminars in Gnadenfeld 157; Mitglied der U. Ä. C. 157; Verfasser der „Denkwürdigkeiten" 161. Heimgang u. geschichtl. Bedeutung 161.
Pobiebrad, Georg v., einflußr. Abliger in Böhmen, beschützt Gregor u. seine Freunde 10; als König von Böhmen die Brüder verfolgend 12; sein Tod 14.
Polen, Aufnahme der aus Böhmen ausgewanderten Brüder 19.
Polnischer Zweig der alten Brüder-Unität 19; 20.
Pottenstein in Böhmen, Gründung 191.
Potter, John, Erzbisch. von Canterbury, mit Zinzendorfs Bischofsweihe einverstanden 58; 59.

Prag, Bistum, Erzbistum, Universität 7. **Prager Blutgericht** 26.
Predigerseminare der alten Brüder-Unität 23.
Predigtweise der Brüdergemeine 123; 124; 143; 196; 197.
Preerau in Mähren, Synode der alten Brüder-Unität 21.
Preußen, Herzogtum. Versuch einer Einwanderung von Böhmen aus 19. Königreich, Stellung der Brüdergemeine in Preußen seit Friedrich II. 67; 68.
Provinzial-Ältestenkonferenzen statt der bisher. Provinzial-Helferkonferenzen in Nord-Amerika u. England 182.
Provinzial-Ältestenkonferenz der deutschen Provinz fällt zusammen mit U. A. C. 183; wird zu zwei Dritteilen von der deutschen Prov.-Synode gewählt 185; bildet mit Miss.-Depart. zusammen u. diesem koordiniert die U. A. C., leitet aber die deutschen Angelegenheiten allein 186.
Provinzialhelfer für einzelne Provinzen u. Teile der Unität 178.
Provinzialhelferkonferenz in Amerika u. England 178.
Provinzialsynode in Bethlehem (N.-Amer.) im Jahr 1855 179; in Deutschland 1856 (erste) 179; Schreiben derselben an die amerikanischen Gemeinen 181.
Provinzialsynoden vor 1857 178; ihre Stellung zur Generalsynode seit 1857 182.
Bürglitz, Gefangenschaft Augustas 19.

Ratio disciplinae, Verfassung u. Lebensordnung der alten Brüderkirche 26; von Comenius herausg., bedeutungsvoll für Herrnhut 44.
Rationalismus, die Brüdergem. in der Zeit des R. 102.
Rauch, Chr. Heinr., Indianermissionar 96.
Reichel, Joh. Friedr., Mitglied der U. A. C., Visitationen in Amerika u. Ostindien 104; 115; 117; im Pädagogium 121.
Reichel, Christlieb, auf der Synode von 1825 150. Mitglied des Erziehungsdep. 150; Mitgl. des Vorsteherdep. 150; 151; seine Thätigkeit anerkannt von der Synode 1848 169.
Reichel, Ernst, Pfleger am Pädagogium 163; 164; Predigtweise 197.
Reichenauer Berge, Zuflucht für die verfolgten Brüder 12. Synode 15.
Riegelmann, Jurist in Herrnhut 127.
Rißler, Jerem., Vorsitzender der Synode von 1801 127; Verfasser von Erzählungen aus der Brüdergeschichte 133; Heimgang 143.
Rixdorf, Gemeine, bestand im Jahr 1775 95.
Rockyzana, Haupt der utraquist. Landeskirche in Böhmen 9; hilft Gregor u. seinen Freunden zur Niederlassung in Kunwald 10; Feind der Brüder 11; sein Tod 14.

14*

Ronneburg in der Wetterau, Aufenthalt Zinzendorfs nach seiner
    Vertreibung aus Sachsen 55; daraus vertrieben 58.
Rostislav, mährischer Fürst 6.
Rothe, Joh. Anbr., von Zinzendorf zum Pfarrer in Berthelsdorf be-
    rufen 34; arbeitet mit Z. für das Reich Gottes 37. Spannung
    zwischen ihm u. den Mähren 39.
Roentgen, Ph. Jal, Inspektor der Anstalten in Gnadenfeld 140.
Rudolf II., König v. Böhmen, s. Verhältnis zu d. Evangelischen 24.

Sachsen, Verhältnis d. sächs. Regierung zu Herrnhut u. der Brüder-
    gemeine (kirchl. u. polit.) 40; 49; 52; 74; 165.
Salem in Nord-Amerika, Mädchenanstalt 141.
Sarepta als Gemeine bestanden 1775 96; scheidet aus d. Unitäts-
    verband aus 190.
Schäfer, Magister, Prediger in Görlitz 35; 37.
Schleiermacher, aus d. Erziehung d. Brüdergem. hervorgegangen
    103; 122.
Schlesische Gemeinen gegr. 67; nachträgliche Verwickelungen ge-
    klärt 68.
Schmalkaldischer Krieg, dessen Einwirkung auf Böhmen 18.
Schmidt, Georg, Gefangennehmung in Mähren 47.
    Missionar 97; 117.
Schmidt, Rasmus, Missionar in Suriname 172; 173.
Schneider, Familie in Mähren 34.
Scholler, Lehrer am theol. Seminar (Naturw.) 123.
Schumann, Missionar unter den Arawaken 97.
Schwebler, Magister, Prediger in Niederwiesa 35.
Schweinitz, Ludw. David v., beantragt die Aufhebung der Brüder-
    chordial. in Gnadau 131; über die Ortsgem. auf der Synode
    von 1825 151.
Schweiz, Wirksamkeit der Brüdergemeine daselbst 98.
Schweizer Gemeinen 190.
Seiblitz, Ernst Jul. v., veranlaßt die Gründung von Gnadenfrei 67.
Semler, Professor in Halle, in Korrespondenz mit U. A. C. 105.
Seminar, theologisches der Brüdergemeine, seit 1754 in Barby 121;
    122; in Niesky 122; 123; 142; in Gnadenfeld seit 1818 157;
    erhält einen 3jährigen Kursus 169.
Sendomir in Polen, Synode zur Einigung zwischen Lutheranern,
    Reformierten u. Brüdern 20.
Senftenberg in Böhmen, Wohnort des Priesters Michael 10.
Senftleben in Mähren, Geburtsort Christian Davids 35.
„Sichtungszeit" der Brüdergemeine 1746—1750 71; 72; 74.
Slawen im Kampf gegen Deutschland 6; slawische Sprache im
    Gottesdienst 7.

Söhlen, Heimat der Familie Neisser in Mähren 34; 35; 38.
Spangenberg, Aug. Gottl., Anschluß an Herrnhut 46; Genosse u. Mitarbeiter Zinzendorfs 48; 50; Teilnehmer an der Synodalkonferenz in London 63; in England thätig 66; in Pennsylvanien 71; tritt nach Zinzendorfs Tod in die Leitung der U. 86; Vorsitzender der Synode 1764 87; seelsorgerisch thätig in den Lausitzer Gemeinen (1772) 91; 104; an der Spitze der U. Ä. C. 104. Visitationen des theol. Seminars 122; Verfasser einer brüderischen Glaubenslehre 107; 108; verfaßt ein „Leben Zinzendorfs" 109; urteilt über den Gemeingeist 123. Heimgang, Charakter u. Bedeutung 110; 111.
Spener, Phil. Jak., Begründer des Pietismus 31; seine geschichtliche Aufgabe 32.
Spruchbüchlein für den Jugendunterricht, von S. Lieberkühn 109.
Stach, Matth., Missionar 47.
Statuten Herrnhuts vom 12. Mai 1727 39.
Stephan, Waldenserbischof, weiht den ersten Bischof der alten Brüderkirche 13.
Stiftungstag der Brüdergemeine (13. Aug. 1727) 41.
„Stundengebet", Gebetsverein in Herrnhut 44.
Suriname, Anfang d. Mission 97; Fortgang 116; 172; 193.
Süd-Afrika, Anfg. d. Miss. 97; erneuert 117; Fortgang 173; 193.
Synodalkonferenz in London 63.
Synodus in Marienborn 57; 76; 195; in Ebersdorf u. Gotha 60; 61; in Hirschberg 70.
Synode, erste konstituierende nach Zinzendorfs Tod 86; 87; zweite (1769) 89; dritte (in Barby 1775) 92—94; 1782 u. 1789 109; 1801 126—128; 1818 145; 146; 149; 151—155; 1825 146; 147; 150; 151; 1836 147; 148; 151; 1848 165; 166—170; 1857 181—183; 1869 184; 1879 184; 185; 1889 186; 188.

Taboriten erheben sich als Partei 8; im Kampf polit. vernichtet 9.
Taubenheim, ökonomische Konferenz in T. 80; 81.
Theologie, brüderische, im Seminar 122; 123; 142; 157; 169.
Theologisches Seminar s. Seminar.
Thomas, einer der ersten brüderisch geweihten Geistlichen der alten Brüder-Unität 13.
Tibet, Missionsversuch (Mongolenmission) 175.
Tietzen, Gustav, Pfleger am Pädagogium 163; 164; Verfasser des Schreibens der deutschen Provinzialsynode von 1856 an die amerikanischen Gemeinen 181.
Tilgungsfonds von 1772 91; von 1825 150; 151.

Toleranzebikt, Kaiser Josephs II., hindert d. weitere Auswanderung aus Mähren 114.
Töltschig, Ankunft in Herrnhut 38.
Trankebar in Ostindien, Mission 98; 115; 116.
„Treue Teil," der, in der Gemeine, durch die Synode von 1801 zur Geltung gebracht 128.
Tropenidee Zinzendorfs, s. Lehrtropen.
Turnovius, Joh., Prediger der alten Brüderkirche in Polen 20.
Tübingen, Gutachten der theol. Fakultät über Herrnhut 51.

Unionscharakter der alten Brüderkirche 5; 20; der erneuerten Brüderkirche 76; 80.
Unität s. Brüder-Unität.
Unitätsältestenkonferenz (U. Ä. C.), Name d. leitenden Behörde 90; leitende Thätigkeit von Barby aus 104; 105; Verkehr mit Vertretern der evangel. Kirche 104; 105; verläßt Barby 105; Wohnsitz in Berthelsdorf 105; Visitationen in den Gem. 104; 124; 125; 130; 189; einflußreiche Stellung seit 1820 156; ist zugleich deutsche P. Ä. C. 183; besteht (seit 1889) aus zwei koordinierten Teilen (Missionsdepart. u. deutsche P. Ä. C.) 186.
Unitätsanstalten zur Erziehung von Kindern der Gemeindiener 119; 120.
Unitätsbeiträge zur Deckung der Unitätsschuld 88; 89; zur Aufhilfe verschuldeter Diakonieen 129; 130.
Unitätsdepartement durch die Synode von 1879 geschaffen für England u. Amerika 186.
Unitätsdirektion, s. Unitätsältestenkonferenz.
Unitätsgüter, aus Zinzend. Besitz übernommen 88; Besitztitel 165.
Unitätsprovinzen, zuerst vorkommende Benennung 177; auf der Generalsynode gleichmäßig vertreten 181.
Unitätsschriften, (Gesangbuch, Idea) 105.
Unitätsschuld, wie sie entstanden 78; 79; Verzinsung u. Abtrag. 81; 82. Übernahme seitens der Unität durch die Synode 88. Verzinsung durch freiw. Beiträge 88; 89; als Sache der Gesamtheit festgehalten 90; durch den Tilgungsfonds abgetragen 91; endgiltig getilgt 129.
Unitätssteuer, ursprünglich Zwang, zur Aufbringung der Schuldzinsen 81; später in freiwillige Beiträge umgewandelt 88; 89.
Unitätsvermögen, woraus anfangs gebildet 81; rechtsgiltig festgestellt 88; auf die Provinzen verteilt 183.
Utraquisten, Partei nach Huffens Tod 8.
Utraquistische Nationalkirche in Böhmen, zu Recht bestehend unter der Oberherrschaft des Papstes 9; tritt später gegen die lutherische u. reformierte Kirche zurück (Altutraquisten) 22.

Verfassung, Herrnhuts erste 41; der Gesamtgemeine 62; 64; geändert durch Einsetzung der Generalkonferenz 64; 65; aufgehoben 70; Anbahnung einer Verfassung der ges. Unität in Zinzendorfs letzten Lebensjahren 77—80; Grundsatz derselben kollegialische Leitung 82; unter Kämpfen nach Zinzendorfs Tod festgestellt 86 u. ff.; ihre Grundzüge 88; endgiltig abgeschl. 92; neue Kämpfe um die Verfassung 176 u. ff.; die Verfass. von 1857 182; Unvollkommenheit derselben 184; Weiterbildung 184—187; nur ein Interim 187; Wert derselben 187; Ziel der Entwickelung 187.

Verfolgungen der alten Brüderkirche, erste 12; weitere bis 1471 14; zu Anfang des 16. Jahrh. 15; durch König Ferdinand I. 19; durch Ferdinand II. 26; 27.

Versicherungsdekret der kurfürstl. sächs. Regierung für d. Brüdergemeine in Sachsen 74.

Wachstum der Brüdergemeine in der Gegenwart 188; in d. einzelnen Provinzen verschieden 189.

Wandelungslehre (Abendmahl) der kathol. Kirche von d. Utraquist. festgehalten, von den Brüdern ausgeschlossen 11; 18.

Wattewille, Friedr. v., Zinzendorfs Freund u. Bundesgenosse 37; 38; 39; Vorsitzend. auf d. Synode v. 1764 87; Heimgang 111.

Wattewille, Johannes v., (Langguth) des vor. Adoptivsohn, verh. mit Benigna von Z. 72; giebt das Zinzendorfsche Familienregiment auf zu Gunsten der Unitätsverfassung 86; Vorsitzend. der Synode von 1764 87; seelsorgerisch thätig in verschiedenen Gemeinen um 1772 91; zweiter Vorsitzender der U. Ä. C. u. Visitationsreisen 104; letzte Visitationsreise u. Heimgang 111.

Weiße, Michael, Herausgeber eines deutschen Gesangbuchs der alten Brüder-Unität 23.

Weiße Berg bei Prag, Schlacht 26.

Wesley, John, durch die Brüder (Petr. Böhler) angeregt 66; die Brüdergemeine in Gemeinschaft mit ihm u. seinen Anhängern wirkend 74; 95.

Westindien, Anfang der Mission 47; Bestand im Jahr 1775 97; Fortgang 116; 173.

Wetterau, geograph. Lage 55; bedeutungsvoller Stützpunkt für die Brüdergemeine 56. Stellung der Brüdergemeine daselbst 69; Räumung 75; 76.

Wetteranische Gemeinzeit, Bedeutung derselben 75; 76.

Wladislav, König von Böhmen, Nachfolger Podiebrads 14.

Zahl der Mitglieder der Brüdergem. 1775 96; in d. Gegenw. 188.

Zauchtenthal in Mähren, Wohnort einzelner Reste d. alten Brüder-Unität 34; 38.

Zeisberger, Melchior, Ankunft in Herrnhut 38.
Zeisberger, David, (Neffe des vorigen) Indianermissionar 97; 117; 172.
Zeist, Brüdergemeinort in Holland 56; 95.
Zembsch, Chr. Theod., Inspektor des Pädagogiums in Niesky 121.
Zerawiz in Mähren, letzte Synode der alten Brüder-Unität 25.
Zerotin, Karl v., abliger Herr auf Kralitz in Mähren 23.
  sein Geschlecht, Schirmherren der Brüderkirche 27.
Zeschwitz, Hans Heinrich v., auf Taubenheim in Sachsen 80; 81.
Zinzendorf, Nic. Ludw. Graf v., Familie 33; Jugend u. Erziehung 33; seine ersten Pläne für Wirksamkeit im Reiche G. 34; Z. u. die Mähren 38; 39; 48. Vorsteher der Gemeine Herrnhut 42; Verbindung mit d. Hof in Kopenhagen (Mission) 47; Thätigkeit über Herrnhut hinaus 48; 49; angefeindet 49; macht sich los vom formalen Pietismus (u. erfaßt tiefer die Versöhnung durch Christus) 49; 50; aus Sachsen verwiesen 52; Besuch in den Ostseeprovinzen u. bei Friedrich Wilhelm I. 58; zum Bischof der mährischen Kirche geweiht 58; 59; reist nach St. Thomas 60; nach Pennsylvanien 63; 65; kehrt aus Amerika zurück 70. „Bevollmächtigter Diener der Gemeine" 71; seine Schuld an der Sichtungszeit 71; erkennt deren Gefahren u. tritt dagegen auf 72; 73; erhält Erlaubnis zur Rückkehr nach Sachsen 74; seine geistlichen Lieder 75; 76; 85; in Bedrängnis wegen Schulden in Holland u. England 79; steht der Unitätsverfassung im Wege, bahnt sie aber an 82; Rückkehr in die Lausitz 84; Witwerstand u. zweite Heirat 84; Heimgang 85; seine geschichtliche Aufgabe 85.
Zinzendorf, Erdmuth Dorothea v., geb. Gräfin Reuß, Zinzendorfs Gemahlin. Heirat 34; Heimgang (Charakter u. geistl. Lieder) 84.
Zinzendorf, Christian Renatus v., Zs. Sohn, Träger d. Sichtungszeit 72. Heimgang in London (geistl. Lieder) 83; 84.
Zinzendorf, Benigna, Gräfin v., Zs. Tochter, verh. mit Joh. von Wattewille 72; 111.

www.ingramcontent.com/pod-product-compliance
Lightning Source LLC
Chambersburg PA
CBHW031824230426
43669CB00009B/1213